李民牛◎著

行则将至

艾雅康传

SPM
南方传媒 花城出版社

中国·广州

图书在版编目（CIP）数据

行则将至：艾雅康传 / 李民牛著. -- 广州 ： 花城
出版社，2025. 6. -- ISBN 978-7-5749-0564-1

Ⅰ．K825.38

中国国家版本馆CIP数据核字第2025V9B447号

行则将至：艾雅康传

XING ZE JIANG ZHI：AI YAKANG ZHUAN

李民牛 / 著

书名题字　吉狄马加

出 版 人　张　懿
责任编辑　揭莉琳
责任校对　汤　迪
技术编辑　凌春梅
装帧设计　姚　敏
出版发行　花城出版社
经　　销　全国新华书店
印　　刷　广州市岭美文化科技有限公司
开　　本　880 毫米×1230 毫米　32 开
印　　张　13.5　2 插页
字　　数　268,000 字
版　　次　2025 年 6 月第 1 版　2025 年 6 月第 1 次印刷
定　　价　98.00 元

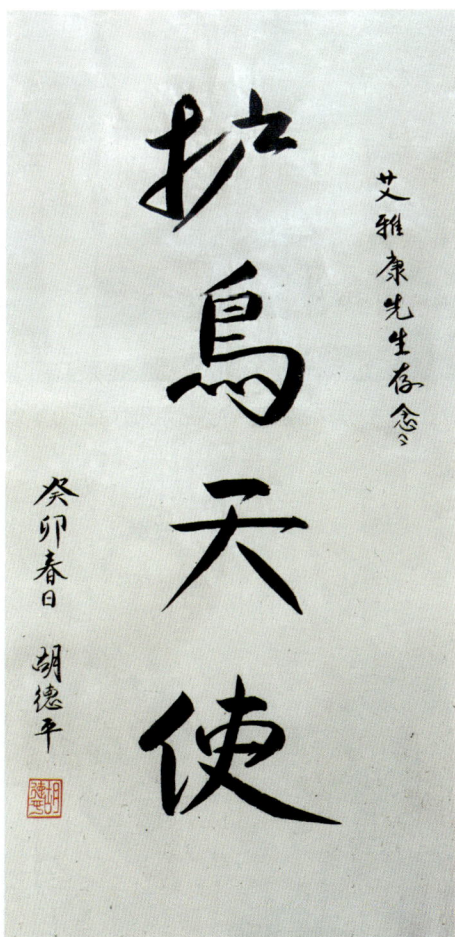

护鸟天使

艾雅康先生存念

癸卯春日 胡德平

中央统战部原副部长、全国工商联原党组书记、中国绿发会创会理事长胡德平题词

与联合国第八任秘书长、博鳌亚洲论坛现任理事长潘基文（左）合影

与中华人民共和国"友谊勋章"获得者、法国前总理让-皮埃尔·拉法兰（左）合影

与法国前总统弗朗索瓦·奥朗德（左）合影

与法国前总理多米尼克·加卢佐·德维尔潘（右）合影

与英国前首相戈登·布朗（左）合影。布朗任首相期间，推动出台了世界上第一部气候变化法案

与德国前总统克里斯蒂安·武尔夫（左）合影

与德国前总理格哈德·施罗德（左）合影

与希腊前总理乔治·安德烈·帕潘德里欧（右）合影

受时任尼泊尔总统比迪娅·德维·班达里（左）接见时，艾雅康将自己所拍摄的棕尾虹雉照片敬献给班达里总统。棕尾虹雉是尼泊尔国鸟，深受尼泊尔人民喜爱

与世贸组织（WTO）前总干事素帕猜·巴尼巴滴（左）合影

与巴基斯坦前总理肖卡特·阿齐兹（左）合影

与哥斯达黎加首位女总统劳拉·钦奇利亚·米兰达（右）合影

与马里共和国前总理穆萨·马拉（左）合影

与摩尔多瓦前总统彼得·卢钦斯基（右）合影

与北马其顿共和国前总统格奥尔基·伊万诺夫（左）合影

与罗马尼亚前总理彼得·罗曼（右）合影

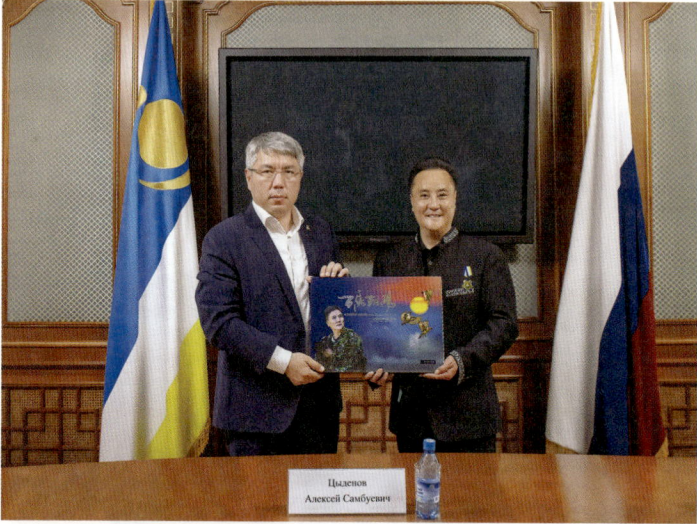

与俄罗斯联邦布里亚特共和国行政长官阿列克谢·齐杰诺夫（左）合影

与国际鸟盟理事会主席、联合国《生物多样性公约》(CBD)前
执行秘书长布劳里奥·费雷拉·德苏扎·迪亚斯博士（左）合影

天空没有飞鸟，世界将何以堪？

谢伯阳

西昌是四川省凉山彝族自治州的首府，四季如春、日照充足、雨水丰沛，素以"小春城""太阳城""月亮城"等美誉闻名。然而，这里还有一个重要的生态功能特征，即处于全球九条主要的候鸟迁飞通道之一的东亚-澳大利西亚候鸟迁飞通道上，一年四季都可以欣赏到多种珍稀野生鸟类，并且是全球生物多样性热点地区。在这里，建有一座艾雅康鸟类生态博物馆，集中展示了数量众多的鸟类艺术摄影作品，并成为人们尤其是孩子们的自然科普实践教育基地。

已过天命之年的艾雅康，是一个彝族汉子，自小家境贫寒，生活清苦。二十世纪八十年代开始，乘着改革开放的春风，他用亲戚担保的千元借款做本钱，勇敢地走出大山开始创业，以敢闯敢拼的劲头站稳脚跟，逐步成为当地具有影响力的民营企业家。事业成功之际，艾雅康从一个大山深处的彝族孩子与天地自然的心灵感出发，为自己开辟了一条全新赛道，迷上了野外鸟类艺术摄影，现已成为世界上拍摄野生鸟类种类最多的人。他不仅取得了这一领域卓越的艺术成就，而且为生物多样性保护做出了突出奉献。也正是这条赛道，令我们中国生物多样性保护与绿色发展基金会（以下简称中国绿发会）与艾雅康结下了善缘。

2019年6月，中国绿发会收到艾雅康设立鸟类多样性保护研究院（后更名为鸟类多样性保护工作委员会）的申请。因这一动议与我的宗旨与业务高度契合，因而一拍即合，很快就成立起来，而后的"艾雅康世界爱鸟节"，也在双方的共同努力下成功地一年一度举办。我作为中国绿发会理事长曾三次应邀参加过"爱鸟节"活动，对艾雅康的情怀和行动有了更多和更深的了解。

在与中国绿发会结缘之前，艾雅康已经在鸟儿们的世界里探寻多年。拍鸟也从最开始的业余爱好，发展成为艾雅康人生规划的一部分——他希望做一个能称之为"世界鸟王"的中国人，并通过对鸟的拍摄、研究、科普和保护，让更多的人发现鸟鸣啾啾世界的美好。

欲戴其冠，须承其重。从2014年开始的10年中，艾雅康的足迹遍及南北美洲、非洲、大洋洲等诸多国家和地区，累计拍摄数千种鸟类。按下快门的瞬间，记录生命的美好，他正在通过对世界不同山间、密林、河谷乃至人迹罕至之地的踏访，为完成一部《世界鸟类百科大全》积累丰富的资料。

"天空没有鸟，世界会变小"，是艾雅康常挂在嘴边的一句话。而艾雅康爱鸟的背后，更深层次的是他对地球生态的深切关注。爱鸟、拍鸟，是他为自己规划的关注地球生物多样性保护的优先路径。通过鸟，他延伸关注到作为鸟类食物——昆虫的状况；关注处于不同食物链等级中的鸟类种群变化；关注导致鸟类受伤、死亡、数量减少的因素有哪些，而人类又在其中起到了什么作用。不得不说，艾雅康以企业家的敏锐，找到了自己开展生物多样性保护的关键切入点，他把创业的精神，从做实业拓展到鸟类保护，进而延伸到生物多样性保护和对地球生态环境的关注上，令人敬佩。读完这本书，想必大家能够得出一个生动印象，那便是当艾雅康从都市商圈的西装革履切换到山野密林的一身迷彩，从奔走商场的合作竞争到隐没于青山绿水的纯朴至简，既是一个华丽转身，又是一种新的境界！

本书虽为个人传记，但艾雅康的故事并没有标准答案。他为中国生态文明建设提供了一个鲜活的个人样本。他与鸟儿的故事，也值得我们去思考：天空如果没有了飞鸟，世界将何以堪！

谨以此序，祝贺《行则将至——艾雅康传》出版。

2025年3月15日于北京

（谢伯阳系国务院参事、全国工商联原副主席、中国生物多样性保护与绿色发展基金会原理事长。）

一个追鸟人的壮丽史

罗布江村

我与雅康先生的相识纯属偶然。

2023年仲夏，第四届"6·17"世界爱鸟节的第二天，我应邀出席四川省美协一位艺术家举办的个人艺术品收藏展。观展过后，主人告诉我，要把他的挚友，一位10年来凭一己之力在全世界拍鸟爱鸟护鸟，并创建了"爱鸟节"的艾雅康介绍给我。

雅康先生给我的第一印象很好：中等身材，体格健硕，睿智的双眸盛满了真诚与友善，举手投足间既有生机勃勃的朗朗朝气，更有彝家汉子的质朴与豪爽。握手，问候，一番寒暄后，雅康先生便把他新出版的摄影专集《鸟眼世界》，郑重签名后赠予了我。以文会友，见贤思齐，我没想到，正是这本专集，拉近了我与他的距离，让我们顿时有了"与君初相识，犹如故人归"之感。

我得承认，在打开《鸟眼世界》的那一刻，我完全被跳跃在方寸之间的那一幅幅灵动的光影震撼。我虽在民族文化传承领域任职多年，但亦是摄影界的"发烧友"。二十余年间，除了有不少习作斩获国际、国内各类摄影奖项外，还担任过全国高校、四川高校摄影家协会的重要职务，结识过不少摄影名家。不客气地说，我对光影艺术不陌生。但是，当那些凝固着生命律动的羽翼、那些定格于千分之一秒的振翅瞬间在我眼前次第展开时，我还是被雅康先生炉火纯青的摄影技艺所深深震撼。从金雕搏击云天的雄姿，到朱鹮沐霞梳羽的瞬间；从黑颈鹤的凌空舞步，到极乐鸟的霓裳羽衣；从堪比工笔细描的微距，到暗合留白意境的广角……我看到的不仅是摄影家对决定性时刻的精准把控，更是摄影家对飞羽精灵生命尊严的虔诚礼赞。这哪里是简单的影像记录？这分明是生命与生命之间最本真的对话，是用镜头谱写的人与自然的交响诗。雅康先生的创作早已超越技术层面，在构图与光影的完美平衡中，彝族文化"万物有灵"的哲学观照得以显现，我触摸到了中华文明"天人合一"的精神境界。

所以，今年春天，当《行则将至——艾雅康传》放在我的案头，并邀请我为其作序时，我欣然应允。我觉得，能为这位彝族兄弟的传记作序，既是我的荣幸，也是我向这位传奇人物的致敬。

翻阅这本超过26万字的个人传记，我对雅康先生有了更进一步的了解，他的人生之路可谓传奇。他贩卖过服装、药材，开过养鸡场，做过蛋糕店、发廊，钟情办企业，其产业涉及养殖、娱乐、酒业、石油、化工、航空等多个领域。在成为四川首家在美国华尔街上市的民营企业后，他突然华丽转身，重拾少时喜欢的相机，回归大山和绿野，用镜头记录鸟的灵动瞬间，全身心投入全球鸟类多样性保护的公益事业之中。从大凉山深处那个自幼便能在饥饿中找到法子填饱肚子的"小阿依"（小孩子），到扛着借来的相机，跋山涉水为千家万户镌刻团圆记忆的彝族少年；从改革开放大潮中敢为人先的创业者，到从镜头里追寻生命真谛的艺术家；从单纯追鸟拍鸟、为个人小目标的奋斗者，到扛起保护生物多样性重任、为守护地球生态文明奔走呼号的勇士；雅康先生人生旅途中的每一步跋涉、每一次转身，都让我看到了时代发展变迁的印记，看到了生命实现最大价值的种种壮美。

书中有很多章节，会不时让我停下来，掩卷沉思。

譬如商海浮沉中的三起三落。当然，现在再来复述事情的来龙去脉，再来评判其中的是非曲直，已经完全没有必要。我看到的是，事业每遭遇重创、过往奋斗尽数归零时，雅康先生却总能在看似毫无生机的谷底，爆发出屡挫屡战、百折不挠的生命力，重整旗鼓，从头再来，重新崛起。这种"跌倒在石板上也要抓把泥"（彝族谚语）的执拗和倔强，不正是一个成功企业家最难能可贵的品质吗？

又如身份转换时的毅然果决。明面上看，雅康先生好像是为了照顾年老多病的母亲，才放下企业，回归家庭；是为了博取母亲的展颜一笑，才选择了拍鸟追鸟。但如果仅仅只用"千金散尽孝慈亲"来解释，那就太表象了。在我看来，这实际上是雅康先生的凤凰涅槃、浴火重生。在陪伴母亲那段静极生慧的日子，他从母亲倡导的知恩感恩、助人行善思想里澄怀观道，悟出了"人应该怎样活着才有意义"的真谛，从而完成了他灵魂的蜕变，实现了他人生高度的飞跃和跨越。这种质的飞跃和跨越，才是他今天的真我，才是他感召力的来源。

他视财富为浮云，当物质积累达到一定高度后，便毅然转身投进光影世界的星辰大海，开启了他追求自我超越，从必然王国向自由王国进军的远航。从企业家到摄影家，进而再到地球公民，转换的不只是他的身份，更是他的思想、他的境界、他的高度。当他学会用镜头与世界对话，丈量的就不仅仅是飞羽的轨迹，更是文明演进的方向。

再如十年拍鸟追鸟的艰辛和甘苦。现在朋友们都知道，雅康先生十余年来成功拍下了4000多种鸟类，其数量之多、种类之全，在全球鸟类摄影界极为罕见。但有谁知道，为拍这些珍禽，他沐雨栉风，风餐露宿，跑过多少路？吃过多少苦？从海拔6000米的贡嘎雪山，到中缅边境的拉咱河；从哥斯达黎加的高山云林，到亚马孙热带雨林。这10年，他的足迹几乎遍及全中华，涵括六大洲。在厄瓜多尔的热带雨林，他曾与毒蛇周旋；在哥伦比亚的深山峡谷，他曾误闯军事禁区，险遭遣返；在斯里兰卡的辛哈拉加山，他与蚂蟥角力，血染战袍，甚至一度陷入沼泽，差点丧命；在新几内亚岛的阿尔法克山区，他腰椎间盘突出的旧疾复发，是当地的土著兄弟托着他腰椎让他强撑着爬上了山顶……在这些出生入死、惊心动魄的情节中，我读到了雅康先生天性不服输的生命密码——"要么不做，要做就要做到极致。"我读到了彝族人民为理想敢于以命相搏的血性基因，"雄鹰折翼也要追逐太阳"（彝族民歌）。当你真正设身处地体会到这些描述背后所蕴含的"玉汝于成"时，你就会明白"世界鸟王"这顶桂冠所承载的分量是何等的沉重！

他用十年光阴丈量全球候鸟迁徙路线，以影像为刃破除生态保护的认知坚冰。当他在这颗蓝色星球到处讲述绿水青山和鸟儿共生共荣的故事时，我欣喜地看到，彝族"万物有灵"的传统智慧和"各美其美，美美与共"的东方哲思已经毫不违和地融入他近似"拉家常"的谈话中。这既彰显了民族文化基因与现代文明意识的完美交融，也展示了传统文化创造性转化的勃勃生机。

他已是著名鸟类摄影家，他的摄影作品堪称自然界的诗行，每帧画面都流淌着生命的韵律。无论是翠鸟破水的涟漪，还是朱鹮沐霞的剪影；无论是黑颈鹤雪中起舞的飘逸，还是绿孔雀开屏的华美，我们都可以通过这些镜头语言同时看到西方摄影美学的严谨和东方写意美学的神韵。那些凝结在《百鸟朝阳》（雅康先生摄影作品集）中的光影，不仅是对自然的礼赞，更是对"绿水青山就是金山银山"的视觉诠释，是对构建地球生命共同体的深情告白。通过这些跨越物种的视觉对话，我们在羽翼振动的频率里听见了地球的心跳。

尤其令我动容的是，2019年6月，他携手九个国家的前政要创办"'6·17'艾雅康世界爱鸟节"时，他的那番发言。虽说是丢下讲稿，由着自己的思绪即席发言，但却发自肺腑、掷地有声，把雅康先生将个体命运与生态保护熔铸一体的家国情怀阐释得纤毫毕现。当雷鸣般的掌声在武汉万达瑞华酒店会场上空响起时，我仿佛听到了彝族典籍《勒俄特依》中"雄鹰志在九重天"的古老训谕。

创建"爱鸟节"，既延续了彝族"鸟是天地信使"的古老信仰，也向世界展示了新时代中国的生态担当。现在，连续成功举办6届的"世界爱鸟节"，已经成为向世界讲述中国生态故事，宣传中国生态文明理念和中国生态成就的重要平台。

毫无疑问，雅康先生的人生是成功的。他致力于野生鸟类的拍摄和保护，用影像的力量促进社会各界对鸟类的喜爱和保护以及对自然环境生态的关注，功在当代，利在千秋！他"以鸟为媒"的独特叙事方式，既很好地延续了自马可·波罗时代以来东西方文明对话交流的优良传统，更为开创文明互鉴的全新范式，做出了积极且卓越的贡献。正如有媒体所言，雅康先生"对野生鸟类保护所做的努力和取得的成就有目共睹，已成为具有国际影响力的中国符号"。现在，雅康先生是中国生物多样性保护与绿色发展基金会鸟类多样性保护工作委员会主席，国际摄影家联盟（IUP）的副主席，他的摄影作品被视为生态保护的"视觉宣言"，在FIAP、PSA、RPS三大国际摄影机构认证的展览中斩获数十项大奖，并被联合国及多国政要收藏……

纵览本书，我见证了一个普通人如何凭借非凡的毅力和坚定的信念，从企业家转型为环保先锋的独特经历；见证了一个彝家娃子，如何通过自己不懈努力和顽强拼搏，最后成为全球生态保护领域标志性人物。这不只是个人人生传奇，更是新时代生态文明建设从个体觉醒到社会动员逐步演进的微观镜像。雅康先生的人生，就是一部追逐梦想、突破自我、守护自然的壮丽史诗，一个投身于中华民族伟大复兴壮丽事业中的个人史诗！

在《行则将至——艾雅康传》即将付梓之际，作为同样致力于民族文化传承的工作者，我絮絮叨叨地说了这么多，无非是想表达我对雅康先生的祝贺和祝福。"成功从来不在终点，而在路上。"雅康先生的事业才刚刚开始，他要走的路还长，他常说，他要"为鸟儿代言，把绿色发展理念传播至世界，向世界讲述中国的生态故事，继续用行动去保护地球家园"。我真诚地希望，他今后迈出的每一步，都能不断地重新定义生命的边界，拓展人类对于自然认知的深度与广度。我也真诚地希望，有更多的后来者，在习近平生态文明思想指引下，秉承"功成不必在我"的境界，以涓滴之力汇成江海，让"绿水青山就是金山银山"化作万千羽翼自由翱翔的壮美画卷。

"路虽远，行则将至；事虽难，做则必成。"

2025年4月22日于成都

（罗布江村系四川省政协原副主席、西南民族大学原党委书记、国务院政府特殊津贴专家、教授、博士生导师。）

目　录

引章

武汉，这季节"火炉"的威名开始显现。大白天白闪闪地光亮着，即使隔着一扇厚厚的落地大窗，也让屋里的人感受到屋外的炙热。

他摸了摸额头，感觉有点润。他又转眼扫了一下会场，多数与会者端坐着，听着台上人的发言。从表情上看，他们看上去很是专注，全神贯注的样子。他又看了看前排的嘉宾席，那里坐着各级各部门领导，更有九个国家政要领袖和多个国际组织领导人。这场面，够大！他寻思着。

他不是没见过世面的人。前些年来，随着企业的发展壮大，他身边不乏明星、名人的出现，更有因工作契机而结识的各类官员。他在不少会议上发过言、讲过话，还上过美国纳斯达克上市发布会。许多场合，大大小小，他好像都没有发怵过。可今天不知怎么了，他心里倒打起鼓、发起怵来。

他下意识地挺了挺胸，一抬眼，见有一束光冲自己奔来。

他望向光来的位置，那是大窗的位置。大窗拉着窗帘，挺厚实的那种。不知有意还是疏忽，厚实窗帘的结合处不知被谁留出个缝隙，太阳光就直冲冲地从那间隙处窜了进来，此时正萦绕在他的周边。"怪不得热。"他又摸了摸额头，低头看了看手机显示的室内温度：19摄氏度。他皱了下眉，想出去凉快一下。这时，手机上蹦出一条信息：请准备，下一位轮到你发言。

一阵触电般的酥麻感莫名地冲向天灵盖，莫名的情绪在胸腔中奔涌，有兴奋、渴望以及一丝丝的紧张。吸气、呼气，他想将情绪隐去，唯将静气平留于心间。"不就发个言？"他摇了摇头，笑了笑。有一段时间没有参加此类活动了，他有些不习惯了。不过他心里知道，问题还是出在那些蓝眼睛、大鼻子的外国人身上，尤其那九个国家前领导人。这让一贯奉行"外交无小事"的大大小小官员事无巨细地慎重起来，也把他弄得莫名地紧张。

　　他长舒了一口气，摸了摸衣兜里那张纸。那是主办方给他准备的发言稿。秘书长会前一再叮嘱他，说下面坐着的可是九个国家的领导人，虽说是前任，但影响力还在。秘书长让他照稿子念就是。

九国前领导人（保加利亚、马耳他、斯洛文尼亚、乌克兰、乌拉圭、玻利维亚、圣马力诺、爱尔兰、匈牙利）与艾雅康（前左四）共同开启"爱鸟节"

九国前领导人在"爱鸟节"旗帜上签名

他自信自己的口才，而他的口才也的确了得。他觉得他今天真正想讲的是他的心里话，也是他这几年所思所想的东西。这几年，母亲病重、去世，他丢下了企业，一直侍奉在母亲身边。其中不乏他是个孝子与母亲感情深的原因，但更有他自身的原因。他十五六岁出来做事，历经大大小小许多事，总算在快到50岁时将企业成功带到纳斯达克上市。他算是成功了。那段时间，他感觉自己好像被抽空似的，干什么都没有过去那般冲劲和激情，他有点倦怠了。陪伴母亲那几年，他将所有企业都托付给管理团队去打理，自己基本不理企业的事，而就在那几年，他又重操"旧业"，拿起给他带来"第一笔投资收入"的照相机。开始，只是玩，借此打发陪伴母亲的闲暇时间。可拍着拍着，他在镜头里看到了一个不同的世界——他自认为已经很熟悉的这个世界。他惊讶、困惑、痛苦、迷茫，他奔波于五大洲拍摄的路上。在有"地球之肺"之称的南美洲亚马孙雨林中，在有"世界屋脊"之称的青藏高原上，在拍鸟的等待守候中，他忽然明白，他要的是什么，他下一阶段人生该怎么过。由此出发，他一路走来，走到了今天的会场，走上了今天的发言台。

轮到他了。他走上发言台，拿出发言稿。台下相机的闪光灯晃得他睁不开眼，他开始照"稿"宣科。念着，念着，原本寂静的会场变得嘈杂起来，他不禁抬起头。台下有人在交头接耳，更多的人在看手机。"我就知道这稿子不行。"他暗自思忖，"这稿子是给领导写的，我说这些谁信？"他瞄了一眼领导席，还好，那些他国前任政要还在那儿安静地坐着，不动声色地听着他的发言。

"谁知道口译员翻译了什么？翻译了多少？"他有点烦闷，"讲讲自己想讲的吧。"他索性脱稿发言，清了清嗓子，将声音提高了半个八度，自顾自地开始讲了起来。不知讲了多久，但肯定是超时了，他突然发现会场不知道什么时候变得安静，他看到大家的目光都聚焦在他身上，都凝神听着他的发言。多年后，艾雅康已然记不清是如何结束发言的，但他却清晰地记得那热烈的掌声，记得与会领导人们纷纷上台为他鼓掌"站台"，为他"摇旗"助力。

这一天，是2019年6月17日。也就是在这一天，艾雅康凤凰涅槃，牵头发起了"6·17世界爱鸟运动"。艾雅康的故事，他的传奇，就此拉开序幕。

第一章

01　幺儿

艾雅康在家排行老六，上有两个姐姐、三个哥哥。他是家里最小的孩子，是母亲口中的幺儿。

在中国人的家族观念里，同辈年龄最小的孩子，被称作老儿子、老疙瘩、老幺。在艾雅康出生地四川雅安，当地人称之为幺儿。不论叫"老幺"还是"幺儿"，都流露出中国人骨子里对自己最小孩子的怜爱和宝贝。不过，艾雅康却没有那么"幸运"。

孩提时的艾雅康，弯眉、大眼、鼻翼精致。圆尖脸上那浅浅的小酒窝，不时地浅浅地露出，很是讨人欢喜，一副男生女相之貌。街坊四邻都知道艾家有这样一个俊俏的幺儿，遇见时都喜欢逗逗他，夸奖那么几句。

孩提时的艾雅康

一天放学，艾雅康刚进家门，就听见母亲近似怒吼的声音：“走，快走，你们想都不要想！”那时，他刚上小学一年级。

屋里站着两个人。一个艾雅康不认识，另外一个倒熟悉，她是母亲的朋友，也住在这一条街上，经常来他们家串门。

“孃孃好！”艾雅康习惯性地叫道。

原先还尴尬的街坊孃孃脸上瞬间堆满笑意。“幺儿回来了。”她热情回应道，还不时地用眼示意着旁边那位同伴。

而同来的那位则直勾勾地望着艾雅康，两眼闪着光。

没等艾雅康反应，他就被母亲一把拽了过去，并将身子横在他身前。他本能地望向母亲，这时他看到母亲满脸的惊恐，像被什么吓到似的。

“走了，走了。”街坊孃孃见此场景，忙拉着同来的那位向门外走去。

“再考虑考虑？”同来的那人边走边回头对艾雅康母亲说，眼睛却始终放在艾雅康身上。

来人走了，母亲呆呆地站在原地，一动不动。“妈妈？”艾雅康轻轻地扯着母亲衣角。他没见过母亲这般样子。平时母亲性格刚烈好强，做事风风火火，眼前的场景完全不同往常，这让他有点害怕。正当他不知所措时，母亲突然将他抱起，紧紧地搂住，将脸贴在他的小脸蛋上。艾雅康没敢动，却感觉到脸上凉凉的。他抬起头，看见母亲在流泪，便茫然地又缩进了母亲怀里。不多一会儿，他的眼泪也不由自主地流了出来。

多年后，艾雅康才知道，那不时朝他微笑的嬢嬢是他们所在街道居委会干部。她和母亲也认识，还经常给母亲介绍些零活儿做以贴补家用，算是对他们家有所照顾的人。

第二天放学，刚进家门的艾雅康就看见桌台上放着一大块腊肉。

"啊，肉！"好久没尝过肉味的艾雅康兴奋地叫着。"妈妈，我要吃腊肉。"

没人应他。"家里没人？"他有点奇怪。平时这个钟点妈妈应该在家做饭了，今天妈妈去哪儿了？

"妈。"他又叫了一声。

"别喊了。"声音里带着不耐烦。这时艾雅康才发现小小堂间昏暗处有个人蹲在那儿，是父亲。

他更奇怪了。"父亲怎么在家？"他想父亲这时候不是应该还在单位上班？今天怎么回来这么早？

艾雅康不惧父亲。父亲性格温厚，不爱说话，对自己的管教甚是宽容。除了节假日，平时父亲一大早就出门干活儿，晚上也是很晚才能回到家。那些日子，早晨起床时父亲已经出门，晚上睡觉时父亲也不见回来。艾雅康对父亲的印象多停留在节假日。很长的一段时间，艾雅康一直跟母亲睡。

这八口之家，艾雅康父亲是唯一有固定收入的人。他在县建筑队工作，因为是技术工，有手艺，每个月有42元的工资。在当时，这个收入算是不错的，但要养活一个有六个孩子的八口之家，且孩子正处于能吃、长身体的年龄段，这点工资收入就远远不够了。那时，每天下午放学艾雅康想的唯一一件事就是：今晚能吃饱饭吗？

他忽然发现父亲蹲的地方有大包小包放着。他冲过去，伸手就翻，见有米、玉米面、茶和两瓶酒，还有他不曾见过的花色糕点和糖果，那种用花花绿绿玻璃糖纸包饰的糖果。他没有吃过这种糖果，但有不少糖纸，那是和同学玩耍时赢来的。艾雅康从没见过这么多能吃的东西，打他记事起，他最大的愿望就是吃顿饱饭。现在，这么多能吃的东西就在眼前，这对一个六七岁的孩子是多大的诱惑？他想都没想，拿起一块糕点就往嘴里塞，却被父亲一把夺了下来。

"不能吃。"父亲声音里充满着无奈。

"为啥？我要吃！"艾雅康耍起赖，叫喊着。

父亲站起身，叹了一口气。他看了看身边的大包小包，从装有五颜六色的糖果纸袋中拿出一颗来，看了看，放了回去。他又拿了一颗，看了一下，递给了艾雅康。

"这个好看。"他怜爱地看着艾雅康。

没听清父亲说了啥，那糖已在艾雅康口中。

"慢点，别噎着了。"父亲又蹲下身去，在和儿子处在一条水平线上，他停住了，半蹲着端详起艾雅康。他发觉自己好久都未曾好好看看儿子了。

"爸爸，是孙悟空！"口中还嚼着糖的艾雅康看着糖纸的图案，高兴地大叫起来。

"别呛着。"父亲担心地拍了拍艾雅康后背。

"我还要一颗，我还要一个'孙悟空'。"艾雅康"故伎重演"，想再要一颗糖。

"听话，别闹。"父亲语气多了些爱怜。

多年后，艾雅康已记不清父亲当年是否给了他第二颗糖果，但他却清晰记得父亲说过的那句话："这糖果今后你也许不会稀罕了，可能天天有的吃。"当时，他真相信了爸爸的话，也因此高兴了好一阵子。

不过，那天晚饭他并没有见到碗里有肉，也没有见到家里谁曾吃过肉。一如往常，他还是没吃饱。

02 母亲

艾雅康与母亲有很深的感情，长大后更是出了名的孝子。

艾雅康母亲出生在越西县，现归四川省凉山彝族自治州管辖。越西历史悠久，是多民族融合之地。县内居住着彝、汉、藏、回等十多个民族，以彝族人口居多。越西自古即为"零关古道"上的重要城镇，也是文昌文化发源地，还是著名的彝族红军之乡。

儿时的艾雅康常听母亲说共产党好，说如果不是共产

母与子

党，她这个彝族"娃子"（奴隶）不可能有自由身，也不会有属于自己的孩子。

1950年前的凉山是奴隶制、封建土司制以及国民党军阀统治并存的社会。在彝族族群内部，以人身依附的奴隶制占主导地位，连奴隶所生小孩都属于奴隶主所有。解放后人民政府成立，凉山彝族地区也在一夜之间由奴隶社会跨入了社会主义社会。

母亲参加过红军这事，艾雅康也是后来听母亲断断续续说起的。

1935年5月，中国工农红军一方面军北上抗日途经越西（当时叫越嶲），艾雅康母亲那时十来岁，在土司家做丫鬟。

母亲曾对艾雅康说："要是红军再晚点到越西，我都不知道自己是否还能活命。"

原来在红军来到之前的1934年3月，越西爆发了"三二七"彝汉人民起义。当时，越西政治黑暗，民不聊生，多重矛盾交织。官逼民反，越西彝汉人民终究忍无可忍，有数千人加入"越西救贫义勇军"队伍中，其中就包括艾雅康母亲家族的人。

由于是民间自发组织的起义，加上军阀政府的残酷镇压，"三二七"起义很快就失败了。起义人员不是被杀，就是被投进大牢，更多的人则被迫东躲西藏。因为家族里有不少人参加"义勇军"，艾雅康母亲也受到了牵连。等待她的最好的命运就是被卖掉，那样至少还可以活着。

艾雅康母亲陷入了恐惧与茫然之中，她不知道第二天等待她的是生还是死。

1935年5月22日，长征途中的红军一方面军进入越西，艾雅康母亲等来了她心中祈祷的救命菩萨——红军。在与红军相处的短短二十来天中，她看到红军将监狱中被军阀和土司关押的彝族头人和"质彝"释放了，而其中就有她的同族兄弟、相识之人；她也亲眼见到红军将那些从官衙和土司家抄没的地亩粮册簿和人犯、人质等卖身契一把火全部烧掉，给奴隶以自由，给老百姓分田地。红军得到了彝族人民的爱戴和拥护，彝乡村寨到处响彻着"红军卡沙沙！"（谢谢红军）、"红军瓦吉瓦！"（红军非常好）的欢呼声。红军播撒革命火种，宣传"一切夷汉平民，都是兄弟骨肉"政策，千名彝汉青年踊跃参加红军。因为彝族青年参军人数众多，中国革命史上的第一个彝族红军连队——"倮倮"连在越西创建。老红军王海民在《红军、红军，彝民的亲人》回忆录文中对越西青年加入红军情景有这样的记述："部队在越西驻了三天就出发了。老乡们都纷纷赶来送行，漫山遍野都是擦尔瓦翻飞不停。他们抬着猪头、羊子、牛肉、酒，一定要送给红军。同志们谁也不肯收，大家都异口同声地说：'我们沿途要打仗，东西带多了不方便啊！'送东西的越来越多，同志们不收，群众就不答应。……这时候，又有数不清的群众扛着刀枪棍棒来要求参军，同我们一道打国民党去，收下400多名年轻力壮的小伙子后，又费了好大劲才动员回去一些。可是我们往海棠走的时候，还有许多群众跟在队伍后边，杂七杂八的一大串。"

跟着她几个叔伯兄弟，艾雅康母亲"混"入红军队伍中。

因为年龄小又是女孩，红军几次都婉拒了艾雅康母亲的加入。后来，在一个精明的表哥帮助下，加上战事频发审核不严，艾雅康母亲靠女扮男装"混"进队伍，跟着红军跨山越岭，驰骋于彝乡山寨。

不久，所在部队向安顺场挺进。艾雅康母亲跟随着部队横渡大渡河，跨过泸定桥，于1935年6月上旬进入雅安地区。7日，中央红军占领天全。8日，中央红军突破国民党军芦山、宝兴防线后，进至宝兴县大硗碛地区，随后向不远处的夹金山挺进。

位于邛崃山脉南部的夹金山，海拔4930多米，横亘在雅安宝兴县和阿坝州懋功县之间，是中央红军长征途中跨越的第一座大雪山。这里云雾缭绕，白雪皑皑，积雪终年不化。它不仅气候变幻无常，时阴时晴，时雪时雨，忽而冰雹骤降，忽

艾雅康探访夹金山

而狂风大作，而且山上空气稀薄，没有道路，没有人烟，有"神山"之称。当地歌谣唱道："夹金山，夹金山，鸟儿飞不过，凡人不可攀。要想越过夹金山，除非神仙到人间。"

在到达夹金山之前，艾雅康母亲女扮男装已被红军首长识破。虽然看出她年龄还是太小，但看到艾雅康母亲坚决要跟红军走的决心，红军还是接纳了她，让她跟着红军走。直到红军决定要走夹金山垭口到懋功与红四方面军会师，首长考虑到艾雅康母亲根本没有可能活着翻越夹金山，便给了她1块银圆让她先行回家。虽百般央求，同族哥哥们也帮着求情，首长还是没有答应让她留下。就这样，艾雅康母亲便留在了雅安，一辈子都不曾离开。

从那时起，艾雅康母亲就认定了红军就是一支站在老百姓一边，为穷人撑腰的人民军队。她将共产党视为救命恩人，将共产党的好铭记在心里。中华人民共和国成立后，抗美援朝战争爆发，她第一时间送夫上朝鲜战争前线，而那时她的第二个女儿才刚刚出生14天。丈夫这一走，就再也没有回来。

感恩党、感念红军伴随了艾雅康母亲的一生，也深深地影响着艾雅康。

艾雅康的母亲，名叫张惠如。

03 惊梦

因为兄弟姊妹多，家里那20多平方米的房子里要住八口人，艾雅康上小学还得和母亲挤在一张床上睡。有时与小伙伴玩闹，听他们炫耀已不和父母一起睡，他觉得这有什么好炫耀的？相反，他觉得和母亲睡，他能睡得很安心。

母亲与他的四个儿子。自左起为二儿子艾雅西、大儿子艾雅江、母亲、艾雅康、三儿子艾雅东

还是回到那晚。晚饭没吃到肉的艾雅康早早做完作业，他讨好般地对母亲说："妈，今天的作业我全部做完了。"心里想着下午吃的那颗糖，嘴里不觉咽着口水。他眼巴巴地看着母亲，期望母亲能掏出一颗糖来。

母亲只是嗯了一声，没有平时看到儿子完成功课后那份满足。"那就早点睡吧。"她叹了一口气。

"妈妈，你怎么了？"艾雅康觉得母亲和平时有些不一样。

母亲没回答他，只是嘱咐："早点睡，明天还要上学。"

艾雅康利索地脱下外衣爬上床钻进了被窝。

平时，每当儿子上床她总会跟过去，帮着将被子盖好，随后便坐在床边，做点针线手工活儿。可今天她没有动，依然坐在那儿，怔怔地发着呆。

"我这么就可以上床了？"艾雅康有些激动。上床前洗脚是母亲定的规矩。他不喜欢洗脚，觉得每天这么洗有些烦。今天让他"逃"了一次，他有些得意，也冲淡了他心里对糖果和腊肉的念想。"也许明天会有得吃。"他想象着，睡着了。

他做了个梦。梦中的他和妈妈走在一条山道上，山道两边是深不见底的陡峭山崖。他有些害怕，想问妈妈去哪儿，可他发现自己怎么也发不出声来。妈妈紧紧拽着他快步往前走。他想看清楚妈妈的脸，见到的却是妈妈被那黑白相间蓬松头发遮住的面影。他心跳加快，猛地甩开牵着他的妈妈的手，再抬头，却发现妈妈不见了。

"妈妈！"他大叫，惊醒了。他侧身向母亲睡的地方搂去，发觉床上没人。

"妈妈。"他又叫了一声,"妈妈去哪儿了?"

迷迷糊糊中,他下了床。灯也没开,随意走向外间的小屋,那是在屋旁搭建的作为厨房的简易棚房。朦朦胧胧中,他看到半空中有个东西悬挂着,还在摇晃。

艾雅康吓蒙了,不禁大叫起来。

哥哥姐姐们被惊醒。他们冲进小屋,手忙脚乱地将人从屋梁吊绳上放了下来。见是母亲,叫喊声、哭声混杂一片。两个大姐更是大声哭喊着,艾雅康也跟着姐姐一起哭。

"这又是何苦来!"父亲发出了一声深深的哀叹。

艾雅康救了自己的母亲。要是再晚几分钟,也许童年的艾雅康就没了母亲。那时,艾雅康并不明白母亲为什么要自杀。母亲一贯刚烈、勇敢,生活的压力并不会轻易击垮她,那母亲为什么会有如此极端举动?没有人敢问母亲,母亲也从来不愿意提及此事。直到多年后,艾雅康才渐渐悟到其中大概的缘由:母亲想通过牺牲自己来"成全"自己最疼爱的幺儿。虽然心里一百个不情愿,但看到有那么好的家庭,听说还是部队上的一个团级干部家庭想收养艾雅

艾雅康与母亲

021

艾雅康与母亲

康，她还是心动了，尤其知道那天跟街坊嬢嬢来的那个就是那家女主人以后。她自责、无奈、心痛。她想让自己的幺儿有美好的生活，而自己却不能给他带来这样的生活。如今有这样的机会放在眼前，作为母亲她是无法抵御这一"诱惑"的。她想象着自己的幺儿到了那个家庭生活一定是美好的，未来的人生前途也一定比跟着自己要好。但真的要她做出这个送养决定，她终究还是下不了决心，尤其对自己最疼爱的幺儿。情急生乱之下，她选择了逃避这一条路。

艾家母亲"自杀"的消息不经意间传开，街坊嬢嬢第一时间便赶来看望。两人谁都没再提此事，心照不宣地念着对方的好。

那晚的情景给艾雅康烙下了深深的印记，极大地影响着他的人生。就是那晚之后，艾雅康开始想事了。他开始显得比同龄孩子成熟。那时，虽然并不理解母亲为什么要做出那样的极端举动，但他却暗自下决心做点什么来防范母亲再做同类事情。他不再"无忧无虑"了。他开始想"吃"的问题，虽然那时他很少能吃饱过。他开始通过自己的努力来做点什么，以此为母亲分忧解困。

04　饿

　　饿、吃不饱是艾雅康年少最深的记忆，也是生活的常态。对少时的艾雅康，吃饱饭更多是一种奢望。

　　中华人民共和国成立后不久的五六十年代，那时还没有实施计划生育政策，一般家庭的生育率普遍较高。不过，有六个子女的家庭还不是很多，尤其对城镇家庭而言。那个年代，国家对城镇居民实行的是粮食计划供应政策，每月按一定量给居民予以供应，成人与未成年人供应量有数额差别。对艾雅康这样的家庭，粮食供应量显然不够，更何况哥哥姐姐那时都在长身体的年龄，本能地就吃得多。

　　不光粮油等生活用品供应量不够，即使供应量够，艾雅康家里也没有钱买。艾家只有父亲一人有固定收入，每月40多元的薪水要养八口之家，即使在那个物价平稳的年代，那也仅仅能维持人活着。饿、吃不饱伴随着艾雅康整个童年记忆。

　　上小学后，家里情况并没有多少改善。每天下午放学，艾雅康想的第一件事就是今晚家里是否有饭吃，能不能吃饱。虽然全家都会首先想到他，让他这个幺儿先吃，但在艾雅康印象中他平时还真没有吃饱过。哦，记得有那么一次，好像唯一一

与二哥艾雅西在一起

次，他吃饱了。也只有那么一次，却给艾雅康童年记忆增添了一抹暖色调，直到今天他还记忆犹新。

那天，母亲出远门去凉山走亲戚，顺便看看能否捎带点能吃的东西回来。临行前，她嘱咐二儿子艾雅西煮当天的饭，并将家里的米袋递给了他。

艾雅西在家排行老四，是艾雅康的二哥。他比艾雅康大近9岁。

艾雅西摸了摸袋子，掂了掂，1斤不到的量。

"就剩下这么多了。"母亲说，"加些土豆，弄点菜帮子混着煮，煮成两餐的量。你老汉儿（父亲）和姐姐兄弟晚餐还可以吃。"

母亲交代完后就出了门，屋里就只有艾雅康兄弟俩。

"哥，早点煮饭吧，我饿了。"

艾雅西狡黠地笑了笑。正值青春期的他，调皮且有点坏。

"知不知道吃饱饭是啥感觉？"他问艾雅康。

"不知道"

"想知道吗？"

艾雅康不解地望向二哥。突然，他有点兴奋，他了解他这个哥哥所作所为。

"差不多够我俩吃饱。"艾雅西将米袋在他眼前晃了晃。

"妈妈回来怎么说？"艾雅康有些担心。可话一出口，他就后悔了。

艾雅西没搭理他，他将整袋米倒进了锅里。

"拿点柴火来。"他吩咐艾雅康。

艾雅康冲到屋外，从柴火堆里抱了一捆柴火。这活儿他熟悉，平时也没少做。这些柴火多是他去山上捡的，是母亲让他做的。

他看艾雅西在那儿手忙脚乱地忙着，想着自己马上就可以饱餐一顿，不由得兴奋起来。"自己该做点啥呢？"他想做点什么。突然，他看到丢在一旁的米袋，空空如也。像想起来什么，他拿起了米袋。

正琢磨将米袋藏在哪儿时，饭香开始在空气中弥漫开来。他有点迫不及待，一下窜到炉灶边。

"好了吗？"声音明显异样，一双大眼睛发着光。

"快好了。"艾雅西也很兴奋。

这是艾雅康人生记忆中的第一顿饱饭！他已记不得当时是

怎样吃完这顿饭的，甚至都不记得那餐是否有菜下饭，他只记得吃饱后那种感觉，那是发自身心满满的饱食感。当锅里、碗里再也见不到一粒饭，学着那时电影里经常用来讽刺剥削阶级酒醉饭饱的丑态模样，兄弟俩撩着肚皮，夸张地用手摸着，做出各种滑稽动作。

"饱……了……吗？"艾雅西拖着腔，斜着眼看着艾雅康。

"太饱了。"

兄弟俩相视大笑。

当晚，艾雅西领到了一顿暴揍。艾雅康小心翼翼，没敢

艾雅康与三哥艾雅东

出声。晚餐只有红薯，他一边吃着，一边还想着中午那顿饱餐。

第二天放学后，艾雅康没有像平时和小伙伴们玩一会儿再回家，而是早早地往家里赶。昨晚母亲气得晚饭都没吃，一宿也没理他，他想早点回去认个错。

一进家门，只见地上堆满了杂物，母亲翻箱倒柜在找着什么。

"妈，我回来了。"他小心翼翼地叫道。

母亲没理他，依旧翻找着什么。艾雅康放下书包，站在一边，看着母亲干活儿，想着认错的词。

"去，把剪刀拿来。"

见母亲和自己说话了，艾雅康一下子开心起来。他三步并作两步拿来了剪刀。

"将这些鞋的胶底剪下来。"母亲指着一堆穿破的旧鞋说。

"哎！"艾雅康应声道，有点"将功补过"的释然。不过，他也奇怪为何要将这些胶底剪下来？剪下又拿来做什么用？剪着剪着，他像发现新大陆似的，好奇地问母亲："家里怎么有这么多胶底鞋？"

母亲没回答问题，而是催促他快点干活儿。

赶在下班前，母亲将翻找出来的胶底、废纸和烂布等可以卖钱的东西送到了废品收购站，换回了2元5角钱。紧接着，他们又马不停蹄地奔向粮店，在粮店门闸落下前，闪了进去。

"艾家嫂子，这又是一个星期的量？"看情形粮店那店员与艾雅康母亲相识，并将称好秤的5斤米递了过来。

艾雅康赶忙伸出双手将米袋接住。母亲看了他一眼，双眸之中透露出柔和而温暖的气息。

也许全家晚餐有了着落，母亲心情开始好了起来，脸上也开始有了笑容。

"山芋干不错，很干，坏的也少，可以来点。"店员建议。

母亲用手捏了捏山芋干，看得出她还是很满意的。

"来点？"店员又问。

母亲迟疑不定，最终还是下了很大决心似的，说："下次吧。"

店员会心地笑了笑："那就下次。"顺手拿了一把米塞进艾雅康拎着的米袋里，摸了摸艾雅康的头。

回家的路上，艾雅康一直在想："为什么妈妈一方面认为那山芋干好，另一方面又不买呢？"他想问母亲，但终究还是没敢问。

05 换食

艾雅康上小学正值"文革"时期，学校经常"停课闹革命"。三天两头，学校不是组织进工厂学工就是下农村学农，课堂教学时间不免少些。虽说书本知识耽误了些，但这样的方式却适应了那个年龄段孩子的天性，使得不少领悟性高的孩子更能在社会实践中锻炼自己，展现本能的向上能力。艾雅康就是这样的孩子。

自从上次与二哥将全家口粮一次干完以及看到母亲为了全家能有饭吃而去卖废品，艾雅康幼小的心灵深受触动。他切身感受到吃饱饭对他们家来说不是一件简单的事，也体会到母亲操持家务的辛劳和无奈。而粮店的经历让他一下懂得了母亲许多。

一天上学途中，艾雅康看见同学刘刚

小学时的艾雅康（后排左二）

在等他。刘刚属于儿时小伙伴里常有的"跟屁虫"类型，是艾雅康领头的"小团伙"成员之一。他手里拿了个馒头，见到艾雅康，大老远就叫道："快点了，迟到了又得罚站。"

"来得及。"艾雅康边走边应道。他看到刘刚手上的馒头，饥饿感被勾引出来，肚子咕咕地叫了起来。艾雅康没有吃早餐的习惯，平时上学也没有早餐吃。

口水冒了出来，他咽了一口。

咬了一口馒头的刘刚像想起了什么。

"吃吗？"

"分一点点。"

刘刚掰了一半馒头给艾雅康。没走几步，他发现艾雅康已将半个馒头吃完了。

"你在家没吃吗？"他奇怪地望着艾雅康。刘刚父母都是国家干部，家里生活条件不错。

"我不吃早餐。"

"不饿吗？"

"家里没做。"

"那我给你带早餐。"好像一下子找到了价值，尤其是在自己的"头儿"面前，刘刚的声音高了许多。

第二天，刘刚多带了一个馒头，一见到艾雅康，他就递了过去。

持续了许多天，刘刚每天都带一个馒头给艾雅康。一天，艾雅康突然问刘刚："你不会偷家里的馒头给我吧？"

原来，艾雅康将刘刚每天给他带一个馒头这事告诉了母亲。母亲听后，掉了眼泪。她对儿子说，刘刚也是个孩子，在家拿任何东西都要先征得父母同意。刘刚有没有将给你馒头这事告诉父母？你要告诉刘刚，让他跟父母说。母亲告诉艾雅康，人不可轻易接受别人的东西，每个人都有双手，都可以自食其力。

"哪有偷嘛，我就是跟我妈说一个馒头吃不饱，她就给我两个了。"刘刚颇为得意。

这件事缠绕着艾雅康。一方面，食物的诱惑对一个十来岁的孩子实在太大，他无法拒绝刘刚的馒头；另一方面，母亲的话他也觉得该听，同时课堂上老师也是这样说的。怎么办？他犯起难来。

一天放学后，艾雅康和刘刚等一群小伙伴在玩游戏，规则是谁输就要给对方一张烟盒纸。那个年代，收藏烟盒纸是青少年的时尚。谁收藏的烟盒纸多，谁的烟纸品种越稀有，谁在小伙伴中的影响力就会越大。

玩游戏，一定程度上反映出人的聪慧能力，尤其在青少年时期表现得较为明显。艾雅康自小聪明，爱动脑筋，许多事情往往一上手就会，而且很多时候还做得不赖。当然，玩游戏也不例外。

玩着玩着，艾雅康发现刘刚开始哭丧着脸，一副颓废的样子。过去，游戏玩输了刘刚也是这样子，艾雅康从来没把它当一回事，可今天艾雅康心里却有了异样。看到刘刚不高兴，他突然觉得应为刘刚做点什么。

"怎么了？"

"长城牌雪茄烟纸输掉了，那可是我最好的烟纸。"刘刚语气里充满着不甘。

艾雅康看见张越在笑，知道是他赢走了那张烟纸。张越也是他们同学，也是艾雅康他们一伙的。

"饿了，回家。"艾雅康一声令下，小伙伴们拿起了各自的烟纸，背起书包就往教室外冲去。艾雅康一把将张越拉住。

"中华烟纸你还有吗？"

"我哪还有？就一张，还被你赢走了。"张越说话有点酸。

"换不换？"艾雅康问。

"换哪张？"张越有点不相信。

"'长城'那张。"

"啊？这张啊，我也是刚赢刘刚的……"

"再加一张'大前门'和'攀西'，换不换？"见张越有点犹豫，艾雅康加码了。

"那行。"张越爽快地答应了。

第二天上学，艾雅康提早来到路口等刘刚。去学校路上，他拿出长城牌雪茄烟纸，故意在刘刚面前晃了晃，随即递给了他。刘刚停下脚步，张着嘴看着他，没敢接。

"你怎么也有'长城'？""你真的要给我吗？"他不停地追问着艾雅康。

那天上学路上，刘刚的喜形于色感染着艾雅康。也是在那天，他觉得那馒头特别甜。

那段时间，艾雅康总会拿出自己珍藏的烟纸让刘刚挑，刘刚若喜欢就让他拿去。开始时，刘刚还不好意思拿，直到艾雅康说如果他不拿自己也不会吃他的馒头。刘刚很开心，艾雅康也高兴。这是否就是妈妈念叨的自食其力？他不是很清楚，但他觉得至少开始不"白吃"刘刚的馒头了。

接下来的日子，艾雅康开始注意起小伙伴们的"需求"。这对他这个"孩子王"来说，倒不是一件难事。

烟纸最受男孩子青睐，糖纸也行，不过女孩子更喜欢一些。以前，艾雅康和小伙伴们玩烟纸糖纸游戏，赢多了还会分一些给要好的同学。自从和刘刚"换"馒头后，他觉得那些烟纸糖纸不再是玩物了，那是有用的东西，也许是馒头。

问题是他难保每次玩游戏自己都能赢。再有烟纸糖纸品类不多，尤其他们玩的还多是市面上常见的东西。艾雅康渐渐发现稀品才珍贵，小伙伴们视他们没有或没见过烟纸糖纸品类为珍品，都以能率先拥有为傲。可这些东西哪里能有？自己怎么才能得到？

那几天，艾雅康脑子里都是这事。一天放学后，同学们像风一样冲出教室，奔向学校的后山去打"游击"。学校刚组织看电影《地道战》，男孩子们迫切地想重新演绎一下电影里的情节，模拟当一回电影中的英雄。这是那个年代中国孩子的游戏之一，也是孩子们心之所向的追求。

艾雅康没去。平时，他多冲在前面，争当着主角，是最积极的玩家。可今天，为了脑子里这事，他没了兴致。

他一个人走出了校门，漫无目的地在街上溜达，不时看向那些吸烟的人。他想知道，那些人吸的是什么烟？自己是否有那些烟纸？人家能不能将烟纸给他？他很想问，可一直张不开嘴。他觉得别人不会理他。

不知不觉，他走到了百货商场前，那是雅安最大的国有商店。

这是一栋二层高的长方形建筑。红砖青瓦沾满了时间的灰尘，在周边密密麻麻灰暗平房簇衬下，它倒显得高大、气派。对艾雅康而言，百货商场是他心目中童话般的梦境所在！那里有他不曾尝过的糖果糕点，有能让他天天吃饱肚子的大米面油，更有他一直想要但一直是奢望的"回力"牌球鞋。他低下头，下意识地看了看自己所穿的布鞋。那是自己仅有的一双鞋，还是妈妈亲手缝制的。鞋帮处现在裂开了一个洞，妈妈说得重新再做一双了。

艾雅康走进了百货商场，人不多。

他和妈妈来过这里几次，好像都是过年的时候。记忆中好像没在这里买过什么，纯粹就是逛街。

今天他一个人来，第一次自己一个人来，他觉得自己不是来闲逛的。

转了一会儿，他发现有售烟处。一节柜台里，放着的都是烟，五颜六色。他有点兴奋，冲上前，微微弯着身，脸贴着玻璃去看柜台里的烟。柜台和他差不多高。

不一会儿，失望笼罩着他。他发现，柜台里的烟多是大路货，他基本见过。自然地，这些烟的烟纸就不是稀罕物，小伙伴们不会有惊喜，更不会趋之若鹜。

"你这烟上二楼，得在特供专柜那儿买。"

艾雅康这才注意到身边有个人，而说话的则是站在柜台里的售货员。

艾雅康仰头看了看站在他身边的男人，有点像学校的数学老师。

颇为好奇，更想看看他要买什么牌子的烟，跟在男人身后，艾雅康也来到二楼。

在一处写有"凭票供应"柜台前，男人停下了脚步。柜台里有一位中年妇女，见有来人，微笑着点了点头。艾雅康见女人面目慈善的样子，觉得眼熟，好像见过似的，但想想好像没有这个可能。他再次望向那个女人，见她正看着自己，笑容温暖，眼光柔和。

"大姐，上班啦。"

男人和中年妇女认识。

"张科长，怎么今天你亲自来？小徐呢？"

"小徐请假了。省里来人，接待处说招待烟不够了。我来买点烟。"说着，男人从包里拿出一个文件袋，从袋里拿出票据和公函，递给那中年女人。

"两包中华，两包大前门，两包……"办完一通手续后，中年女人将烟放到柜台上。这时，艾雅康才注意到这里的柜台和下面一楼的柜台不同。它是全实木的，没有玻璃。怪不得中年女人拿出"中华"烟时，他觉得这个阿姨在变戏法。

只分神了一秒，艾雅康的眼睛就再也没有离开过柜台上的那些烟，直到它们被装进男人的包里。

"中华""大前门"，那绝对属于稀缺品类。另外有个牌子的烟，他不认得，他想那一定更是稀缺品。

他太想要那些烟纸了。不知哪来的勇气，他扯住正欲离开男人的衣角，发光的眼睛显得更大。

"怎么了？"男人这才注意到艾雅康。见是一个孩子，他降了一个声调，摸了摸艾雅康的头。

"孩子长得真俊！"柜台里的大姐看着他俩说道。

"这不是我孩子。"他不禁多看了一眼艾雅康。没等艾雅康说话，他便快步走向楼梯，边走边说："大姐，单位有事，我先走了。向主任问好！"

艾雅康愣在那儿，脸上写满失望。

"你是哪家的娃？认识他吗？"柜台里的女人走了出来，来到了艾雅康身边，微微弯下身，指了指男人的背影。

"阿姨好！"望着慈祥而似曾相识的阿姨，艾雅康一下有了胆气，"我不认识他，我只是想问他能不能给我烟纸，就是他刚刚在这里买的那些烟的烟纸。"

女人哈哈大笑。"烟还没抽，怎么会将烟盒上的烟纸给你？"可能觉得有趣，也可能没有其他顾客，她以老师口吻说道，"小朋友应该将精力放在学习和劳动上，不要老想着玩。收集烟盒纸再多也只是娱乐，不能为社会主义建设做贡献，也不能当饭吃。"

"可以换馒头吃。"

艾雅康的嘀咕被女人听到。望着她不解的神情，似曾相识的好感，加上刚刚被男人拒绝后的小委屈，这都让艾雅康有了倾诉的冲动。他一股脑儿将他和刘刚之间的事说了出来，并说收集烟纸是用来回赠别人的帮助。

"你妈妈知道这事吗？"

"知道。是妈妈启发了我，告诉我人有双手，可以自食其力。"

女人似乎明白了什么，没再多问，只是怜爱地捏了捏艾雅康的脸蛋。

艾雅康正要告辞离去，女人说话了："孩子，下星期这个时间你来这里，阿姨帮你弄些烟纸糖纸来。"

艾雅康欣喜若狂。他向女人鞠了一个躬，飞也似的冲下楼。

一个星期后，艾雅康如愿拿到那位阿姨给的烟纸糖纸，其中有不少他都不曾见过，还有些是小朋友一直追捧的品类。他去过百货店几次，每次都能从那位阿姨处"满载而归"，直到小伙伴们不再时兴玩烟纸糖纸。那以后，他再也没有见过那位好心的阿姨。多年后，当艾雅康每次向别人伸出援手时，他都会时不时地想起那位阿姨。善，需要播种，也需要接力。

烟纸糖纸不流行了，其他东西行不行？对饿肚子的恐惧让少年艾雅康开始琢磨起事来。他发现只要同学们喜欢的东西，就能拿来换。但自己如何才能获得那些东西呢？而且只能凭自己的能力。

在操场上踢完球，小伙伴们下场后个个满头大汗、口干舌燥。有个同学从书包里翻出了几个柑橘，都有些干瘪了，可能是前几天学校组织郊游时吃剩下的。要在平时，这样的柑橘同学们一般都不会吃了，可这天同学们见有柑橘，便都一哄而上，分吃了那几个柑橘。艾雅康也吃了几瓣，觉得比平时的要好吃。再看看其他小伙伴，个个心满意足的神态，他突然发觉有了替代品，能替代烟纸糖纸的新的"交换物"。

雅安处于成都平原向青藏高原过渡的生态阶梯，当地崇山峻岭，沟壑纵横；加上是"雨城"，气候湿润，植被茂盛，物产颇为丰富。打小起，艾雅康就常和母亲上山，一是去捡柴火，也常采集些菌菇等可食用的东西，对山里的情况很是熟悉。山上有的是柑橘、柚子等野生水果，过去他多是采来自己吃，如今他知道该如何让这些水果发挥最大的作用了。

自此后的相当一段时间，"艾雅康操场水果"在同学们中大受欢迎。艾雅康有了新的"交换"物。可过了不久，新的烦恼来了，艾雅康发现来和他"交换"的同学有点多。他早餐吃不完了，即便有时能拿吃不完的早餐当午饭吃。

不过，对艾雅康那个年龄段的孩子来说，早餐和午餐还是有区别的。艾雅康开始琢磨起午餐来。

在白吃了一个星期"操场水果"后，刘德军对艾雅康说："走，上我家去，看看有什么好吃的。"

刘德军是艾雅康的同学，也是他的死党。到了刘德军家，两人直奔厨房，翻箱倒柜一阵，也没找到肉蛋类熟食。橱柜里倒有一碗米饭，应该是上餐剩下的。艾雅康见了，胃里一阵蠕动，他感觉到饿了。如果刘德军那时让他吃了这碗饭，他想自己应该不会拒绝。可刘德军没表示，也许他认为带艾雅康回来就应该吃点好吃的。突然，刘德军像想起什么。他弯下腰，费劲地从灶台旁拖出一个缸，拿开缸盖，伸手就在里面摸了起来。艾雅康定睛一看，不禁愣在那儿，直到刘德军那一嗓子叫声传来。

"真有呢，鸡蛋！"

艾雅康没有因发现鸡蛋而兴奋，而是满脸惊奇地问起刘德军："你家怎么有这么多米？还用缸装米？"

轮到刘德军惊奇了，他反问道："不都是用米缸装米吗？"

"煮蛋吃。"刘德军忙着开始煮蛋。

快10岁了，艾雅康第一次知道米是可以用缸来装的！他自己家一直是用袋子装米，最多时也就装七八斤。那天在刘德军家，他第一次见到一个家有那么多米，也第一次知道这世界上有米缸这种装米的器具。他不禁暗暗地下定决心，早点给家里也添置一个米缸，而且是大米缸。米缸里要装满米，比刘德军家的还要多。那样，妈妈一定会很开心。

那天，艾雅康没让刘德军煮蛋，而是提出"换"点大米。刘德军虽然不解，但还是乐意这种"交换"。回到家后，艾雅康将换来的米悄悄地放进家里的米袋中。他想和妈妈说，但他还是没敢说。

06　暑期工

1978年，中国步入了"改革开放"元年，艾雅康已是一名初中生，初二。

那时的中国，是青春之中国，生机勃勃，蓄势待发。"以经济建设为中心"唤醒了千千万万期盼改变命运的人，僵化封闭的社会也开始向世界打开了大门，中国迎来了她的高速发展时期。

初中时期的艾雅康

少年的艾雅康，稚气虽未脱，但已然一副小大人模样。比起同龄人，他过早地品味到生活的不易，因而显得敏感和成熟。社会生态的细微变化，也让这个少年敏锐地触碰到，他毫不犹豫地去拥抱这一变化。

虽然国家已恢复了高考，但那时的社会还没有什么追求升学率和追捧高考状元一说。学校教学虽步上正轨，但与后来万千学子唯有走"高考"独木桥相比，那时的学生学业要轻松得多。艾雅康脑子一贯好使，升入初中后，学习方面他一如既往地应付自如。除了学习，身体开始发育的他食欲更强了。他想得最多的还是吃饱饭。此外，他知道心疼母亲了，他开始在想，如何才能为母亲分担一点操劳和负担。

在艾雅康眼里，母亲总是忙碌的。早晨醒来，他看见母亲在忙，即使没有早餐可做。晚上上床睡觉，他看见母亲仍在做事，不是在缝缝补补就是在做一些手工活儿来贴补家用。一段时间，艾雅康还以为母亲可以不用睡觉或可以少睡觉，直到有一天他遇到小学班主任时玉珍老师。时老师是教语文的，她一直喜欢艾雅康，认可他的聪明、懂事甚至顽皮。艾雅康能写得一手好字，基础还是时老师给打的。艾雅康升入初中后，时老师仍时刻关心着他。

"学习有压力吗？要努力啊，如今是重视知识的年代。"在街上遇到艾雅康，她一直不停地叮嘱。

"还行，能跟得上。不过，时老师，我还是比较喜欢语文。"

"要全面发展，高考录取要看总分的，不要偏科。"

艾雅康似懂非懂地点了点头。

"为了你母亲，你都要好好努力。""你母亲太不容易了，为了你们这个家，她实在是太辛劳了！"因为家访过，时老师对艾雅康家里情况是了解的，和艾雅康母亲也相熟。

"回去跟你母亲说一声，开春后我就不把被褥拿去洗了。我准备买台洗衣机，学校给'先进'发福利，我抽到了洗衣机票。"改革开放初，洗衣机是稀罕物，凭票供应。

时老师满脸笑容，在艾雅康眼中，像一朵盛开的花。看老师这么开心，他也开心起来。

"代我谢谢你妈妈，这几年她一直帮我。"像想起什么，时老师从口袋里掏出钱，拿出两张递给艾雅康。"这是你妈妈帮我洗衣服的钱，你拿着，回去给她。"说着，便将钱往艾雅康裤兜里塞。

艾雅康跳到一边，躲开了时老师。母亲吩咐过他，时老师如果要给他钱，他不可以收。

"老师再见。"他一溜烟地向家里跑去，任凭时老师在身后不停地叫他。

回到家里，他没向母亲提及这事。他知道，母亲不收时老师的钱，自然有自己的道理。如果今天他贸然收了时老师的钱，依自己对母亲的了解，他一定是犯错了。他也知道，时老师跨几条街专门送被褥来给母亲洗，一定是想通过这样的方式来帮助他们家。母亲性格好强，要脸面，再苦再累也要靠自己，不会接受他人的怜悯和施舍。

第一次，他仔细打量起母亲来。母亲年轻时一定是个大美人。即使岁月的风霜在母亲脸颊、发梢乃至身体上都留下可见的痕迹，但精致的五官还是能让人看到母亲青春年华时的俏美。艾雅康想象着母亲年轻时的模样。"别人都说我像母亲。"他不禁有些得意。

忽然想起什么，他抓起母亲的双手。母亲满脸不解地看着他。

这是一双布满褶子和小裂口的手。常年洗衣时用力以及肥皂水的刺激，使得这双手的手指已变形，皮肤粗糙似老树皮。如此细看母亲的手，艾雅康这还是人生第一次。他鼻头一酸，眼泪不禁掉在了母亲的手背上。

"怎么了？"母亲惊讶地看着他。抽出手，她后退了一步。这时，她发现儿子已经和她差不多高了。

"出什么事了？"

"没事，没事。"看到母亲的不安，艾雅康忙安慰道。

看着母亲又去忙了，艾雅康眼圈再次泛红起来。我要挣钱，这个念头突然冒起：我要去挣钱，为了母亲。他暗自下定了决心。

新时期的中国，经济建设成为社会主旋律，改革春风也悄然搅动着雅安这个川西重镇。人们惊喜地发现：个体户有了，生活用品丰富了，许多商品也取消了凭票供应。艾雅康突然发现，县城里的建筑工地开始增多起来，父亲比过去忙了许多。

一连几天，放学后他既没有直接回家，又甩开其他小伙伴相约，自己一个人在县城几处工地转悠。他原本想看看能否捡些工地的废料来卖，可建筑工地不让外人进入，他只好作罢。他漫无目的看着工地上那些劳作的身影，心里想象着如果自己是他们当中的一员，母亲会何等的喜悦。那个年代的建筑行业，不似如今有搅拌机、塔吊等现代建筑设备，更没有什么预制装备式建筑工艺。那个年代，尤其是在艾雅康所处的西部小城，建筑工地上几乎所有工种都是手工操作，像木工、砖瓦、泥水、抹灰批灰等。艾雅康注意到，有很多人在敲打着石块，将其破碎成小石子，其中不乏女人。此外，还有些人在用筛子筛沙子，只见细细的沙子不断地被推高。艾雅康不禁眼睛一亮。

他走进工地，探头探脑四处张望。

"喂，啥事？"一声粗犷的吼声在艾雅康身后响起。他吓了一跳，回身见一个干部模样的人在看着他。

没等他说话，那人挥了挥手。"出去，出去，谁家的孩子，跑到工地上玩？弄伤了怎么办？"他不断比画着手势，让艾雅康出去。

好像有人在关注着这一幕的发生，纵使大家依旧各自忙着手上的活儿。砰砰砰，敲打石子的声音此起彼伏，艾雅康觉得很好听。他想说什么，可那干部模样的人已经走开。艾雅康跑出了工地。

虽然被人撵了出来，可艾雅康很兴奋。他看到了一个机会，一个能挣钱的机会。他决定第二天放学后再去。

第二天一放学，艾雅康直奔工地而去。头天晚上，他问过在建筑公司上班的父亲，工地上谁说了算。父亲告诉他，工地一般都有个负责人，是干部，是干部说了算。父亲奇怪他为什么会问这个问题，他笑了笑，没回答。

今天，他知道要找谁了，他要找工地负责人。负责人应该就是昨天让他离开的那个干部模样的人，他心想。

到了工地，没见那人，也没见到有干部模样的人。"是不是我忘了那人长啥样？""是不是我没认出来？"艾雅康心里犯嘀咕，不禁东瞅瞅这个人，西看看那个人。

"你不是昨天那孩子吗？怎么又来了？"在一片砰砰哐哐声中，一个坐在那儿打石子的中年妇女望着艾雅康。虽是坐着，那女人却是双手紧握锤子撑在一块石头上，费力地直起腰。

"我找活儿干。"

砰砰哐哐声音一下稀疏了，艾雅康发现许多人都望向他，随即一阵哄笑声响起。不过，只有几秒钟，砰砰哐哐的声音又大了起来。

"这里没有娃儿能干的活儿。"有人说道。

"回去，回去，回家读书去。"中年妇女又发话了，艾雅康这才发觉自己还背着书包。他讪讪地向家的方向走去。

回家的路上，他有些懊恼。"就这样放弃了？"他问自己，转念一想，不行，不能这样放弃。"明天是星期六，下午放学早，我再去试试。"

第二天下午一放学，艾雅康冲出校门。这回，他叫上了刘刚。正在发育中的刘刚显得较壮实，个头看上去也比艾雅康高，乍一看像大人。

刘刚问去干吗，艾雅康说去做工挣钱。刘刚听后来劲了，但将信将疑。刘刚一直信服艾雅康，照他自己话来说，就是艾雅康脑子比自己好使。

艾雅康没急着进工地，而是远远地看着，寻思着。"今天得想个办法。"前两次的碰壁，让他今天有点踟蹰。

"找谁呢？"刘刚看他想进又不进的样子。

艾雅康没理他，眼睛却没离开工地。还是没见干部模样的人的踪影，昨天和我说话的大婶呢？他努力在那群坐着打石子的人中寻找着。那些人低着头在敲打着石块，石块被敲打成小石子，不一会儿就在他们面前堆起，不时地就有人推着个斗车将小石子铲走。这时打石子的人一般都会站起，方便他人作业，同时自己也活动活动手脚。可能距离有些远，可能那个时代大家都穿着清一色灰衣蓝裤，加上好些人还裹着头巾，艾雅康硬是未能从那些站站坐坐的人当中将那大婶辨认出来。"大婶今天不在？"指望求求大婶帮自己，看来今天又不行了。"怎么办？"艾雅康有点泄气。

再等等，艾雅康索性一屁股坐在地上。刘刚看他坐下，也在他身边坐下。

太阳落山了，天也变得昏暗起来。随着一声声"下班了"传出，开始有人陆陆续续走出了工地。艾雅康急忙跳了起来，向工地出口处跑去。

站在出口处，他紧盯着每一个出来的人。可能都急着回家，没有人理他。

"怎么又是你？昨天你不是来过吗？"像从哪里冒出来似的，有人拍了他一下。

艾雅康定睛一看，这不是昨天那位大婶吗？

来不及细想，他一把将刘刚拉到自己身边。"孃孃，我们可以的，我们有的是力气干活儿。"一边说，一边还想挽起手袖。

大婶哈哈笑了起来，按下了艾雅康正要抢起的手。"孃孃，求你了，我们得挣钱。"艾雅康特意将"我们"加了重音。

大婶一怔，爱怜地望着他们，点了点头。她向工地望去，挥手向一个中年男人喊道："罗队长，罗队长！"

那个被称为罗队长的人走了过来。这是个中年男人，常年的工地生涯让他看上去有些显老，皮肤黝黑。

"这两个大小伙子来了几次，是来找活儿干的。前些天好像还见过领导，是吧？"她给艾雅康递了一个眼神，"你知道的，今年工程多，任务紧，我们石子组好些人最近都被抽调走了，人手现在完全不够。石子组工作跟不上，也会影响整个工程进度的。"她絮絮叨叨起来。

艾雅康后来才知道，这大婶是石子组组长。

中年男人打量起他俩。被艾雅康轻轻推了一下，刘刚不自觉地迈前半步。黄昏中，刘刚显得比中年男人还高。

"是临时工哟。"计划经济年代，城镇所有岗位、工种基本是计划编制，一个人有了工作就意味着有了铁饭碗，临时工大规模出现还是改革开放后。

"我们能来上班了？"艾雅康也不知道什么叫临时工，对他而言，有工作做，有钱挣就可以了。

"这两人就进你们组。"中年男人对大婶说道，"明天得办个手续，你帮他们来办。"离开前，他又向大婶吩咐道。

谢过大婶后，艾雅康拉起刘刚就跑。一整夜，艾雅康高兴得翻来覆去，他失眠了。

好在临近期末，很快就到了放暑假时间。艾雅康用了一个暑假近60天时间，在工地上砸石子，挣到了他人生中第一笔工钱：36.8元。这在人均月消费支出12.5元就可以保障基本生活的年代，这可是一笔"巨款"，至少对艾雅康而言。拿到工资后，艾雅康请小伙伴们在个体小饭店吃了一顿，那小饭店是改革开放后雅安最早一批个体工商户开的，花了他3.5元。这是他人生第一次在餐馆就餐，而且花的还是自己挣来的钱。看到小伙伴们开心的样子，艾雅康甚是自豪，那种感觉多年后记忆犹新。剩余的33.3元他全数交给了母亲。母亲惊讶之余没说什么，只是捧起他那双布满伤痕并开始起茧子的双手，低着头反复地看着，抚摸着。突然，艾雅康觉得手上有东西落下，凉凉的，那是母亲的眼泪。

第二章

07 照相小师傅

升入初三，艾雅康已和工地上上下下的人混得很熟。虽然不能像暑期那样打"长工"，但周末他还是去工地做些"零工"，打石子，挖土方，有啥活儿就干啥活儿，每月挣到的钱，他可以养活自己了。

那时，他已经想好，不准备上高中了。家里经济状况比过去改善了许多，哥哥姐姐们也鼓励他继续读高中，可他却有自己的打算。他还是想早点出来工作赚钱，让母亲少点辛苦。至于读高中，他觉得可以自学。

一旦决定不上高中，初三学期的考试对艾雅康来说就好应对了。在艾雅康学生生涯里，老师和同学对他评价最多的词就是学习和领悟力强。

转眼年末，学校已经放寒假。原本还想利用这个寒假多赚点钱，艾雅康却发现工地基本也停工了。

原来，因为冬天气候寒冷雨雪多，临近年关时，许多基建工地提前一个月就不做土建工程。有些技术类安装工作，如水电和电路等，属于技术性工种，临时工无用武之地。

"难道这个寒假白白地耗费掉？"他问自己。

他来到街上。街上人熙熙攘攘，多是些置办年货的大妈大婶。有些人行色匆匆，有些人则不急不缓。不论是结伴而来的，还是一家老少大包小包的，人们脸上都洋溢着一种类似的表情：希望！一种对未来美好憧憬的希望。20世纪80年代第一个春节，对中国人来说，确实是一个充满希望的新时代的开启。

艾雅康为周边氛围所感染，不禁也兴奋起来。突然，橱窗里的一张放大的"全家福"吸引了他，不知不觉，他来到了县城最大也是最好的国营照相馆前。

那是一张"全家福"啊！照片中的人，显然是一家人。坐着的是父母，母亲怀里还依偎着一个小女孩，而后面站立的则是三个大男孩。可能不常照相，每个人笑着的面部表情显得不自然，尤其是那小女孩，夸张地咧开嘴角，露出了两排洁白的小牙。照片乍看上去很普通，人物是常见的普通人，背景是照相馆那翻来覆去用的老套布景。不过，只要你多瞅上几秒，你就会不知不觉被它感染，为那一家人发自内心的喜悦和幸福所感。相片中那一家人各自别样的笑脸，仿佛在宣示着希望，期盼着未来。艾雅康看着看着，自己也笑了。

"我们家还没有拍过'全家福'。"艾雅康有了一股冲动。

趁着全家吃饭都在那一会儿，艾雅康提议说："全家拍张'全家福'怎么样？"

没人应腔。可能谁都没想到自家的老幺会提这样一个凝聚血脉亲情的建议，一时没人反应过来。

毕竟是女孩子，爱美的天性让两个姐姐率先附议。"同意。""我也同意。"她们显得很高兴。

三个哥哥不置可否。"看时间再说。"他们不约而同地说。三个哥哥各自忙着各自的事，有的还正在耍朋友。

艾雅康望向母亲。

"照'全家福'要花多少钱？"母亲问。

"不需要多少钱。"艾雅康忙说。

母亲眉头皱了一下："那等你哥哥的时间凑到一块再说。"

艾雅康有些沮丧，没有再说什么。提议被否，加上想到寒假无工可做没处挣钱，第一次让艾雅康有了强烈的挫折感。第二天，他不似平日早早起床，而是赖在床上蒙头发呆。母亲见状，拉开他头顶的被褥，坐在床边，望着他许久才说："一遇到点事就这样，我们全家早没了。"

看着母亲那张饱经风霜的脸，基因中自带的好强被瞬间激发。他跳下床，血性一下回来了。

他简单梳洗一下就冲出门。"妈，我出去了。"他叫道。正在给他准备吃的母亲闻声跟出门，让他吃点东西再走，艾雅康没有理会。

一离开母亲视线，艾雅康便放慢了脚步，这时他才发觉自己要去哪里都不知道。艾雅康想了想，想到了同学张越。"去张越家转转。"在自己同学中，张越家距离自己家最远。

张越父亲在文化部门工作，受家庭熏陶，张越平时也喜欢画画唱歌。在艾雅康好友中，他属于少有的自带"文艺性"

那类。

见到艾雅康，一个人在家过寒假的张越很开心。他知道艾雅康要利用寒假打工这事，对艾雅康有空儿来找他玩，他觉得特惊喜。他搬出了自己的"家当"，有木质手枪，有颜料笔，还有象棋扑克牌等。"我们玩什么呢？"他问。

艾雅康看到里面有一本小相册，便拿起来翻看。

不一会儿，艾雅康从相册里抬起头，像不认识张越似的，瞪着双眼大叫："你照过这么多相片？"

张越脸上满是得意和骄傲。没等他答话，艾雅康又问："你们家照过'全家福'吗？"

"照过，有几张。"

艾雅康"哦"了一声，神情看上去有些失落。

张越察觉到了艾雅康情绪上的变化，颇有情商的他急忙解释那是因为自己父亲会照相，所以家里照相比较多。

"你爸会照相？"艾雅康再次被惊讶到。

"是啊，他还有台相机，不过是单位的。"

"你爸几点下班？"

"干吗？"张越看不懂似的望着艾雅康。

艾雅康也不知道等张越父亲要做什么，听自己的倾诉？帮忙介绍一份零工去做？还是……

因为自小就和张越是同学，艾雅康没少见过他父亲。张越父亲对艾雅康颇为喜爱。他曾对张越说："你这同学身上有股'灵气'，有股不认输的自信。"他很乐见儿子与艾雅康结友交往。

"张叔，照相机很贵吧？"一见张越父亲到家，艾雅康就问道。

冷不丁见艾雅康问这个问题，张越父亲的心提到了嗓子眼儿。这几天，他把单位相机放在了家里，难道这两个小子把相机弄坏了？他看了看张越，见他并没有什么异常，心想张越并不知道自己把相机带回家了，便安心下来，顺口答道："是很贵，最便宜的一台也得要120元。"

艾雅康吓了一跳，那是父亲两个多月的工资。

"我拿给你看看。"正要去核实相机是否完好的张越父亲说。

这是今天第三次被惊讶到了，不过这次是惊喜，艾雅康跳了起来。

这是一台海鸥牌120黑白照相机，属于当时最常用的相机之一。第一次亲手触摸照相机，艾雅康有点小激动，但更多的是手足无措。

"照相机是这样用的。"张越的父亲开始演示起来，"这样开相机，然后依据环境，像是室内拍照还是室外拍照以及室外是大太阳还是多云阴天等，来设置光圈、快门。设置好后按这个按钮，听到咔嗒一声，就照好相了。"

"让我试试？"艾雅康眼中透着渴求。

张越父亲笑着点了点头。

照着张越父亲演示的流程，艾雅康操作起来。而当听到快门咔嗒一声响时，他一脸满足。

"这照相也不难啊！"他有点得意。

"相机操作是不难，照出相片练练也很快能上手，但想拍出好照片，那也是一门技术活儿。至于拍出艺术片，那可是学养、摄影技术和天赋的综合体现，非一朝一夕的努力可行的。"

艾雅康当时没听懂，但几十年后他懂了，并一直在努力。

"怎么对照相感兴趣了？"张越父亲想起什么似的。

艾雅康把自己想拍"全家福"但凑不齐全家人的"苦恼"（几个哥哥不配合）一股脑儿说了出来。张越父亲边听边不时被艾雅康表述逗得哈哈大笑。

看到张越父亲很开心的样子，艾雅康突然冒出了个大胆想法。

"张叔，能不能用你这台相机给我家拍张'全家福'？"

"我看可以。"没等张越父亲反应，一直没说话的张越开口了，毕竟是艾雅康的"死党"。

见儿子答应了，张越父亲只得默认，不过也可以看出他的为难。

"这相机是公家的，我外借是需要单位批准的。再者，你们全家什么时间能聚在一起，能有个准信吗？那得提前告诉我。另外，胶卷也是个问题。"他停顿了一下，没继续说下去。

艾雅康刚来的兴致瞬间消散，失望再次冲击着他。张越也被父亲这通话弄得有些尴尬，脸涨得通红。

看着孩子们不开心，张越父亲连忙表态他会想办法。见还有希望，艾雅康天性中乐观因子开始显现，他又高兴起来，拉着张越跑出门去。

第二天下午，艾雅康在家。张越急匆匆赶来，拉着艾雅康就走，边走边大喘着气说："我爸在等我们。"

"干吗？"

"一会儿就知道了。"

也就拐了两个弯，张越停下了脚步。艾雅康一看，原来是向阳照相馆。这是离他家最近的一家照相馆，艾雅康经常路过。

比起县城中心那家照相馆，这家照相馆显得窄小寒碜，不仅摄影设备破旧，来照相馆的人也没几个。艾雅康进来时，看见张越父亲和照相馆里的一个人谈兴正欢。

"来了。"张越父亲点了点头，随即指着艾雅康对那人说，"是这孩子的事情，具体他会跟你讲。"

"这是照相馆的程师傅。"他给艾雅康介绍道。

"程师傅好！"艾雅康赶紧打招呼。对张越为啥拉自己来这里，他已猜到七七八八。

"下午我还有个会，先走了。"张越父亲起身离开，程师傅忙将张越父亲送到门外。

想必已经知道要办什么事，没等艾雅康开口，程师傅直接就说道："这样行不行，哪天你们全家人都在，中午相馆休息时我去帮你们照'全家福'。"

艾雅康突然觉得不好意思起来，觉得自己的任性给别人增添了麻烦。在那个年代，"公器私用"是不可接受的，错误的性质也是可大可小，即使那时已进入改革开放时期。

艾雅康一下不知道怎么答复了，他逃避似的四处张望起来。

一旁的张越倒爽快地应承下来。怕程师傅不知道自己是谁，他还特意来了一句："刚才走的那是我爸。"

程师傅笑着说知道。

左侧墙上有一条幅，红纸黑字，像刚张贴上的。艾雅康看到上面写了四个大字：相机出租。

20世纪80年代初，以经济建设为中心成为国策。农村推行实施了家庭联产承包责任制，城镇的国营和集体企业也开始实行各种经营责任制，其中就有利润包干制，即在完成国家利润指标上缴后多余利润归企业自行支配。在干多干少、干好干坏拿一样工资的计划经济时代，这一改革极大地调动了广大从业人员的工作积极性。照相馆出租相机业务正是这政策风向下的产物。

"相机出租？"艾雅康不懂这是啥意思。

"就是租借相机，租借的话要收取租金。"程师傅解释说。

艾雅康脑子一热，心想，我也能租一台相机。租台相机，全家合影肯定能成，又不麻烦程师傅"冒险"走一趟。另外，他有个小心思。自从在张越家玩了一把相机，他一直心心念念想着什么时候有机会再玩一把。

"我能租吗？"艾雅康问。

"你？"程师傅似笑非笑地上下打量一下艾雅康。

"单位租相机需要单位介绍信，个人租借要交押金。"

"你会照相吗？"

程师傅逗起艾雅康乐来。

"会。"艾雅康答道。张越在一旁偷着乐。

程师傅显然不相信艾雅康的话。"弄坏相机得赔的，那是国家的财产。"

原先颇为兴奋的艾雅康顿时消停下来，屋里变得出奇的安静。程师傅见状想转移一下话题，艾雅康突然一本正经说道："叔叔，你可以教我照相吗？我帮你干活儿，什么活儿我都可以干。"

"我也要学。"张越一旁也插话说。

程师傅被这两个孩子逗乐了。他心想有张越父亲这层关系，加上照相馆一天也没多少顾客，自己闲着也是闲着，两个孩子想学，那教教他们也是好事。他又想到张越父亲也搞摄影，这两个孩子也可以向张越父亲讨教。

"那你们明天来。"程师傅应承了。

第二天上班，程师傅远远看见两个孩子在照相馆门前。艾雅康他们已经到了。

打开店门，得例行打扫清理一番，艾雅康抢着干了不少活儿。他还泡了一杯热茶，小心翼翼地放在柜台上，请程师傅享用。程师傅很开心，从身后柜子里拿出一台相机。

"这个你们用过？"有昨天的疑问，又带有一点调侃。

艾雅康一看，觉得和张越父亲那台差不多。"这是海鸥

120。"

艾雅康回答时在想，自己只知道海鸥120，但自己得回答，答错总比什么都不知道好。

"嗯。"程师傅似乎有点意外。

"我们会了。"不失时机地，艾雅康想拿相机上手操作。

"别弄坏了。"程师傅下意识地拿开了相机。

"我讲给你听，看看我说得对不对。"

对着程师傅手中的相机，艾雅康照着张越父亲那晚讲的步骤，从开机、光圈和快门的设置，到最后完成拍照，口头演示了一遍。

"你还真会啊？"程师傅瞪大了眼睛。

"没真正照过相，但张越爸爸教我们操作过。"艾雅康有点不好意思，实话实说了，而张越在一旁直跺脚。

程师傅点了点头，眼中流露出一丝赞许。

"知道怎么上胶卷吗？"

艾雅康摇了摇头。

"看，打开机盖。"程师傅将手肘撑在柜台上，摆弄起手中的相机。"把胶卷放进去，将胶卷头夹在这卷片轴上，胶卷卡在这转轴上。记住，胶卷里有黑色衬纸，要一并卷入，否则胶卷曝光，什么都拍不了；然后再将这镜头旁的小手柄按下去。看，这就上紧了。下一步就是取景。取景器这样看，对焦距。如果成像看不清楚，调整这焦距，直到清晰。光圈、快门，调到多少要看拍照时情况来设定。室内还是室外，晴天有阳光还是阴天下雨，看光线强弱来设置光圈和快门。我会给你们一张对照表，你们对照着调就行了。最后就是拍照，按动快门，在这儿，镜头右下角，按下去听到咔嗒一声就成了。"

"会了吗？"程师傅看着他俩。

"会了。"艾雅康颇有自信。

"那你们得上手照照（相）。光'知道'不行，得能拍出相片来。"

"那怎么做？"艾雅康急切地想要答案。

程师傅一愣，本想说买筒胶卷多拍多练，可话到嘴边他又咽了下去。摄影不仅是一种技术活，也是一门艺术表现形式，多拍多练是摄影的不二法门。但在相机胶片时代，胶卷在摄影中属消耗品，花费最大，非一般家庭经济能承受。好似觉得艾雅康想得有点脱离现实，程师傅答非所问地对张越说："你爸爸经常要用相机，用你爸爸相机来试试。"

没等张越答话，艾雅康又问道："这里有胶卷买吗？多少钱？"

"120的胶卷要7块。"程师傅例行公事地答道。

张越伸了伸舌头，这是他吃惊时常有的表现。艾雅康也吃了一惊，他觉得7块钱不是个小数目。不过，因"全家福"引发的摄影兴致正在热头上，他可不想就这样放弃了。

相馆来了顾客，程师傅去忙工作了。艾雅康没闲着，跟在程师傅后头，看他给别人拍照，将整个操作流程默默地记在心里。临近中午，艾雅康和张越离开照相馆。出门前，程师傅特意叮嘱艾雅康一旦拍"全家福"时间定了，他会安排时间去的。

路上，张越问艾雅康胶卷的事，艾雅康没理他。到了分岔路口，张越说完"明天见"便一溜烟不见踪影。在张越看来，艾雅康有的是办法，这正是他们那一群小伙伴"追随"他的原动力。

晚饭时，艾雅康再次将拍"全家福"话题挑起，还只是两个姐姐赞成，三个哥哥嫌麻烦说没时间。母亲没出声反对，这在艾雅康看来算是默许。当艾雅康提出可以在家拍"全家福"时，三个哥哥没反对理由了。七嘴八舌后，总算商定星期天就拍。

母亲悄悄地问艾雅康拍这个"全家福"需要多少钱，艾雅康说自己可以解决。想到儿子勤工俭学，在贴补家用，母亲就没再问下去。

艾雅康早有打算。改革开放后，经济建设代替阶级斗争成为中国社会主流，艾雅康所在的西南小城雅安也不例外。国有企业和商业生产经营秩序得以恢复和发展，个体工商户也在国家政策扶持下如雨后春笋般涌现。他的两个姐姐和三个哥哥，有的在国家单位工作，有的成了第一批个体户。总之，他们都有了工作，自然都有了一份收入。

他首先找了大姐和二姐。一向疼爱他的大姐和二姐知道是用于拍"全家福"，二话不说就出了各自的"份子钱"——每人2元人民币。艾雅康先前盘算过，两个姐姐各自拿2元他是有把握的，三个哥哥如果他们每人再能拿1元，他就有了7元钱，购买一筒胶卷便够了。先解决胶卷问题，这是当下最需要解决的事。

向哥哥们募集费用虽花了一点口舌，但让艾雅康产生意外之喜的是募集的钱款超出他的预想。加上两个姐姐的出资，他总共收到11元，够拍"全家福"了。他太兴奋了，一方面是将拍"全家福"这事给办成了，但另一方面他兴奋的是他有机会亲自操弄相机给人拍照。不顾天已经黑了，他还是跑到张越家，叫他和自己明天一早去照相馆。

看到艾雅康拿出7元要买胶卷，程师傅满是惊讶，追问这钱是怎么来的，家长是否知道。也难怪，在当时7元不是一个小数目，是普通人家几天的生活费。反复确认后，程师傅从柜台拿出一筒胶卷给艾雅康。

艾雅康正要拆胶卷包装，被程师傅一把按住。

"别曝光了。"

想起程师傅说过胶卷不能见光，艾雅康调皮地伸了下舌头。

"对了，相机呢？是120还是135型号的？"程师傅像想起了什么。

"租了才知道啊。"艾雅康指了指墙上的"相机出租"。

程师傅又被惊到。突然想起前两天讨论过出租相机这事，不过他并没有将艾雅康那时的话当真。

"租相机？"

"是啊。"艾雅康甚是肯定。

程师傅有些尴尬。他原以为艾雅康买胶卷是因为张越父亲有相机，可孩子们首先想到的是靠自己，他有点喜欢艾雅康了。

"租相机要有单位介绍信，可你们还是学生……"程师傅没提押金这事，租相机押金数额较大。

"付押金不也行吗？"张越有点急了。

"还没人租过。"程师傅答非所问。

像被霜打的茄子，一听程师傅这话，艾雅康和张越顿时蔫了。空气中弥漫着一丝凝重，孩子们失望的神态让程师傅不禁心软，他想起拍"全家福"的事。

"找个休息日，我带相机到你家，给你家拍'全家福'，就用你买的胶卷。"他看了看艾雅康，继续说道，"肯定有剩余的胶片，到时你看拍什么。不是说想拍照吗，到时自己试试？"

好似看穿了艾雅康的心思，程师傅的提议让艾雅康欣喜若狂。

"就这个星期天，等不及了。""您有空吗？"艾雅康开心得有些语无伦次。

"行！"程师傅笑着答应了。

星期天上午10点，程师傅准时来到艾雅康家。张越则9点不到就来了，他和艾雅康有约定，今天自己也练练手，多拍几张。

相机是用棕色牛皮制成的"小鞋盒"形外套包装的，程师傅利索地取下皮套拿出相机。喝了一口茶，像想起什么，他问艾雅康："知道安装胶卷吗？"

"不知道。"艾雅康、张越两人几乎同时应道。

程师傅打开相机盖，艾雅康注意到还是海鸥牌120型相机。随即，程师傅将胶卷外包装扯开，将胶卷卡在相机转轴上。"要将胶卷这个头夹在卷片轴上。注意看，要将这黑色衬纸一并卷入，否则胶卷就会曝光，照相也照不成了。"他加重了语气。

"这一筒胶卷可以拍16张照片，也可以拍12张照片。16张拍出来的照片尺寸小点（6厘米×4.5厘米），12张的大点（6厘米×6厘米）。如果要想放大照片，后期制作也可以做到的。"

"拍16张的。"艾雅康想多拍几张。

"这样来调照片张数。"程师傅指着相机感光区，"调这个大小，大的是12张，小的就16张。"

"我来试试。"艾雅康抢先拨弄着，张越也跃跃欲试。

程师傅首先给艾雅康和张越拍了一张合照，并演示如何转动卷片手柄至下一张拍照。他叮嘱他俩，卷片时要看相机旁的那个小窗口，这样就知道拍摄张数了。卷片时要注意，既不能卷多了，多了浪费；也不能卷少，卷少了会使照片重叠。

"全家福"拍得很顺利，三个哥哥尤其配合。他们没想到艾雅康能让照相馆师傅上门拍照，意外之喜的是他们每个人还都拍了个人生活照。在一部手机即可记录一切的如今，拍照成为人们的日常，乃至成为某些人生活的组成部分，但在改革开放之初，有能力拍个人生活照还是少数，尤其对艾雅康这样家庭出身的来说，更多是一种心愿。以前，三个哥哥想都没想过要拍个人生活照，可当真正拍过了，他们身心充满了愉悦和满足，尤其那时他们正处于荷尔蒙充盈的青春期。第一次他们对自己这个最小的弟弟有了新认识，并津津乐道先期"投资"划算。

至于两个姐姐，撇开对自己最小弟弟的宠爱因素，女孩子的爱美天性让她们第一次可以"自由"地拍照。这让她们兴奋且意犹未尽。

一个小时不到，"全家福"及三个哥哥、两个姐姐的个人照在嬉笑中完成。除了"全家福"由程师傅"操刀"，个人生活照则由艾雅康和张越拍摄。拍完第12张照片，艾雅康告诉哥哥姐姐们胶片没了，他们可以走了，却看见程师傅正要说什么，他赶忙叫住了程师傅。

原来，艾雅康留了个"后门"，想把剩余的四张为父母拍照，尤其为母亲。岁月的沧桑过早地在母亲身上留下了印记，他想通过手中的相机，与时间赛跑，为母亲留下美好的一面。

母亲仅配合儿子照了一张相片，就不愿再照。这是艾雅康给母亲拍的第一张照片。他知道，母亲不愿再拍照片，是怕花钱。他暗自下决心，长大了一定要给母亲多拍些照片。艾雅康后来给母亲留下了许多照片，也许源头就在于这次"全家福"拍摄。

程师傅告诉艾雅康相机还可以拍三四张相片，张越嚷嚷着要和艾雅康多来几张合影。艾雅康更想利用这个机会多操作相机，作为摄影师给别人照相。张越看艾雅康不愿配合，自己也不好意思再拍单人照，一下子，拍谁倒成了一个问题。

"六哥，给我拍一张呗。"艾雅康在家排行老六，街坊小孩都爱这样叫他。

艾雅康这才注意到周边围拢了不少邻里孩子，其中有几个还和自己玩得比较熟，关系很铁。刚才发声的就是其中的一个。

看到程师傅急着要走，艾雅康爽快应承了。其他孩子嚷着也要照。很快，剩余的相片全部用完，都由艾雅康主拍，相片中的人物自然也是他的"铁友"。

临走，程师傅告诉艾雅康相片冲洗需要交费。因是整筒胶卷冲洗，费用会便宜些，摊到每张相片要5角钱。艾雅康算了一下，如果按最多17张相片计算（程师傅说卷片卷得好，可以多拍出一张），那需要8.5元。买胶卷还剩4元，加上两个姐姐刚才一高兴给的5元，钱够了。

"那我现在给你交费。"艾雅康说。

"不用，明天来相馆交费。"说完，程师傅就匆匆地离开了。

次日，艾雅康到相馆，看见相馆多了不少人，明显比前几日热闹了许多。问程师傅，才知道快过年了，照相的人多了起来。艾雅康见到有一家子人穿着新衣服，喜气洋洋地正等着拍"全家福"。交完费，艾雅康也帮着程师傅忙前忙后，直到相馆打烊。

照片很快冲洗出来，程师傅夸艾雅康拍得不错，"有摄影天赋"。艾雅康则高兴的是他多拍的那张照片，第17张照片，他真的拍出来了。他原来还担心"偷"来的这一张可能拍不出来，那样，他不仅无法和自己的"老铁"交代，而且更主要的是自己还收了人家2元。"老铁"说是向家里要的照相钱，他等着艾雅康给他照片了。

"全家福"，照相馆前熙熙攘攘欢笑的人们，老铁照片给的2元——艾雅康突然发现这个寒假他有事做了。他急匆匆跑到张越家，向张越父亲说了自己想租借相机的事。张越父亲一听，说是好事啊，他会和程师傅去说。

　　带着借来的50元钱——多是向哥哥姐姐们借的——他租了一台120相机，也就是拍"全家福"那台。程师傅说他用过这台相机，熟手些，并一再叮咛使用注意事项。

　　艾雅康买了一筒胶卷。买胶卷的钱用的就是那最后4张照片拍摄所得。见有人带头，其他三个照相的"老铁"也给了钱，每个人给了2元，比国营照相馆照的便宜一半。买完胶卷，还剩5角钱，艾雅康买了个肉包子，算是犒劳自己。

　　一个寒假，春节前前后后，艾雅康带着张越走街串巷上门给人拍照。开始时，他主要给同学和街坊四邻等熟人拍照，一是容易说服，二是他那时对自己的摄影技术还没信心。他想的是万一照坏了照片，熟人还有补救的机会。事实证明，这个"小心"他也真做对了，头两卷胶卷他确实照坏了几张。可没多久，他就将技术窍门摸透了，还在取景方面找出了心得。这在照相馆全国人民取景基本一样的年代，取景生活化和自然化，对老百姓尤其是年轻人有着巨大的吸引力。

　　虽然艾雅康那时刚满16岁，但一身行头打扮遮掩了他略显稚嫩的模样，而那带有国营照相馆标志的相机，让人还是不自觉地认同他就是相馆小师傅。为此，他大受欢迎，邀约他前去拍照的人越来越多。

　　在此期间，他还学会了冲洗胶卷和照片，那是张越父亲教他的。张越也会了。后来，他俩做了个分工。艾雅康主要负责照相，而张越则主要负责冲洗胶卷和冲印放大照片，因为他爸是搞摄影的，有相关装备和材料，他也可以方便使用。

那个寒假和春节，艾雅康跑得最勤的地方则是城乡接合部地区。那里的

在给别人照相时，也给自己留了影

人们对艾雅康"送上门"的照相服务，除了惊喜还带有实实在在的需求。改革开放了，人们的日子开始红火起来，随之而来的则是对美的追求，艾雅康的"流动照相馆"适应了这种需要。此外，艾雅康拍照所需费用不贵，比照相馆便宜三分之一，这也吸引了不少人拍照。而拍"全家福"更是艾雅康推介的"明星"产品，一直是他念念不忘的存在。

那个假期，抛开所有开支，艾雅康进账近150元。对1980年普通中国人来说，这可算得上是一笔不菲的收入。用不到一个月的时间，少年艾雅康"鬼使神差"般赚了很多人几个月的工资收入，他成了那时许多人眼中的"明星"。对少年艾雅康而言，这个假期他收获很多，而收获最大的则是对未来的信心以及市场意识的启蒙。半年后，艾雅康步入了社会，正式开启了他的商业人生之路。

08　社会一课

1980年6月，艾雅康初中毕业，走上了社会。那年，他16岁。

升学高中，艾雅康不是没考虑过。他还曾答应一直关心他的时老师好好备考，考取高中。但从小心底对吃不饱饭的恐惧，以及潜意识中早日为母亲分忧的责任担当，让他决定还是放弃升学。再有，20世纪80年代初中国社会涌现的商品经济浪潮，冲击激荡着每一个中国人，尤其像艾雅康这样的年轻人，他一头扎进了时代大潮中。

初入社会，艾雅康激情似火，满眼都是机会，遍地都是黄金。可不久，他发现他认为的并不代表能实现的，生活不像他想象般的存在。那给他带来收获惊喜的摄影，除了节假日，尤其是过了春节，几乎很少有人问津。他那一点点萌发的社会自信，认为自己有了摄影这门手艺便可大杀四方，横行千里，在现实面前一触即溃。

为了生活，也为了证明自己，艾雅康那时干遍了几乎所有体力活儿，像建筑工地上的杂工、街边随叫随干的搬运工。有时，连那些工作都没有时，他自己就进山，打柴砍竹子去卖。后来，得知建筑工地可以外购小石子，他就下到河道里，将河岸旁的石头加工成工地需要的规格石子，卖给工地。那时，只要能赚钱的事，他都尝试去做。从小他就能吃苦，做这些事他也不觉得有多苦，他心里有的是想法和目标。

这样的日子过了两三个月，艾雅康发现靠这样打工挣钱绝非自己想要的。一是收入不稳定，有一搭没一搭的；二是收入少，即便扣除自己生活必需开销、剩余的给母亲贴补家用，也是杯水车薪。更主要的是，他觉得他现在干的事谁都能做，只要有力气就行。他隐隐觉得他得做些与别人不一样的事，就像给人照"全家福"那种。

可做什么呢？哪里有机会呢？他不知道。

转眼进入了1981年。伴随着国家经济改革和对外开放政策的推进，个体户这个新生事物开始出现。艾雅西，艾雅康的二哥，就是雅安最早的一批个体户。

看到三哥一天天衣着光鲜、手头阔绰起来，还经常去南方尤其是广州，艾雅康觉得二哥也许有办法。他萌生和二哥一起做事的想法。

那天，恰好二哥从南方回来，到家后见艾雅康大白天一个人在家，有点诧异。他一边放下大包小包行李一边追问："你怎么在家？身体不舒服？"

"哥，我要和你干。"艾雅康直入主题。

"那你跟着我。"艾雅西头都没抬，想都没想就答应了，继续整理着堆在地上的大包小包。

尽管年长艾雅康9岁，艾雅西从小便和他这个最小的弟弟感情亲密。艾雅西做生意比较早，属于改革开放后第一批"吃螃蟹"的商业从业者。这几年，他赚了一些钱，多是去广州批发日常生活用品赚取利差所得。

"做生意是需要本钱的。"艾雅西冷不丁来了一句。

拍摄"全家福"让艾雅康知道本钱一说，现在的他是知道做生意需要本钱的。

"要很多吗？"他问。

艾雅西嘴角撇了一下："你别管了。"

本钱从哪儿来？那几天他一直很困惑。他想去找二哥问明白，可一直见不到他人。几天过去了，他决定自己解决。

如何解决？他想到二哥过去常跑涉藏州县收买药材再拿到成都去卖这事，心想自己现在既然没有办法，效仿别人走过的路也许也是一个办法。

想到就干。他简单收拾了几件衣服，拎着包走出了家门。口袋里还有15元，是前几天打零工所得，他还没来得及给母亲。

出了家门，他发现自己连要去哪儿都没搞清楚。他想了想，走西边可到甘孜藏族自治州，往北可去阿坝藏族羌族自治州，都是涉藏州县。去哪儿呢？他直接去了汽车站。

到了汽车站，已近中午。一问车次，艾雅康顿时傻了眼，原来，去甘孜和阿坝的车都没有了。每天只有一班车，而且都是一大早就发车。

改革开放初期，交通欠发达，不比如今高速公路四通八达。那时，不仅道路不行，车也跑得慢。尤其雅安到甘孜、到阿坝，因位于四川盆地向青藏高原过渡地带，公路狭窄不说，而且多处在崇山峻岭之中。雅安发车时间定在一大早绝对英明。

艾雅康不想就此打道回府，他也不是那种一遇到点事就退缩的性格。他向四周望了望，多是步履匆匆的人。他向车站内瞅了瞅，没见几辆车，也见不到工作人员的身影。他想找人问问，但又不知能问谁。突然，他看见门岗里走出一个人，是位大爷，想都没想，他一个箭步冲了过去。

"大爷。"他忙不迭地叫着，那门岗大爷被吓了一跳。

"大爷，还有车吗？"

那大爷望了望车场，又望了望艾雅康，用老人家常有的口吻问道："去甘孜吧，家里有急事？"

艾雅康心想，自己还没拿定主意去哪儿，这大叔倒给定了。去甘孜也行，反正也是涉藏州县，他忙不迭地回应大爷："是，去甘孜。"

"班车一天只有一班，一大早就走了。"他又上下打量一番艾雅康。

艾雅康没说话，只是求助般望着他。

"你小子运气不错。"大爷笑眯眯地提高了声调说，"有辆货车路过，是去甘孜的，现在车站加水，我帮你跟司机说说去。"

不一会儿，大爷回来了："行了，司机同意了。出去就能看到那车，解放牌。"

"谢谢大爷。"艾雅康高兴地转身就跑。

"回来。"大爷叫住了他，"去，去买两包烟，开车后给司机师傅。"大爷指了指车站唯一一个小卖部。

那时的艾雅康虽对人情世故似懂非懂，但母亲常在耳唠叨"人要懂感恩"提醒了他。他秒懂大叔的意思，跑进了小卖部，买了三包烟和一袋1斤装的馒头。回到门岗处，他丢下一盒烟就跑。大爷一愣，跟出了门岗，叫着："这个瓜娃子，慢点，我送你过去。"

艾雅康顺利坐上了去往甘孜的车，这是他第一次坐长途货车。狭小空间里，艾雅康很快就和司机师傅熟络起来。三五句话之后，艾雅康便将这次出行的本意讲给了司机师傅听，还特认真地征求起他的建议来。

"可以做虫草。甘孜虫草便宜，拿到成都卖就能赚钱。"司机师傅信心满满，口气中透露出不容置疑。

"那怎么做？"第一次出远门的艾雅康对人毫无戒心，何况是这位愿意让他坐车的好心司机师傅。

司机师傅这才发现艾雅康就是个"顶针子眼多，一个不懂（通）"。不过，数个小时相处下来，他觉得艾雅康是个懂事、敢闯和有主见的小伙子，不由得想帮帮艾雅康。

"到甘孜是夜里了，我送你到车站招待所住下。白天，招待所附近有人在那儿卖虫草，你可以去看看。

"另外，有件事你得知道，成都虫草是按条论根卖的。最近的行情1根能卖1毛钱，药材市场很多人在收。"在甘孜车站招待所，司机师傅放下了艾雅康。很显然，这位司机师傅平时也没少带虫草回成都。

登记入住后，艾雅康一看时间，已是夜里1点半了。躺在床上，大通铺内充满了其他人的酣睡声，艾雅康很兴奋，久久没有睡意。

迷迷糊糊中，艾雅康发觉有人起床了。他顿时清醒，也兴奋起来。他跳下床，胡乱地穿好衣裤，鞋带都没系好便向大门处跑去。经过入口登记处，给他办理入住的大姐还没下班。她见到艾雅康，惊讶里带有疑惑。

"没睡？"

"睡了。"艾雅康应了，脚步并没停下。

他推开招待所大门。天际刚刚泛起鱼肚白，周边的一切还被包裹在朦朦胧胧的黑白之间。空气里裹挟着青草味，还带有丝丝寒意，他不禁大吸了一口，顿觉身子清爽了许多。望着那云霞绮丽的曙光加速揭去夜幕的轻纱，东方地平线上跃起了火红火红的太阳，那一刻，艾雅康仿佛被唤醒，内心充满着激情和斗志。对未来的憧憬，如同这破晓的朝阳，充满了光亮！

陆陆续续，有人开始出现在狭窄的石街上。高原红的肤色和藏族服饰让人一眼就能看到他们。三三两两聚在一起，他们或提着竹篾背篓，或拿着编织袋，警觉地站在路边，注视着过往的行人。艾雅康拉住了一个藏族小伙，得知他们正是来卖虫草的。

相似的年龄让藏族小伙与艾雅康熟络起来，他们很快就打成了一片。这个藏族小伙叫多吉，青涩容颜下难掩纯朴善良。得知艾雅康是来买虫草的，他便毫无保留地给艾雅康传授起辨识和选购虫草的门道。

因为当地居民都是现采自卖，虫草多是"湿草"（指虫草不够干燥，晾晒时间不够）。"湿草"不利于长期储存，且涉藏州县是按斤论两买卖虫草，对收购虫草的买家来说，"湿草"如果太湿，品相就不会太高，价格自然就不会高。至于虫草虫体头部包裹的泥土，这是判定虫草质量高低的一个重要标志，泥土多少决定了虫草价格高低。另外，还要看"穿条"（指在清除虫体头部泥土过程中造成冬虫夏草折断，一般会用小草秆把断的部分穿起来，业内俗称为"穿条"），"穿条"多也会拉低虫草品质和价格。在多吉的帮助下，艾雅康很快掌握了虫草行内通识和收购要诀。

因为和多吉成了朋友，自然地艾雅康就从多吉这里拿虫草。多吉的虫草是按斤卖的，价钱是18元每斤。艾雅康没有还价，那时的他也不知道有还价一说。他只是一根一根地数过，多吉的虫草一两约有140根。一旁的多吉很是奇怪艾雅康为什么要数根数。艾雅康算了算，按成都虫草卖价0.1元钱每根计算，成都每斤虫草价格

身在高原涉藏州县

应是140元。他看到了超额利润，决定马上开干。

可他一摸口袋，顿时蔫了。来甘孜几天，住宿费加上吃喝，他现在口袋里剩余的钱只有2块5角，别说买虫草，就是现在回去买车票的钱都不够。这时，艾雅康突然明白二哥所说做生意得有本钱的真意了。

怎么办？面对困境，艾雅康唯一的念头就是得把这事做成。而做成此事，得先有本钱，他想到了二姐。

二姐在国营单位工作，有固定工资收入。最重要的是，她对自己这个最小的弟弟疼爱有加，有求必应。艾雅康决定向二姐求助。

找个什么说辞呢？说自己做生意需要钱？可自己从来没有外出做过生意，二姐能信吗？艾雅康心里没底。得找个既能让二姐快点汇款又不至于汇款数额少的说辞，艾雅康想到了诈病，谎称自己病了。

他找到邮局，给二姐发了封加急电报："弟病，速汇款。"落款地址为所住招待所，收款人写着他自己的名字。

办完这一切，艾雅康兜里只剩下1块8角钱。他问邮局办汇款的工作人员，从雅安到甘孜汇款需要多长时间？工作人员说加急的三四天就可到，常规的那最快得要一个星期。

艾雅康决定将每天伙食控制在2角以内。他盘算了一下，每天吃两餐，以玉米馍馍为主食，应该能应付一星期。"好在先交了房费，否则得睡大街了。"他暗自庆幸。

电报发出后的第四天，艾雅康收到了二姐的汇款：100元整。艾雅康没想到会这么快，他相当惊喜。

原来，二姐收到电报后，告诉了家人，全家才知道艾雅康去了甘孜。二姐拿出自己的积蓄，还向同事借了一些，东拼西凑了100元加急汇给艾雅康了。那个年代，人比较单纯，社会风气也纯正，就凭一封毫无缘由的电报，二姐竟汇了100元到一个她自己都不熟悉的地方。要知道，对20世纪80年代初众多中国人来说，100元那可是一笔数目不小的款项。二姐汇款的及时、到位，给了艾雅康很大的助力。

后面的一切都很顺利。多吉三天就将虫草安排妥当，有5斤。品相看上去非常不错，草头较短，虫体也比较紧实。因为是鲜草（当季刚采挖的冬虫夏草），每次他送虫草到旅店时都吩咐艾雅康："不能将虫草捂在袋子里，要平摊着放。"那几日，在旅店艾雅康床底下，满地平摊晾晒的都是虫草，虫草所散发的淡淡菌菇腥香充斥着整个房间，以至于同一房间的旅客打趣艾雅康说"你让我们睡在虫草上了"。

如法炮制，艾雅康也搭了趟到成都的顺风车。在车上，他将药材市场的位置以及如何去那儿都弄得一清二楚。车到成都，告别了货车司机，艾雅康就直奔成都药材批发市场而去。

还没进到市场，艾雅康就感受到了熙熙攘攘的人流扑面而来。在雅安，他还从来没见过一个地方能聚集这么多人。他有点紧张，双手下意识地将装有冬虫夏草的手袋紧紧攥着，顺着人流走进了市场。

市场规模不小，像是在原有建筑基础上扩建而成。摊位被划分成不到10平方米的空间，清一色水泥砌成的柜台一个挨着一个，上面堆满了各类货品。过了入口处，进入市场，艾雅康一下感到人少多了。入口通道狭窄，人进来后各自去了要去的摊位，空间压迫感没有那么强烈，艾雅康放松下来。

"先看看，先到收购虫草摊位看看。"艾雅康边走边想。

转了一小时，没有看到一家专门收购虫草的摊位，他不禁有些紧张。"难道司机师傅说假话？怎么没人收购虫草呢？"他心里开始打鼓，焦虑起来。

"得找人问问。"他四处张望起来。不少摊位好像都挺忙，只有不远处一个摊位上没有顾客，看似清闲，他决定去那里问问。

"老板，这里有收购虫草的吗？"

摊位上坐着的那个人站立起来，打量起艾雅康，艾雅康不自觉地后退了一步。

"我这里就收。"

后来，艾雅康才知道这里每个摊位都收虫草，只不过没有专门收虫草的摊位。

他不屑地望着艾雅康，好像在问你能有虫草吗。

艾雅康一听他能收虫草，忙将背包拉到前胸，急切地说："我这里有。"刚才隐约的不好感觉此刻也化为乌有。

摊主好像不信似的探出身，看了看艾雅康包里的虫草。"货不少啊。"像嗅到了腐肉气息的秃鹫，他弹射般地从摊位里跳了出来。

"这货我全要了。"

"真的吗？"艾雅康喜形于色，他没想到能这么快就成交。

"知道行情不？现在价钱跌了。"

艾雅康心头一紧，忙问："那现在多少钱收？"

摊主又看了看艾雅康，装着为难的样子说："看你像刚刚出来做生意的，我这次还是按每根1角钱收你的货。"

和司机师傅说的价钱一样，艾雅康想都没想就答应了摊主。

"第一次做虫草吧？"

"是啊，这是我第一次外出做生意。"也许生意谈成了，此时的艾雅康觉得有些骄傲。

摊主脸上闪过一丝不易察觉的坏笑。

"数过根数吗？有多少根？"

艾雅康有点蒙。虽然他和多吉数过，1两虫草约有140根，但5斤虫草有多少根？没等他要细算，摊主紧接着开口说，"那我们按斤算吧，这样简单。"

艾雅康想按斤算和按根计数应该差不多，便答应了。

"这里有多少？"

"5斤。"

摊主用手掂量了一下装虫草的包，不容置疑地说："不能有5斤。"

艾雅康心想，我在多吉那里称的就是5斤啊，怎么到你这里就没有5斤了？

他正琢磨，那摊主又说话了。

"这情况正常。"他停顿了一下，望着艾雅康，笑容又堆在了脸上。

"你看啊，你这虫草是新鲜的，刚收上来时水分肯定比现在多。"他拿出一束虫草看着，继续说道，"你这个虫草，一定也是晾晒过的。"

"是的。"艾雅康想起那几天床下放置虫草的经历。听多吉说，采挖到冬虫夏草后，他们都要在高原阳光下晾晒。

"经过晾晒一定会缩水的，不是吗？"

艾雅康觉得有道理。

那摊主拿出一杆秤，较大的那种，但秤砣很小。他将装有虫草的背包用秤钩挂住，快速地在秤杆上移动着秤砣，在艾雅康全神贯注这斤两时，用手将秤砣往上一抬。不等秤杆回落，他立马收了秤。

"5斤2（两）。"摊主大声地说。

艾雅康一听这数，很是满意。多吉把自己当兄弟待，收最后一批虫草，艾雅康明明发觉比前两次要多，可多吉坚持按前次的重量来计，原来是这样多出来的。他想着高兴，不是因为多出的虫草，而是多吉的友情，不由得爽快说："好，就5斤2（两）。"

摊主斜了他一眼，拿出个大簸箕来。

"来，把虫草倒出来。"

艾雅康将包里的虫草一股脑儿倒了出来。最后，他还将背包衬里翻了出来，确保一根虫草都不会遗留在背包里。

等着结账了。

"把背包给我。"摊主伸手将背包拿了过去。

艾雅康正纳闷摊主要这旧背包干吗，只见摊主将秤钩钩住了背包带，还没等艾雅康明白咋回事，他就报出了一个数：1

斤半。他称出来的背包重量有1斤半。

"减去背包重量，你那虫草还不到4斤吧？"摊主看上去甚是得意。

"5.2-1.5=3.7，是没到4斤。但这又怎么可能？难道是多吉……"艾雅康不愿往下想，可一时也不知道问题出在哪儿。

"看你第一次做这个，算了，我给你个整数，算4斤吧。"摊主表现出一副好人样。

艾雅康不知道应该道谢还是说点其他什么，总之，他当时的脑子一片混沌。

"虫草行情不太好，你的货品质又一般，但这次我还按每斤115元收你货。不过，说好了，下次有货你得给我。"摊主说得声气很足。

摊主从裤兜掏出一沓钞票。"这里是300元，你先拿好。"他将钱递给了艾雅康。随后，摊主转身进了他的货摊，蹲下身摸着什么。货摊上的杂货挡住了艾雅康视线，他看不清那摊主在做什么。直到摊主又递过来160元钱，让他点点钞票数，看数额对不对，总共有460元人民币。

捧着这一沓钞票，他当时脑子一片空白。

人民币那时最大面值是10元，摊主给的虫草款又不全是10元，其中还夹有5元、2元甚至1元面值的，艾雅康费了一点时间才点算完。点完后，有点不放心，他又点了一遍。到底点了几遍，他自己都不晓得，直到摊主不耐烦地催他走。他将钱款放进了背包，贴心护卫着小跑离开了市场。

坐上回雅安的长途车，艾雅康觉得心才稍稍安定下来。装有460元钱的背包被他紧紧护在胸前，双眼一直死死盯着，好似他一眨眼这现实就成了梦境，那希望就不复存在。大巴摇摇晃晃行驶在成都平原边缘，山地渐渐多了起来，车速也随之慢了下来。艾雅康一直亢奋的情绪这时才开始渐渐平复，他突然觉得事情哪里有些不对。

在甘孜有5斤，到成都怎么只有4斤？即使风干缩水，几天会少1斤？虫草行情真像摊主说的那样？按司机师傅说的以根计价换算出来的价格不是每斤130元吗？难道自己算错了？带着这些疑问，他回到了家。

这是他第一次离家那么远那么久。到家后，母亲一顿数落，规定今后无论去哪里都得跟家里人先说。艾雅康急忙应承。没顾得上休息，他直奔二姐处，将二姐的100元还给她。二姐很惊讶，问钱不是治病花了吗，这钱又是怎么回事？艾雅康半天都不出声。见二姐急了，看自己也调皮得差不多了，艾雅康突然面对二姐夸张地吼叫道："二姐，我赚大钱了。"

晚上，见二哥在家，艾雅康便将这趟经历讲给了二哥听，还拿出了这趟买卖赚的360元。二哥一看，乐了，他没想到小弟这么有灵性。他让艾雅康拿这360元钱做本钱，多做几次虫草生意，多积累些资金。他承诺会带艾雅康南下广州，见识更大的世界，做

艾雅康与二姐

更大的买卖。

艾雅康听了很兴奋。想到在成都的遭遇，他禁不住将自己的疑惑给二哥说了。

"你被骗了。"没等艾雅康说完，二哥就下了结论。

"那摊主玩秤了，在秤砣上做了手脚。你说虫草有5斤，那克扣你就差不多有1斤。至于价格，现在还没有大量挖采，价格只望高不就低，不应低于130元。算下来，你亏了差不多190元。"

二哥讲起生意经门儿清。

听二哥这么一说，艾雅康脑子轰的一声，整个人愣在那儿。他没想到那摊主会骗自己，更没想到自己被骗了这么多钱。190元，给母亲，那可充当家里几个月的开销费用。他恨那摊主欺骗，更恨自己被骗。

眼泪在眼眶里打转，艾雅康强忍着没让它流出来。

看到弟弟难受的样子，二哥拍了拍他，说："算了，权当上了一课。人在社会上行走，摔跤很正常，都要交学费。这是成长的代价，每个人都会遇到。既然避不开，我们就跨过去，跌倒后再爬起来继续走。要不怎么样？死在路上？埋在坑里？"

艾雅康还是难受了一晚上。第二天一早，他找二哥说他想去找那摊主，被二哥怼了回来："有这时间和精力，几个190元都能赚回来。"觉得二哥的话在理，艾雅康决定马上再赴甘孜。

到达甘孜，艾雅康马上去见多吉。他简单说了一下成都的事，但并没有提及虫草被摊主克扣斤两，他怕多吉产生误会。多吉听后，他那藏族人性格中的豁达、热心、坦诚表露无遗。他搂住艾雅康的肩膀，用藏族人说普通话特有的腔调，一字一字说道："我们藏族人常说，一个人最大的福报是来自别人的祝福，尤其来自濒临绝望人的祝福。那人骗你钱财，他那是绝望。你不在意，那就成了你的福报。"

"不在意即是福报。"艾雅康那时并没有懂这句话的真义，但他记住了。

没多久，多吉就将艾雅康要的虫草准备好。他特意交代这次虫草比上次的要好，并将自己分辨虫草品质心得教会给艾雅康。他还坚持按上一次虫草价格结算，祝福艾雅康一切顺利。想到自己还曾怀疑过多吉，艾雅康的脸不禁红了。

到6月底，那年冬虫夏草采挖季就基本结束了。艾雅康一共走了甘孜五次，刨去各项开支，不到三个月，艾雅康净赚3000元。这是他人生第一桶金，也是他最初的资本。有了第一笔原始资本，艾雅康有了更多的想法。他要到南方，到改革开放前哨地去开眼界、长见识。他想到更大的天地去搏击，去成长。

至于市场里那个摊主，就是个骗人的惯犯。原先，艾雅康还想去找他问个明白，想知道他为什么要骗人。可想到自己拿不出任何证据，又想到二哥说的话，他就权当受了一个教训，交了一笔人生学费。不过，那摊主终究也没逃过"善恶到头终有报"的天理。艾雅康最后一次去市场，他还去了那个摊位，居然发现人走茶凉、闭门谢客了。

09　锦衣少年

艾雅康有了资本，旋即与二哥踏上了去南方的旅程。时间是1981年7月，目的地为广州——中国改革开放先行地。

这是艾雅康第一次出川（四川），但出川路线却是他自己规划的。

他有自己的想法。

"我们不经成都，我们从昆明转去广州。"

"啥？那不绕了一大圈？到广州时间也没个准。"艾雅西的言语中透露出对这个提议的不屑，夹有对没出过远门的艾雅康是否具备提出行程建议的质疑。

"我想坐一次成昆线，成昆线最精彩的那段。"

"小时候，我们不是说好了，长大要坐成昆线？"艾雅康的话唤醒了艾雅西的记忆。

成昆铁路，被联合国称誉为"象征20世纪人类征服自然的三大奇迹之一"的伟大工程，北起成都，南至昆明，全长1096千米，是新中国独立自主修建的一条极具战略意义的铁路大动脉。成昆铁路贯穿祖国大西南，耗时12年才得以修建完成（1970年7月1日通车）。因沿线地带长期被认为是不可能修筑铁路的"禁区",建设者们以大无畏英雄主义气概,逢山开路,遇水架桥,沿线共修筑991座桥梁,打通隧道427条,为此也付出了巨大牺牲,沿线留下的1000多座丰碑就是对铁路建设者最好的纪念。

雅安处于成昆铁路线上,艾雅康也是听着成昆铁路建设者英雄故事长大的,艾雅西还有一段学生时期在成昆线工地上义务劳动的记忆。经艾雅康这一提醒,艾雅西也有了游览成昆线的冲动。不过,如果仅仅游览雅安到成都的那一段成昆铁路线,他也觉得没多大意思。因为,成昆线一过雅安,基本上就下到了成都平原上了,那一马平川的成昆线,不是成昆线的精髓。

他决定采纳艾雅康的建议,"反着走",先到昆明,然后再去广州。这样走,耗时耗财,但艾雅西心想权当旅游,也让没出过远门的艾雅康多长些见识。只不过他还是好奇,艾雅康为什么总有一些与众不同的想法?

在乌斯河站(现雅安汉源火车站)上了成昆线,沿线过岷江、青衣江,经峨眉,沿大渡河横贯大小凉山,过金沙江,火车多次翻越龙川江峡谷,穿过横断山脉,上云贵高原,历时近16个小时,兄弟俩到达了昆明。列车上,艾雅康大部分时间都倚窗望着窗外,沿途陡峭的山势、密布的深涧、耸立的奇峰、纵横的沟壑以及如画卷般的风光让他难以忘怀,也让他懂得了一个道理:许多貌似不可能的事,像这成昆线,只要去做,就有可能做成功!

在昆明,兄弟俩信马由缰地玩了几天。之后,又在中途下车在桂林玩了两天。最后，经桂林转到广州。

抵达广州时，兄弟俩发现这一趟行程竟用了七天的时间。艾雅康一路很兴奋，也一直很好奇。对从未出过远门、来自大山里的他来说，祖国山河的辽阔与壮美，民俗文化的丰富与多元，让他大开了眼界，增长了见识。艾雅康，这个流淌着彝族血脉的新时代年轻人，对学校书本中描绘祖国的词语有了切身的感受：幅员辽阔，民族平等，历史悠久，文化灿烂。此时的中国，正是青春之中国，生机勃勃，活力四射。艾雅康也幸运地赶上了这蓄势待发的时代大潮。

那几日，兄弟俩奔波于广州高第街、火车站以及大沙头批发市场。面对琳琅满目的商品，艾雅康眼花缭乱。他何曾见过如此品类丰富、质优价廉的商品？许多东西，像电视机、录放机、喇叭裤、蛤蟆镜乃至于青年人的爆炸头发型，艾雅康都是第一次见。他惊诧于物质的丰富多样，更惊诧地域的不同和差距：广州和香港的不同，广州和雅安的差距。他在想，这些不同和差距是什么造成的？它们能给自己带来什么？

进什么货最终得由二哥拍板，纵然艾雅康看什么都好，都想要点。二哥说，进什么货，一要看货好不好卖，

送货途中

090

二要看货卖得快不快。不能凭自己喜好下单，要跟市场喜好同步，最好还能超前市场半步。

这次，二哥决定只进服装配饰类产品，而且只进两个品种，一个是喇叭裤，一个就是刚从港澳流行过来的女人丝袜。前者全国正风靡，后者则因为国内刚引进，很多人都没见过，更别说穿过。二哥看到了丝袜具有的时尚、美观和舒适等特点，也敏锐捕捉到女性产品会引领消费流行热点，而结果也验证了他判断的正确。

就这两个产品，艾雅康往返雅安—广州五次，赚取了相当可观的利润。当艾雅康一个半月内第六次踏入广州，他突然萌发了要有所改变的冲动。

"二哥，这次少进点喇叭裤和丝袜，换点其他产品？"

"为啥？不是卖得挺好吗？"二哥有点奇怪。

"雅安已有人在卖同样的产品了，有的价格比我们卖得还便宜。"

"那又怎么样？有得赚就行。"二哥一副无所谓的样子。

艾雅康那时还没有学过经济学供求关系决定价格理论，但他晓得"多贱寡贵"的道理，知道做生意的人多了、商品的利润会被摊薄这个常识。还有，他天性中喜欢想事的习性总让他处于一种"不安"的状态，这让他多了一份自我冲动。他决定按自己的"冲动"行事。

不久，艾雅康就提出自己要"单干"，惹得二哥骂骂咧咧向他吼道："发啥神经？你才做生意几天？要上天了？"二哥习惯性地把他当小孩看。

"我不过想做自己想做的事。"艾雅康习惯了哥哥们对他说话的方式，尤其是二哥。

"你说啥事？"二哥耐着性子问道。

艾雅康将自己的想法一股脑儿倾泻出来，眉飞色舞。他还想象着二哥听后也犹如自己一般激动，可没等他说完，二哥插话了。

"折腾这么多事干吗？现在生意不是挺好的，又不是没钱赚？"

再没等艾雅康说什么，二哥一摆手，说："别扯上我，要干就你自己干。不过，我得先把话撂在这儿，哭鼻子时别怪我没提醒过你。"

艾雅康自小就独立，二哥的态度和不支持并没有影响到他。一个星期后，他就开始实施自己的想法。

20世纪80年代初，国家实行对外开放政策，国外商品如潮水般地涌进中国。牛仔裤，这具有代表性的国外商品，便是最早一批进入中国的海外商品。那时的中国，牛仔裤是城镇年轻人的时尚标配之一。艾雅康的"想法"就盯在了这牛仔裤上。

不过，具体怎么做？他的"想法"又异于他人。多数人，包括二哥，做牛仔裤生意是这样的：去广州进货（牛仔裤），拿回雅安来卖，赚取商品差价。艾雅康的想法是：去广州进原料（牛仔布），在雅安加工成品（牛仔裤），获取生产利润。

为此，他算了一下账。通过贸易方式赚取差价，在雅安市场，牛仔裤平均利润差不多有6~10元每条。如果自己加工生产，按雅安当时销量最好的售价在25~35元每条之间的牛仔裤成本计，艾雅康算了一下，他得出了每条牛仔裤产出利润有15元。

不过，艾雅康还是将问题想简单了。

原先他以为只要找几个会裁剪缝纫的大妈，这事基本就成了。他也确实落实了几个。那个年代这样的人不难找，大多数家庭的女主人都会缝制衣服，一家大小衣服基本是自己缝制。但艾雅康不知道工业化商品和手工作坊产品存在着代际差异，更没有着眼到改革开放后老百姓的生活水平和消费观念变化之快，以至于他精心谋划"生产"出来的牛仔裤与从广州进回来的原版牛仔裤完全不是一回事。

当艾雅康拿到大妈们手工出产的牛仔裤，他傻了。首先，因为大妈们缝制手艺各有差异，不说品质，单就品相，因为做不到看上去像同一个批次出厂的产品，在市场买家看来，这手工缝制的牛仔裤就像次品或扫尾货。其次，虽然面料是艾雅康特意从广东进的牛仔布，可他却忽略了牛仔裤不可缺的部分——辅料的配置，以至于这批牛仔裤的辅料部分，像纽扣、拉链、标牌等都是五花八门、随意配搭的。大妈们按各自的喜好就地取材，为各自缝制的牛仔裤配置了辅料件。最后，牛仔裤生产有一个最重要的工艺环节——洗水，艾雅康当时也想简单了。他以为经过普通的洗涤处理就可以达到和样板牛仔裤一样的效果，殊不知正规制衣厂洗水工艺流程包括染、洗、磨白、熨烫等环节，有颇高的技术含量。而大妈们用日常洗涤方式"洗水"后的牛仔裤，除了看上去是洗过的，其色泽、柔软性与雅安市面上所卖的牛仔裤无法相比。自然地，卖价也无法和正品相比。

这次，艾雅康真金白银亏了钱（虫草是被骗），他为自己的认知买了单。这是他人生第一次，而且发生在他18岁成人礼后不久。这次失败，他倒没有感到太难过，即使二哥废话了多日，说他自作聪明，他也没有多少挫败感。他知道自己败在哪里。至于多年后他仍"念念不忘"这次失败，不是因为那时的年少狂妄，更不是因为那笔当时对他来说还是不小的经济损失。他的"念念不忘"是因为那次的失败成就了他从此在兴办实业的路上狂奔。照他自己的话来说，他就认定了做生意等于兴办实业。这是他在建筑工地做暑期工时悟到的。那时在建筑工地上，他就观察到盖楼房的（开发商）一定要比提供砂石砖瓦等基建材料的中间商赚得多，而这深刻影响了艾雅康的日后商业发展之路。

二哥一直催艾雅康和自己去广州进货或散散心，可一直不见艾雅康的动静，白天还见不着他人。这天，二哥特意晚上回来，见艾雅康还没睡。

"过两天随我去趟广州。"他直接说道。

"不了，我有事忙。"艾雅康头也没抬。

艾雅康拿着一张报纸，正伏在桌上写写画画着什么。"又忙啥？"艾雅西问道，语气中带着怀疑且有点点担心。

"哥，我发现了个好东西，可以……"

艾雅西没听就打断了他，开始一顿呵斥："你脑子天天在捣鼓个啥？"

艾雅康没理会，继续说道："我准备办个养猪场。"

"啥？"艾雅西好似被惊到。

"猪肉家家都爱吃，现在还是要凭票才能买到，养猪肯定不愁卖。"艾雅康像在自说自话。

"你会养吗？养猪也是要技术的吧。"二哥想拿技术门槛逼退艾雅康。

"我有独门绝技。"艾雅康挥了挥手上的报纸，随即翻到第4版，指着其中一篇文章说道。

艾雅西瞥了一眼，见是本地报纸，又扫了一眼艾雅康手指的文章，发现文章还挺长，还印有人物照片。他看了看照片，读了两行，便不想再读下去。"有啥子吗？"他问道。

"这个人发明了一项技术，用稻草养猪。二哥，你想啊，如果不用粮食养猪，那猪不就可以想养多少就养多少，那猪肉不就可以敞开了吃啊？"兴奋的艾雅康语速有点快，临了他还咽了咽口水。

雅安那时还是个农业县，县城也不大，辖区内多是些从事农业生产的农户。粉碎"四人帮"后，政策放开了，农民可自行养猪了。不过，农民养猪积极性并不高，主要原因还是当时粮食产量不高，农民拿不出多余的粮食来养猪。虽说长在县城，可养猪需要粮食，这点艾雅康是知道的。

"有这事？"艾雅西来了兴趣。

1978年，中央召开了两个重要会议，而这两个会议深刻影响了中国历史发展进程。一个会议是大家耳熟能详的党的十一届三中全会，而另一个则是在党的十一届三中全会之前召开的全国科学大会。全国科学大会不仅让中国迎来了"科学的春天"，更在全社会形成了"科学技术是第一生产力"的认知共识。那时，科技人员从"臭老九"一跃成了社会明星，报纸刊物也热衷刊登科技人员的工作事迹和科研成果。艾雅康看到的正是当地报纸的相关报道。

"那怎么弄？"艾雅西又追问了一句。

"这文章我看了几遍，看不出他怎么做到用稻草养猪的。"艾雅康皱着眉说，"不过，我倒看出他的工作单位是农技站的。"

艾雅西哈哈大笑起来，艾雅康愣了一下，也不禁笑了。

艾雅西没了兴趣，借口说要去广州，自己没有空儿。不过，对艾雅康提出要去农技站找报纸上报道的那人，他这次倒没反对。

艾雅康自己去了农技站。没费多大劲，他就顺利见到了那位发明稻草养猪的"专家"。

听说艾雅康是来向自己讨教稻草养猪技术，而且还是看了报纸来的，那位"专家"兴奋起来。他开始滔滔不绝地讲起稻草养猪的基本原理以及饲养成本大幅减少等种种好处，最后在艾雅康根本不明白的一堆术语中，他神秘地低声说："只有我才真正掌握了这个配方。"

"噢。"艾雅康应了一声。他在想怎样才能让"专家"教会自己。

"你交5000块钱，我就将配方给你。"

艾雅康没反应过来。虽然改革开放了，但国家单位经营性收费还属新生事物，艾雅康更是对此闻所未闻。

"那是单位要收的。"那人又补充说。

艾雅康不是对交钱犹豫，在他的逻辑里，你教会我配方，我交你学费，那是天经地义的事。他犹豫，是因为他那时全部身家资本也就5000多块钱。他不久前在牛仔裤上亏了钱，如今要一次性交出这么一大笔配方钱，那养猪的资金就没有了。他烦恼的是这事。

那人看出了艾雅康的犹豫，他"善解人意"地不紧不慢说道："我帮你向领导申请申请，看钱能不能分批交。"

艾雅康赶紧答应。农技站是国营单位，"专家"能为自己如此开绿灯，他想自己得好好干。

"先交10%预订金如何？"临别时，那人冷不丁地提出了这个要求。

之后的几日，艾雅康忙着找养猪场所，还在"专家"的指导下配置了必要的养殖物件。他办理了个体工商户营业执照，第一次当上了法人代表，第一次成了老板。

一切都很顺利。艾雅康用了最短的时间，不仅将养猪场地租赁下来，而且将养猪场基本设施都配置完好，达到了养殖的基本条件。他甚至已将猪仔购买渠道联系好，只等农技"专家"将猪饲料秘方告诉他。诸事具备，他第一时间去了农技站，走进已经熟门熟路的"专家"办公室。

一推门，他发现气氛有点不对，只见一位戴眼镜的中年人气鼓鼓地坐在椅子上，面红耳赤的，像一只刚刚离场的斗鸡。他有点不知所措，不知进退。这时，那农技站"专家"厉声喝问："什么事？"

"我来拿配方。"他赔着笑脸说。

"我们说好的。"他又嘀咕了一声。

"出去！"那"专家"吼叫道。

艾雅康吓得不轻，慌不择路地退了出来。他呆呆地立在门外，半天都没缓过神来。"专家"今天怎么像变了个人似的？这还是自己所认识的那个自带笑脸"专家"吗？他还在迷糊中，这时屋里又开始大声争吵起来。什么蛋白质含量、氨基酸、碳水化合物多少以及矿物质需求，还有什么实验样本数据分析等，艾雅康完全听不懂。他不知道怎么办，下意识地退避到农技站大门口。这里，他可以望到办公室，人出来他也可见到。

没多长时间，只见中年"眼镜男"霍地冲出办公室，随之而来咣的关门声就连百米开外的艾雅康都听得胆战。见"眼镜男"出来，艾雅康便朝办公室走去。他想着早点将饲料配方拿到，早点开工。远远地，艾雅康就特意走在路的另一边，他不想被"眼镜男"认出来。两人交会而过时，艾雅康斜瞥了他一眼，感觉这个人还挺斯文。

没走几步，身后传来招呼声。

"小同志！"

"叫我吗？"艾雅康转过身，望向"眼镜男"。

"你要用稻草配方来养猪？"答非所问，还是气呼呼的语气。

"怎么了？养猪场都弄好了。"他瞪了"眼镜男"一眼，心想如果不是因为你，我现在就拿到配方了。

"你做不了。"

"为啥？"艾雅康开始急了。

"为啥？那是因为……""眼镜男"突然不说了。停了不久，他语气缓和了下来："配方还在研究。你做不得这事。"

"啥意思？"艾雅康真急了。

"意思就是稻草根本养不了猪！"

艾雅康感觉到了他的严肃，不像在开玩笑。

"可他是农技站的人啊，再有，报纸上都登了。"艾雅康翻出随身携带的那份报纸，拿给"眼镜男"看。

"我知道，那是在沽名钓誉！""眼镜男"恨恨地说。

艾雅康吓了一跳。那个年代，国家单位、国家报刊享有不容置疑的权威性，挑战他们的权威和真实性是很多人想都不敢想的事情。他不禁疑惑地望着"眼镜男"，好似要问："你是谁？"

看见艾雅康又惊又疑，"眼镜男"介绍起自己："我是四川农学院的（现四川农业大学），是这个课题组成员。研究成果远没到应用层面。"

艾雅康没完全听懂，但他觉得这事一定有问题了。"我刚把养猪场弄好，也交了订金，花了很多钱，我现在该怎么办？"他感到很委屈，带着哭腔说道。

"眼镜男"愣住了。可能没想到事情会发展成这样，他一时间也不知说什么好了。尴尬了几秒，他反应过来，即从背包里拿出笔和纸，写了个地址，塞给艾雅康。"明天下午三点，你来这个地址找我。"他叹了一口气，转身离开了。

"我该信谁呢？"艾雅康站在原地，茫然地愣神，仿佛世界都成了灰色。他没了主意，可直觉告诉他"眼镜男"更值得信任。"明天让我去找他，他想干吗？"他看了一眼手中的纸条，决定明天去看看再说。这时，他发现那间办公室的门打开了，"专家"走了出来。他正要走过去打招呼，"专家"却视而不见，择路开溜了。

第二天，艾雅康来到农学院，问了几个人，才找到"眼镜男"所留的地址。那是一栋红砖二层小楼，周边没有建筑，但却被大大小小的大棚环绕。走进小楼，空气中弥漫着不知名的制剂混合味道，让艾雅康不禁掩起口鼻，不过很快他就将手放下了。

在二楼一间有着多张试验台和许多试管的房间，艾雅康见到了"眼镜男"。这时，他才知道"眼镜男"的正式身份——四川农学院畜牧系讲师，大家都叫他邱老师。

"正好，我这边结果也刚出来，完全达不到报纸上所写的出栏量。"一见到艾雅康，邱老师就说道。

看到艾雅康一脸不解，邱老师勉强挤出了点笑容："直接说吧，这'稻草养猪法'现在还不行，不能用这个方法来养猪。没有出栏率，也不会有经济效益。"

后来，艾雅康才知道，这"稻草养猪法"发端于"文革"特殊时期，是热情高于理性的产物。从一开始，邱老师就参与了这项工作，与农技站的那位都是攻关组成员。不同的是，邱老师是做业务研究的，而农技站的那位搞行政，还是负责人之一。全国科学大会后尤其是在党的十一届三中全会后，实践是检验真理的唯一标准，尊重科学已蔚然成风，此类研究早已下了马。至于"稻草养猪法"为何能存续，还上了报纸做成果介绍，邱老师说他自己也不明白，以为这个项目早已解散。

"我也是看报纸知道的。那天我去原本想看看究竟，还想着他们后续研究如何实现了突破。谁知他说不出研究情况，还弄得神神秘秘的，说已经成功了，还在申请专利。我说你既没有化验数据又没有实验样本，这不是瞎胡闹嘛。我跟他争，你看见了，就为这事。"

艾雅康一直用心听着邱老师说。

"他给我看了饲料样本，说是用稻草配制的。""是给你准备的？"艾雅康没想到邱老师也会开玩笑。"我'偷'藏了一小块。"邱老师扮了一个鬼脸，"今天我就做了个成分分析，除了多加了点盐，其他综合营养成分根本达不到养殖标准。用这来给猪做饲料，猪吃了根本不长肉。坑人嘛！"

"你说的都是真的？"说完这话，艾雅康就后悔了。人家毕竟是大学老师！

邱老师递过一张单子。"这是化验单，自己看看。"艾雅康接过化验单，扫了一眼。他知道这些数据对他而言就是一串数字，一时间不知如何是好。

"什么年代了，还搞这些弄虚作假的事。"邱老师愤然感叹。

"我现在该怎么办？"艾雅康现在真慌了，他想的是自己投入的那一大笔钱。

邱老师一怔，随即拍手说道："忘了一件事。"转换了情绪，他面带微笑，急切地说，"今天叫你来，除了要告诉你配方真相，我还想给你个建议。"

艾雅康一听，心想邱老师一定是有其他配料秘方，不管什么方法，能让自己养猪就行。

"你去养鸡吧。"邱老师不像在开玩笑。

"养鸡？"艾雅康嘴巴张成了O字形，双眼陡然睁大。

"是的，养鸡，养北京白鸡（京白鸡）。"

邱老师解释说："北京白鸡是国家蛋鸡良种选育工作的重大成果。虽然现在还没有结题，但配合力测定数据非常漂亮。刚好我们学校现在配合北京农大做相关数据采集，怎么样，你也来做个实验点？"

"那我怎么做？"

"你将养猪场改造一下，应该改动不大，主要是配置一些设施。等会儿我给你一个清单。"

"做好后，我让人去看一下，符合标准我会申请鸡苗给你送过去。"

"那你会指导我吗？我没有养过鸡。"艾雅康想起农技站"专家"一直承诺的话，说会在养殖技术上给予协助和指导，而这也是他敢买饲料配方的底气和信心。

"当然！我们是合作方，我还要你提供相关数据了。"

艾雅康没完全听懂，也不甚明白。当时，他最想明白的还是北京白鸡能不能给他带来经济效益。那时的他，开弓没有回头箭，不得不往前走；那时的他，也是初生牛犊，无惧未来，向往明天！好在时代没有辜负他，他在好的时代遇到了和他一样想干实事的人。

没几天，艾雅康就将养猪场改造为养鸡场，邱老师也按时将鸡苗送了过来。

看到叽叽喳喳的小鸡崽，艾雅康心情好了许多。不过，艾雅康家里人听到他办鸡场，一个个头摇得像拨浪鼓似的表示反对。也难怪，那个年代家家户户都能养鸡，可每家都不敢养多，就怕发鸡瘟。一发鸡瘟，不仅自家鸡全军覆没，连带周边邻居家的也难以幸免。更要命的是，鸡瘟发病率还高。因此，老百姓家里一般就养几只，不发鸡瘟就过年来用，鸡瘟死了损失也可接受。如今听说艾雅康要养几百上千只鸡，他们觉得这孩子没经历过事，纷纷劝艾雅康不能干这事，弄得艾雅康心里七上八下的。

"邱老师，要是发鸡瘟怎么办？"一天，艾雅康抛出了心中的担忧。

"平时做好环境卫生，做好预防措施。"邱老师对京白鸡的抗病性很有信心。

艾雅康学东西很快，没多久就掌握了关键技术。他吃住都在鸡场，每天按邱老师制定的作业时间和流程来给鸡喂料喂水、观察状态、清洁清粪及光照促长。经过近150天喂养，鸡场迎来了第一批出产，母鸡也开始批量产蛋了。

有那么几天，艾雅康一有空儿，就蹲在鸡笼旁，去看母鸡下蛋。一有鸡蛋，他就忙不迭地取出来，放在一个大竹篓里，等第二天拿去市场上卖。开始时，鸡蛋产量不大，每天都会很快卖光。可随着产蛋量的提高，新的问题出现了，鸡蛋的销售成了问题。

那时的雅安，第一产业占全县经济总量近九成，而城镇化的不足造成了农业人口占比过大，农产品自给自足是普遍的存在。当鸡场进入产蛋高峰期，市场消化这些鸡蛋的能力开始变弱，直接表现为鸡蛋要么卖不出去，要么就要降价。即使那时城镇居民还得凭票买鸡蛋，每人每月只有半斤供应量。

早在改建鸡场时，艾雅康就在琢磨鸡场如何能赚钱。对养

悉心照料小鸡

猪，因为有前期的研究论证和全心投入，他是有信心让猪场盈利。而不得不改养鸡的临时决定，让他匆忙上阵时又憋了一股劲，他要证明自己是行的。鸡场办起来后，他不厌其烦地向邱老师讨教，严格按照科学养鸡方法管理鸡场，生怕管理不善造成鸡瘟或其他问题，影响鸡场运营和收入。为了节省开支，他没有聘请员工，凡事都是自己干或让家人帮忙，只在产蛋高峰期，他才请些临工。饲料是养鸡投入的大头，为了节省开支，他每天一大早就到菜田里，帮菜农收摘当天售卖的蔬菜，而烂菜落叶他则拿回鸡场用来喂鸡。他还找到那些"孩子王"，告诉他们可以用山野田间的虫子，像"豆虫""蟋蟀""蝗虫"等，来他这里换鸡蛋。这一招效果尤其好，不仅给鸡场贡献了大量优质"饲料"，而且保证了蛋鸡的营养摄入和产蛋率。

因为有虫子的高蛋白滋养，艾雅康鸡场的产蛋量飙升。产蛋数据统计出来后，邱老师很兴奋，直夸艾雅康为京白鸡的全国性推广做了贡献。艾雅康高兴之余，也在为鸡蛋销售犯愁。

降价卖蛋，轻松简单，艾雅康也做过。不过，他做了一两次就觉得不妥。首先，他发现只有他自己一家降价卖蛋，而他降价的原因，一是有资金需求，二是怕鸡蛋积压时间过长造成无谓损耗而影响收益。其他商家因为蛋不多则不争不抢，静候着他降价将鸡蛋卖完，便继续着各自的卖蛋生意。整个市场犹如偌大湖面丢下了一颗石子，虽激起了点点浪花但总体波澜不惊。可对他而言，降价带来的却是收入的减少。再有，他发现他的降价举动对有摊位的商贩影响有限，可对那些一大早赶来县城卖鸡蛋的农民有很大影响。那个年代，农民家养的鸡所生产的鸡蛋，自家很少拿来吃，一般都是拿到街市售卖贴补家用。那可是农民仅有的现金收入来源之一，也是农家孩子学费和其他日常开支的主要来源。当艾雅康看到因为蛋价便宜了而让那些天不亮就赶来集市卖蛋的农民眉头紧锁时，经历过苦日子的艾雅康觉得自己不能这样干了。他决定不再降价卖蛋，他得另辟蹊径。

但"蹊径"在哪儿？艾雅康一时没了思路。

犯愁的一天下午，二姐下班后来到鸡场。她是来看有什么需要她做的，这已成了她最近的习惯。她还给艾雅康带了几块蛋糕。二姐的工作单位是饮食公司，改革开放后这两年开始生产、售卖各类蛋糕。

计划经济年代，国家包揽了个人生活的方方面面，大到生老病死，小到柴米油盐，乃至像蛋糕这样的零食小吃，也是国营食品店才有的卖，并且有的还得凭票购买，价格也不菲。改革开放之初，国民经济开始恢复，商品也逐渐丰富，不过对普通老百姓来说，蛋糕还不是能随意消费的。因为是自己的单位生产，近水楼台，二姐今天买了几块蛋糕来给弟弟品尝。

见到有蛋糕，艾雅康很开心，毕竟平时也少吃。18岁的年龄，对任何一个正常发育的青年来说，馋吃是那个年龄的标配。艾雅康狼吞虎咽地吃起了蛋糕，看得一旁的二姐一个劲地说吃慢点。突然，二姐看到艾雅康口里含着蛋糕，腮帮子撑得鼓鼓的，直愣愣地一动都不动。二姐吓坏了，一边拍打着艾雅康的后背，一边将水递到他的嘴边，着急忙慌地说："快喝点水。"

"二姐，做蛋糕难吗？"艾雅康口里塞满了蛋糕，声音听上去很怪。

"你没事？"二姐满脸狐疑。

"我没事。"喝了口水，艾雅康将口中的蛋糕咽了下去。

"好吃。"他咂了咂嘴，一副享受的样子。

"做蛋糕复杂吗？"

这次，二姐完全听明白了。虽然她不属蛋糕制作部门，但与糕点师傅并不陌生。她想了想，说："做出来不复杂，但要做得好并不简单。"

"能带我去看看吗？"艾雅康问。

二姐不解地望着艾雅康。

"二姐，你坐下。"艾雅康将二姐按在凳子上，"现在产蛋量上来了，为了尽快出货，我们就要比别人卖得便宜。这样做我们自己赚少不说，那些上街卖蛋的农民也因为我们卖价便宜而收入减少。这两天我老在想一个问题，我们自己能不能把蛋用起来？现在我发现了，做蛋糕不是要用到鸡蛋嘛，我们做蛋糕怎么样？蛋糕现在不是很畅销吗？"

"是啊，天天排队，不够卖了。"二姐一听，也很兴奋，"明天我就去找高师傅。"

没过几日，二姐就约定和高师傅见面。高师傅是饮食公司最好的面点师傅。

高师傅听完艾雅康利用自己鸡场所产的鸡蛋做蛋糕的想法，觉得这年轻人脑子好使，机灵勤奋，顿生好感。他不仅带艾雅康实地观摩蛋糕制作，而且还手把手教艾雅康制作蛋糕。在他的建议下，艾雅康决定从蒸蛋糕开始做起。

改革开放已有几年，虽说蛋糕的主要原料面粉和白糖仍需要凭票购买，但改革解放了生产力，计划指标外的面粉和白糖还是可以买到的，只不过价格要贵点。除了买贵价的面粉和白糖这一途径，艾雅康还想到另外一个方法，即允许别人用自家多余的粮票和糖票来换鸡蛋，而他再用这些票证去国营商店购买平价面粉和白糖。这样，他既售卖了自产的鸡蛋，又解决了生产蛋糕的原料问题，一举两得。

蛋糕店就这样开张了，它是改革开放后雅安第一家个体经营的蛋糕店。因为有原材料成本优势，加上有高师傅对品质口味的把控，艾雅康的蛋糕店生意异常火爆。经此一"役"，艾雅康还发现了新的鸡蛋销售渠道。除了自家蛋糕店自用，他还在高师傅帮助下成了食品公司的鸡蛋供应商。如法炮制，艾雅康还将他的鸡蛋送进了许多单位食堂。1982年底，艾雅康的鸡场和蛋糕店全面走上正轨，不仅实现了赢利，而且盈利颇丰。在添置完善了所需生产设施后，比如蛋糕店的烤箱，他也犒劳了一番自己，给自己买了一台摩托车。这在那个年代，在雅安这个小县城里，个人拥有摩托车可以说是神话般的存在，不仅是凤毛麟角，更是财富的标志。每当艾雅康身着流行时装，戴着墨镜，骑着摩托车穿行于大街小巷，一个关于他这个锦衣少年的故事便开始流传开来。

这年，他18岁，刚刚成年；这年，他的财富近万元，成为那个代表时代成功和方向的弄潮儿。

10 另类教育

正当艾雅康雄心勃勃要将鸡场和蛋糕店扩大发展时，他人生第一次磨难就这样悄然而至。

1983年8月底的一天，在无任何征兆的情况下，艾雅康被人带到一处有公安站岗的地方，连同他心爱的摩托车。

早几日，艾雅康听闻了一些风声，说国家开始"严打"，许多混社会的人都被抓了。艾雅康觉得这是好事，过去卖鸡蛋他没少受地痞流氓欺负。再有，那时他主要心思放在扩大养鸡场上，他还在求邱老师推荐几个新鸡种。对"严打"运动，他觉得跟自己没有一点关系，也没放心上。

进入新的历史时期——改革开放开始后的1983年，鉴于严峻的社会治安形势以及重大刑事犯罪活动日益猖獗，8月25日，中央决定在全国范围内开展专项运动，从重从快打击刑事犯罪活动，史称"83严打"。

"严打"主流是好的，起到了震慑和打击刑事犯罪活动和快速扭转治安形势的作用，也为改革开放创造了良好的社会环境。但因形势严峻和社会发展惯性使然，某些地方依然采用"运动式"工作方法，主观定式化泛滥，程序规范欠缺，加上有"从重从快"的要求，或多或少都办了一些错案。

艾雅康被抓，给出的理由五花八门。有人指出他小小年龄就能买得起摩托车，认为这肯定有问题。有人提出他经营鸡场和蛋糕店得雇工人，认定他必然存在剥削行为。更离谱的是有人通过他的时髦着装就判定他不是好人。总之，作为被认定的"异类"，他就这样被"严打"了。

8月30日，艾雅康在大街上被抓。被抓时，他很淡定，认为肯定是弄错了，直到被带进一间房里。

房间很简陋，像是临时布置的。艾雅康刚落座，进来了三个中年人，在他对面长条桌前坐下。坐在中间的那位穿着警服，他看了艾雅康一眼，低头翻看起手上的材料，边翻边问："叫什么？"

"艾雅康。"

那人没抬头，继续翻找着手中的材料。"没有啊。"他自言自语。他放下手上的材料，眼神犀利地望着艾雅康。

"姓名？"

"艾雅康。"心想不是刚刚才告诉你？艾雅康不禁又望了一眼问话的那人，只见他正拿笔在纸上记录着。

"犯了啥事？"

"我不知道，我没犯啥事。"声音中满是疑惑。

"没犯啥事能抓你？老实交代！"右手边穿便衣的那位厉声喝道。

艾雅康不知道要说什么。慌乱中，他说起了自己的鸡场和蛋糕作坊。平时说到这些他总是兴致勃勃，可今天他却结结巴巴。

　　没等他说几句，左边那位，也是着便装的，冷不丁地问道："你的摩托车怎么回事？"

　　"买的，商店里买的。"艾雅康回答。

　　"你哪儿来这么多钱，不是非法所得吧？"

　　"我自己卖蛋糕赚的。"

　　"鸡场和蛋糕作坊有多少人？"

　　"8个。鸡场5人，蛋糕作坊那边有3人。"

　　"那你可是小资本家喽。"坐中间穿警服的那位半调侃半认真地说道。

　　出生于二十世纪五六十年代的中国人，打小就知道剥削阶级和资本家不是什么好词，艾雅康也不例外。相反，根正苗红的他天生就觉得这两个词跟自己没半毛钱关系。再说，改革开放已经好几年，剥削阶级也提得少了，资本家好像也没那么可怕了。如今，听到警察这么说他，他有点蒙，不知道什么意思。不过，他不关心这，他关心的还是鸡场，小鸡到了该喂食的时间了，快产蛋的2号鸡舍的鸡食里该加些小米了。

　　他走神了，站了起来，屋里有人也跟着站了起来。

　　"干吗？"有人警觉地问道。

　　"可以走了吗？我还要给鸡去喂食。"他还在想着他的鸡。

　　那三个中年男人面面相觑，随即，一股恼怒情绪喷涌而出，一声怒吼"坐下"！吓得艾雅康跌回原座。

　　"你还想走？你以为你没事吗？"

　　"我有什么事吗，叔！我改还不行吗？"他央求道。

没等坐在中间位置的警察说话，左手边的那位手指着艾雅康，凶巴巴地训斥起来："不知道你的罪行吗？你现在就应该老实交代，接受人民的审判！"

艾雅康听到这话，脑子轰的一声。上小学时，这话他经常能听到，那是对挂牌游街的"坏分子"使用的专用术词。怎么今天用到我身上了？他开始感到恐惧，眼巴巴地望着那唯一穿警服的人。在他心中，警察是正义的化身，他把当下希望全寄托于那个警察身上。

"唉！"那警察发出了一声叹息，语气缓和地说道，"小伙子，现在是'严打'时期，从重从快，你得认清形势，端正态度，争取宽大处理。"

"我没有犯错！"一刹那，委屈、愤懑、不解、无助侵占了艾雅康全脑，他情绪失控地大叫着。

随着一声"押下去"，门外冲进来两个身穿制服的人。他们拿住艾雅康手臂，强制要带他出去。正在站立时，艾雅康猛地甩脱两人，一头撞向对面那三人坐着的桌台尖角处，只听嘭的一声，艾雅康前额顿时血流如注。"快送医院。"一个声音催促道。随后的事，艾雅康没了记忆。

当他清醒时，他发现自己躺在医院的床上，有人正在吩咐着什么："看好这小子，不能再让他做傻事了！都是爹娘养的，不容易。"听口音，像是那位警察。

脑袋嗡嗡地生痛，艾雅康摸了摸头，发现缠紧了绷带。他想睁开眼，一只眼却被绷带包裹着，通过另一只眼感光，他估摸着时间已到了晚上。

他心里空落落的，委屈和不解再次袭来。任由这不可发泄的情绪噬咬着自己，眼泪不由得流淌下来，他想到死，想一了百了。

朦朦胧胧间，他好似看到了母亲，是母亲的背影。他想叫，却发不出声来。母亲走向屋间，房正中横梁下悬挂着一条粗大的绳索，黑漆漆的，似蛰伏出击的大蛇。"这场景哪里见过？"艾雅康努力回想着。这时，他看见母亲已将自己的脖颈套在那绳索之中……"妈妈，不要！"他大叫着。

"你没事吧？"

耳边的叫声让他惊醒，有人正俯身看着他。艾雅康没答话，转身将被子蒙住了头，眼泪又流了下来。

渐渐地，艾雅康情绪平复了下来，迷迷糊糊睡了一会儿。可没多久，他再也无法入睡，他担心起鸡场和蛋糕作坊的事来。往常，他包揽了几乎所有关键工作，像鸡饲料成分配比、蛋糕作坊一天生产量等。现在，他不在现场了，一摊事没有人管怎么办？再有，妈妈和家里人知不知道我现在的情况？一想到母亲，艾雅康又想到那个梦境，心不由得一颤。

如果我出事了，母亲怎么办？打记事起，艾雅康就在心里暗暗下定决心，长大后一定要让母亲吃饱饭，过上好日子。如今，好日子才开头，难道就要因为自己而让母亲失去生活的希望？不，不，为了母亲，我不能倒下，更不能去死！

多年后，回忆起这段心路历程，艾雅康颇为感慨。他说："家里人都说我救过母亲，其实母亲也救过我，就是这次。那时，年少单纯，没经历过大事，自然心存恐惧，尤其是面对公检法。梦到母亲自杀的场景，我就在想这是不是母亲在告诉我不要做傻事？人生道路充满艰辛和磨难，唯有忍耐和希望才是救赎之道。那时的我并不懂这个道理，但那个梦境告诉我不能放弃自己，即使为了母亲。"

艾雅康这事充满了争议。首先，他不属于"从重从快"打击对象。其次，他的商业行为，尤其是雇工问题，虽在当时政策下有不同看法和解读，但大体符合中央政策改革方向。那时的主要问题是人既已抓了，那就必须处理，否则各方都无法交代。最终，按人民内部矛盾处理，艾雅康被送去劳动教养。

10天后，艾雅康被送往绵阳劳教所。临行前，他拜托姐姐哥哥们替自己打理鸡场和蛋糕作坊。可还没到一个月，二姐来信告诉他，因为发鸡瘟，鸡场的鸡所剩无几。至于蛋糕作坊，也因为没有了自家蛋源优势，经营不善关了门。

那几日，艾雅康情绪极其低落，毕竟那是他人生第一笔财富来源，更是他第一份事业。如今，这场变故不仅让他正待发展的鸡场和蛋糕作坊悉数尽失，而且还让他身陷囹圄，"一夜回到解放前"。

"劳教"，是劳动、教育和培养的简称，指对未及刑事处罚人员实行的一种强制性教育改造行政处罚措施。如今，国家已废止了这项制度。

刚进劳教所时，艾雅康心态调整得还算不错。出发前，母亲来看他，又给他说起彝族人那句老话，"谁想在黑夜中织网，最终也要把他自己织进网里"。过去他曾听母亲说过这话，如今他把它理解为母亲的告诫，要他乐观向上、坚忍质直。刚来时，他有盼头，一是因为鸡场和蛋糕作坊还在；二是他听管教人员说，只要表现好，可以提前解除劳教。近一个月来，他努力表现，什么苦活儿累活都抢着干，思想学习也努力上进，已被领导排进了积极分子候选人名单。如今，得知鸡场和蛋糕作坊垮掉的消息，他觉得少了盼头，心情低落了许多，人也打不起精神来。

艾雅康这一变化引起了一个人的关注，他是劳教所政委，姓李，大家都叫他李政委。

艾雅康进所后的表现得到了他的注意。他对艾雅康的第一印象就觉得这小伙子帅气又精神。随着接触了解，他发现艾雅康比较有主见，比同龄人成熟。而更为他看重的是艾雅康还很能吃苦，在同伴里有号召力。他发觉艾雅康近来情绪有些波动，于是决定找艾雅康聊聊。

当艾雅康规规矩矩地站立在他面前，他一下就捕捉到艾雅康情绪的低落。往常，艾雅康见到他，眼里是有光的，可今天却蹙眉低首，心事重重。

"发生了什么事？"

艾雅康下意识地低下头，没看政委。他在努力地控制着自己，咬着上唇，双手紧紧地握成了拳头，一直都没出声。

"来，坐下。"政委看了他一眼，拿起暖水瓶，给他倒了一杯水。

艾雅康双手接过水杯，坐了下来。

政委没有说话，两人就这样默默地坐着。终于，艾雅康抬起头，看见政委直视着他。

也许憋了很久，也许需要发泄，艾雅康竟不管不顾地说起自己的故事来，全然不顾他的领导是他现在唯一的听众。政委默默地听着，没有打断他，也没表露出一丝不耐烦。

艾雅康说累了，将自己的懊恼和苦闷倾诉完了，他感觉舒服了许多。

这时，政委开口了："你小子挺有能耐的。"还用指头戳了一下艾雅康，"做这事花了多长时间？"

"一年多，不到两年。"

"赚了不少吧。"政委笑着问。政委知道艾雅康的情况，也知道他曾有台摩托车。

没等艾雅康回答，他又问道："给你两年时间，能再办成一个鸡场和蛋糕作坊吗？"

"不用两年。"艾雅康颇为自信。

"我也信！"政委点了点头，"那你为啥现在不能做呢？"他直视着艾雅康的眼睛。

艾雅康颇为茫然，不知如何回答。

"因为你现在在我这里！"政委一字一顿地说道。

艾雅康低下了头，眼眶泛红，泪珠若隐若现。

政委拍了拍他的肩膀，安慰他说："过去的事就让它过去吧。"鼓励他"好好表现，争取立功"。

那以后，艾雅康像打了鸡血似的，工作中充满了干劲，接连获得领导的多次表扬。他恢复了过往的精神头，琢磨捣鼓起事，开始"不安分"起来。

刚进所时，艾雅康就注意到劳教所占地面积不小。除了办公区、宿舍区以及生产区集中在主区域外，其他周边环绕着田地和丘陵，看上去面积有百多亩。田地里多种着各类应季蔬菜，也有少量薯类等杂粮。丘陵上有果树和茶树，间或有些不知名的树种，但都不太高，一看便知道有人经常修理。听干部说，所里食堂一年四季食用的蔬菜基本来源于这里。除了能自给自足，蔬菜产量高时，吃不完的蔬菜只好烂在地里做肥料。艾雅康察觉到这情况，很是不解，因为在他眼里，这些蔬菜都是钱。

他不明白为什么任由蔬菜烂在田里都不拿去市场售卖，这激发了他的好奇心，他决定一探"究竟"。

其实，他内心的动力还是希望能获得褒奖，政委那"争取立功"的鼓励一直激励着他。

筹办鸡场时，他看过邱老师写的报告，也多少记得格式大概。凭着记忆，他捣鼓出一份自己还算满意的"报告"，这花了他好几个周末的休息时间。"报告"篇幅不长，只占了一张信纸，主要内容有两点：第一是建议所里办个养鸡场，第二是用废弃的蔬菜来养鸡。

"报告"被悄悄塞进管教所办公大楼的意见箱里。艾雅康听人说过，如果有意见或建议跟"大领导"报告，意见箱最好用。可三天过去了，一点动静都没有，艾雅康不禁怀疑起意见箱是否真有用。

"也许领导忙，这几天没有时间看我的报告。"他告诉自己再等几天。

80年代中期的艾雅康

又一个三天过去了，一切还是原样。艾雅康开始怀疑自己的提议来，怀疑自己的提议在领导看来是否不值一提？他有点"心灰"，不过倒没有那么难过，也没有完全"意冷"，他告诉自己再等等。

果子成熟也要经历一个四季。在鸡场时，每次看到孵化的小鸡破壳而出，他都会想到老人以前常说的这句话。如今，他又想起了这句话，觉得等待也不是那么难熬了。

艾雅康清楚地记得这个时间点。那天下午，如往常一样，艾雅康在车间上工。中队长大声叫他，让他放下手中的活儿，即刻随自己走一趟。

心不由得七上八下的，想想自己也没犯过什么错，便估摸着是不是"报告"有了结果？他试探性地向中队长打听，中队长也是一头雾水，只知道政委找他。

"你小子最近表现可以啊。"与他关系不错的中队长打趣说。

听到是政委找他，艾雅康心安了。他有点小激动，步伐不禁快了起来，弄得不明就里的中队长一路小跑，不解地瞪眼看了他几回。

政委办公室门开着，屋里有几个人，像是刚开完会。中队长喊了声报告，便领着艾雅康进到办公室。政委见到艾雅康，指着他说："这就是艾雅康，鬼灵得很。"

艾雅康笔直地站在那儿，手脚都是汗。政委拿起办公桌上的一张纸，晃了晃，问艾雅康："这是你写的？"

艾雅康瞥了一眼，心想应该不会错，便大声回答："报告政委，这是我写的。"

"看把你能耐的。"政委说完哈哈大笑，其他人也跟着笑了起来。

"不错！有想法，有主人翁意识，值得表扬。"

一听有表扬，艾雅康来了精神，也不紧张了，整个人都松弛了下来。

"艾雅康，给你宣布一个决定。"政委清了清嗓子，"经所里研究决定，准备让你去后勤部门，发挥所长，去卖菜。"屋里又爆发出一阵哄笑。政委这次没笑，仍一脸严肃地继续说道，"希望你不要辜负所里和领导的信任，努力工作，做出成绩，争取早日回归社会。"

后来，艾雅康才知道这件事的来龙去脉。进入20世纪80年代后，随着国家调整"上山下乡"政策以及随之而来的知识青年返城，全国城镇涌现了大批待业青年。为了保障社会稳定、发展经济、促进就业，国家出台了一系列相关政策，鼓励要求社会各界、各单位兴办劳动服务公司，从事第三产业。管教所为此也成立了自己的劳动服务公司，主要用来解决本单位职工子女就业问题。劳服公司成立一年多了，经营状况一直不理想。看到艾雅康的建议报告，政委想到艾雅康就是因为兴办企业进的管教所，便萌生了让艾雅康进劳服公司的想法。他把想法拿到了办公会去研究，没想到第一个赞同的就是劳服公司的经理。劳服公司经理是管教所后勤科长兼任的，他早就认识艾雅康，对艾雅康印象很好，更对他过去兴办企业的经历颇有兴趣。

就这样，艾雅康被"调入"了劳服公司，身份未变但做的事却是单位人员所做的。他是当时所里唯一一个这样的人。为此，有人开玩笑说他，工作时间自由，非工作时间不太自由。

到劳服公司后，艾雅康才知道，以前是因为政策不允许，所以才有菜即使烂在田地里，也没有人敢拿到市场上去卖。改革开放了，虽然允许从事第三产业，但政策还是比较模糊，加上人们思想观念普遍比较保守，单位里的人没有愿意去做卖菜的工作。因为提出了"卖菜"的建议，领导也认可这个建议，劳服公司就顺势安排艾雅康去卖菜，让他负责去卖所里自产的蔬菜。

怎么卖？如果直接拉到市场去卖，倒是简单，但是否有更好的法子，既卖得快又价格高？艾雅康要的就是这个法子。"要不让我进劳服公司干吗？"

跑了几天菜市场，艾雅康想到了办法，知道怎么做了。

他先在绵阳找了几个规模比较大的菜市场，联系了零售商贩。每个市场他只选了一家，规模实力适中且交易要现金结算。由于是公家单位，与商贩谈判很是顺利。双方一拍即合，就等依约交易。就在交易日生效前一天下午，劳服公司经理叫来艾雅康。

"不是下午才拿菜出去卖吗？怎么现在凌晨就去送菜？"经理一见艾雅康，劈头盖脸地就责问道。

"下午买菜的人少啊，再说下午的菜也卖不起价。"

"那你也不能把好菜拿去卖，让所里食堂用不好的菜吧。"

艾雅康一听就知道有人在打小报告，便解释说："经理，拿出去卖的菜当然得选卖相好的，一是能卖得快，二是能卖个好价钱。这关系到我们每天能有多少钱进账。"他停了一下，望向经理，只见经理眼睛开始发亮，"我粗略算了一下，如果按照现在菜品质量，赚的钱可以解决你给我的人的工资。"

"算清楚了？"经理一听满脸兴奋。也不由得他不兴奋，劳服公司每个月的工资让他"压力山大"，而他配给艾雅康的人手差不多占了全员的三分之一。

"嗯，是有把握的。"艾雅康信心满满。

"那你就大胆地去干。"

"是。"艾雅康调皮地立正说道。

像想起什么，他对正要转身离开的经理解释说："拿出去卖的菜和食堂用的菜都是一个地方出产的，品质哪有什么高低之分？拿出去卖的只不过卖相好些罢了。"

"没毛病。"没等艾雅康再说，经理打断了他的话，拍了拍他的肩，走了。

劳服公司开始赚钱了。这让经理很是开心，也让政委甚是满意，艾雅康因此受到嘉奖。艾雅康有点小得意，但让他更开心的是领导接受了他的"自告奋勇"，由他来负责种植蔬菜的品类。

在与商贩打交道中，艾雅康发现季节性蔬菜越早上市卖价就越高，同时他也发现亩产量少的蔬菜农民不愿种，卖价也高。所里种植的蔬菜都是大路货，虽然也能卖出去，实现创收，但渐渐地他开始不满意了，他开始琢磨为什么不能提高出产率？同一块地怎么能产出更高的价值产品？他想到了他过去养过的京白鸡。

他给川农大邱老师写了封信，谈了自己的想法。很快，邱老师就回信了，肯定了他的想法，并附上一些科学种植蔬菜资料。同时，他也向艾雅康推荐了几种蔬菜新品种，还寄来了一些蔬菜种子。

艾雅康开始按照自己的想法规划蔬菜种植。首先，他依照邱老师建议，运用科学种养方法来管理种植；其次，他选用邱老师推荐的优质种子并督促菜农精心养护，确保蔬菜成长快，上市早；最后，他尝试并逐步扩大当地少见的品类蔬菜的种植和规模，在丰富当地老百姓"菜篮子"同时，也为所里创造更多的经济利益。

他还"狸猫换太子"。只要自产的蔬菜有较好利润，他都会在市场上卖掉。至于如果所里食堂每天蔬菜用量不够部分，他则通过在市场购买来补缺。这一做法招来了部分人的不满。他们投诉艾雅康用"好菜"去赚钱，而买回来食堂用的多是家常蔬菜。好在领导开明，对艾雅康这一做法"睁一只眼闭一只眼"，不予追究。年底总结，劳服公司就蔬菜一项，经营所获利润比上一年翻了一番。

那一年，艾雅康还是有个小遗憾，鸡场没办成。据说分管所长没同意，说是审批手续较复杂。艾雅康不甘心，看所里有一片丘陵荒地，便鼓动经理批了点经费。他又给邱老师打电话，请他推介鸡种。邱老师建议他去养黄羽肉鸡，说虽是个新鸡种且还在改良中，但它抗病力和觅食能力比较强，可粗放管理，肉质也鲜美。艾雅康很快收到了邱老师发来的雏鸡，有三百来只，他再次当起了鸡倌。在他的专业呵护下，这些雏鸡很快就长大了，鸡生蛋，蛋生鸡，最多时丘陵荒地里有近千只鸡，劳服公司为此又增加了一笔可观的收入。

收入上去了，可劳服公司还有一个时代使命，即要为待业青年提供工作岗位。这是时代要求，也是社会使命，所里上上下下的领导为此都有压力。

"领导又要安排人进来，可人来了干啥？工资又从哪里出？"劳服公司本来人手就多余，可领导还是不断加人进来，这给了经理很大的压力。这天艾雅康被经理逮个正着，成了发泄对象。不用问，经理刚从领导那里出来。

等经理发泄差不多了，艾雅康将藏在心里很久一直没敢提的"小心思"说了出来。

"经理，办个蛋糕厂吧，办个蛋糕厂就可以解决那些人的工作问题。"

经理愣了，摇了摇头："蒸个馒头还差不多，你还能指望那些啥都不会的人给你弄出蛋糕那洋玩意儿？"

"我会啊，我做过蛋糕。"

"你会做蛋糕？"

"会啊。"他又补充了一句，"不信你去问政委"。

没想到经理转身向办公楼走去。艾雅康怕他真的去问政委，想叫住他，可又不知如何才能让他别去。艾雅康呆立在原地，直到经理的身影隐没在办公楼。

这回也许真要出丑，他心想。刚才也许误导了经理，让他以为自己办过蛋糕厂。作坊和工厂有代差的区别，如果政委认为我误导经理将作坊理解为工厂，岂不是觉得我不诚实？自己的本意是想做蛋糕，想立功获奖，可如今被自己弄巧成拙了。他不禁懊恼起来，怪自己心浮气躁。

一整天他都为此忐忑不安。第二天刚上班，他老远见到经理走来，连忙想躲。

"小艾！"经理声音颇为洪亮，引得不少人望向了这边。

艾雅康知道躲不了，便站在原地等经理。

"正找你呢，和我去见政委。"听口气，经理没啥异常。

艾雅康心怦怦直跳，脑子里一片混乱。"听天由命吧。"他跟在经理身后，边走边想。

办公室只有政委一个人，好像专门在等他们。

"想弄蛋糕厂？"政委笑眯眯地看着艾雅康。

"我不过随口一说。"艾雅康还在纠结"蛋糕厂"和"蛋糕作坊"，不免有些紧张，说得不如平时利索。

"想法不错。"政委并没注意到艾雅康和平时的不同，他继续说道，"办厂需要设备、技术、工艺，还有人才，需要懂行的人。我记得你过去干过这行？"他看着艾雅康。

"他开过蛋糕厂。"经理插话说。

艾雅康觉得头更大了，真想快点结束这场谈话。

政委点了点头，在房间来回踱起步来。没人再说话，空气像凝固了似的，一点声响都清晰可闻。也许平时没留意，艾雅康本来不知道经理的呼吸声是否粗重，可当下他真觉得经理这呼吸声尤其恼人。

打一进门，艾雅康就没有直视过政委。此刻，他低垂的目光不自觉地追随着政委的脚步来来回回。他默念着政委的步数，觉得时间按小时在计，不禁在心里祈祷快有个结论。

突然，政委的脚步定格不动了，随即就传来他一声"干"。艾雅康不禁抬起头，看到政委下定决心后的坚毅神情，不禁为之一振，经理也在一旁连声叫好。

政委表态将全力支持劳服公司兴办蛋糕厂。经理很是高兴，催着艾雅康快走，艾雅康却磨蹭着不急着走。

看到经理火急火燎冲出门，他迅速转过身，对政委说："政委，我开过蛋糕作坊，但我没办过蛋糕厂。"他将"厂"字念了个重音。

"那又怎么样？"政委望着他。

"经理刚才说我做过蛋糕厂……"

125

他还想说，却被政委打断了。一改常见的严肃，政委面色和缓地问："你的蛋糕作坊做蛋糕吗？"

"做啊，很多都是我做的。"作坊里，除了偶尔来帮忙的高师傅，艾雅康是技术最好的。

"那不就行了，你会嘛。"

"可我那是作坊……"艾雅康脑中浮现出他参观过的食品公司蛋糕厂的场景。

"有区别吗？"

艾雅康没明白，他等着政委继续说下去。

"在我看来，作坊生产的蛋糕和蛋糕厂生产的蛋糕本质上没啥区别。要说有差别，不外乎就是生产规模大小和设备工艺方面，但都能生产出蛋糕来，不是吗？你能开好你的蛋糕作坊，我相信我们也能办好我们的蛋糕厂。"

听到"我们"二字，艾雅康觉得一股暖流浸透了全身，一种被认同的幸福感笼罩着他。他给政委敬了个礼，赶紧追经理去了。

那几天，他为自己当时的"惊慌失措"感到羞涩。他发现，政委对自己过去是否办过厂根本不在意，政委在意的是事物的本质。什么是事物的本质？艾雅康当时并不完全理解，但他记得了政委看重的是会做蛋糕。会做蛋糕是否就是蛋糕厂的本质？他当时的理解是：是的。。因此，他知道了今后做事情得首先抓住事情的本质。

蛋糕厂的建设，虽有些小曲折，但总体还算顺利。四个月的奋战，蛋糕厂顺利竣工。

看到那些大大小小的设备整齐地排列在生产线上，有烤箱、烤盘、大小搅拌器、蛋糕模具、发酵箱以及各种刀具、小器具等，艾雅康觉得比高师傅他们食品公司蛋糕厂还要好。同时，他也看到了，这够气派的蛋糕厂与他的蛋糕作坊本质上基本一致，所需如面粉、鸡蛋、烤箱等基本要素也相同，且都得经过原料制备混合、蛋糕成型、烘烤、装盘包装等流程。当蛋糕厂竣工剪彩时，艾雅康突然发现自己从中获得了许多东西，而这学习过程使他快速成长。

蛋糕厂初战告捷，不仅为30多名社会待业青年提供了就业岗位，而且为劳服公司带来了可观的收入。因为成绩突出，蛋糕厂还被有关方面立作典型，赢得了许多荣誉。

开业初期，艾雅康被安排负责蛋糕的生产，为此，他还特意建议所里请来高师傅做现场指导。蛋糕厂正常生产以后，他又被调到销售部门，负责市场销售。

1984年的绵阳，蛋糕消费市场处于上升期，供需矛盾突出，蛋糕供不应求是常态。如果仅仅满足将蛋糕销售出去，劳服公司找任何人都能胜任这项工作，但领导选定艾雅康负责销售，是因为艾雅康提出了要将蛋糕卖个好价钱，要为公司赚取更多利润的建议。

有人说，艾雅康这是给自己找苦吃，也有人说他这是自己挖坑把自己埋了。但艾雅康自己知道，唯有这样做，自己才有机会；唯有有做事的机会，自己才能立功受奖，才能早日重归正常。

接受任务后，艾雅康提出去绵阳中心市场看看。领导同意了，还破例让他独自前去。依照规定，所里人员一般都不得随意离开，即使特殊情况需要离开，也须有干部随行。至于单独外出，理论上是绝不允许的。

相较于艾雅康熟悉的雅安，绵阳工业基础更为雄厚，经济发展也更好。无论常住人口、经济总量还是商业发达程度，绵阳都排在四川全省的前列。

在绵阳当时最繁华的商业百货大楼里，衣着鲜艳、满脸欢笑的人们携包提袋地穿行于柜台之间，而驻足于柜台前精心挑选商品的顾客也是摩肩接踵。艾雅康想去食品柜台看看，只见那儿人头攒动，更是一片忙碌景象。"等会儿人少了再过去。售货员现在哪有时间搭理我？"他心想。今天来这儿的目的，就是想看看什么蛋糕卖得贵、卖得好。

他漫无目的地闲逛着。可能因为这次出来比较特殊，他对自己行为特别留意，有意避开人多的地方。走着走着，他看见有几个柜台前人少，便走了过去。

柜台里摆满了商品。艾雅康定睛一看，全是进口货，以电视、冰箱、录音机为主，也有烟酒。做了几年生意，艾雅康知道，这几个柜台的商品要用外汇券购买，光用钱不一定买到。

反正闲着，艾雅康研究起电视和洗衣机来。看着看着，他想到了母亲。小时候，见过母亲洗太多的衣服，仅仅是为了挣一件衣服别人付的5分钱。他后悔去年没给母亲买台洗衣机，他不想母亲今后再多洗一件衣服。

回忆的闸门一旦打开，那完全就信马由缰，上下许多年。猛然，记忆定格在相似的场景，他想到了雅安百货商场，想到商品专柜、高端烟纸和那位可敬的阿姨……他再看了看眼前这专柜，电光石火之间，他想到了蛋糕销售方法，一种利润最大化的方法。

他有点激动，转身离开时，脚被什么东西绊了一下。他一低头，见有个黑色手提包就横卧在自己的脚边。

他望了望左右，拿起包："谁丢的包？"他又向四周看了看，没见有人像丢东西的样子。

"等等看，丢包的人会回来找的。"他想。

他打量起手中的包，发觉还是新潮款式，皮质也不错。他捏了捏包，感觉鼓鼓囊囊的，里面好像还有个纸皮袋。"装的是钱吗？"他不禁心跳加快。

他克制着拉开包链的冲动，好奇心诱惑着他的冲动。

"想啥呢？"他摆了摆头，"我不过好奇里面有啥罢了。"

他控制住了自己的冲动。再有，他怕动了包，自己若说不清楚，那就麻烦大了。想到自己这一趟出来的特殊性，他想自己现在能做的就是什么都不做。

等了半个多小时，有个中年女性忙里忙慌地冲向柜台。

"同志，见到我包了吗？"她上气不接下气地问售货员。

售货员似乎见过她："调电视时我没见你带包啊。"边说边向柜台上下左右看着。

"调电视时我记得将包拿到了地上，就放在我脚边了。"那女的也左右张望着。

售货员下意识地将上身探出柜台，这时只听哇的一声，中年女士伏在柜台号啕大哭起来。"那可是百十号病人的口粮，丢了可让我怎么办啊！"边哭她边喊叫道。

事后，艾雅康才得知这位中年女士是绵阳一所医院的后勤科科长，当天去粮油公司采购食品，顺道来买台电视，不承想发生了这事。

艾雅康听明白了，而中年女士身边也开始围拢越来越多的人。

艾雅康走了过去。"这是你的包吗？"他问那哭得更凶的女士。

"这是你的包吗？"艾雅康又问了一次，声音提高了许多，围观的人都望向了他。

这次，中年女士听到了。她猛地抬起头，哭声戛然而止。

她扑向艾雅康，抓起他手上的包。"这是我的包。""包找到了。"她带着哭腔兴奋地尖叫着。

艾雅康并没有将包完全放手："阿姨，能告诉我包里有什么吗？"

话还没说完，中年女士便一把将包从艾雅康手中夺了过去。没等艾雅康反应，中年女士熟练地打开包，快速地翻看起来。"东西还在。"她长舒了一口气，脸上浮现出笑容。

受女士情绪感染，围观的人鼓起掌来，艾雅康却呆呆地望着这一切。

那失"包"复得的女士一把握住艾雅康的手，连声道谢。艾雅康倒觉得不好意思起来，他心里一直在想这包里到底装的是啥？好像想起什么，女士从那包里翻出了一个证件，

"这是我的工作证，看看。"她向围观的人展示着，最后递给了艾雅康。

艾雅康看到工作证上的照片，就是面前的这位女士，也知道了她姓王。

"小同志，在哪个单位工作，叫什么？"平复后的女士上下打量起艾雅康来。

"这是我应该做的。"艾雅康想溜。

"我一定要知道你的姓名和单位，你的拾金不昧值得我们大家学习。"她拦住了艾雅康，不让他走。

周围的人也在喝彩赞同。艾雅康心想，今天不留姓名和单位可能真的走不了。不过如何留名了？这次出来本就不太合规，如果因为自己的留名给领导带来麻烦，岂不辜负了领导的信任？他犯起难来。

售货员拿来了纸笔。"别不好意思了。""快写吧。"围观的人你一言我一语。

"来吧。"中年女士笑意盈盈地催促着。

艾雅康慢吞吞地拿起笔，看着售货员拿来的那张纸，那是一张废弃的收据。他翻了一个面，在收据背面空白处，纠结着是否就这样写上自己的名字。笔落瞬间，灵机一动，他写下了经理的名字，还有单位。随即，慌不择路地，他扒开围观的人跑了出去。身后传来一阵嬉笑声，夹杂着叫喊声："别着急走啊。""会找你去的。"

回所里的路上，他还在想，那包里到底装的啥？

他将打造蛋糕专柜的想法跟经理说了，经理听后说："既然你这么看好，那就去做。"

到具体要做时，各种问题都出来了，像专柜面积要多大？要不要设计装饰？现有蛋糕品种够不够？那几日，艾雅康脑子全用在这方面，至于那天商场发生的事，他早就忘在九霄云外了。可就在第四天，他从商场回来后的第四天下午，他正在冥思苦想他的问题，突然，一阵锣鼓鞭炮声从大门岗传来，劳服公司那些闲得无聊的小伙子纷纷起身，拥向窗台往外一看究竟。

艾雅康坐着没动，看了看吵吵嚷嚷的那帮人。平时，遇到这场景，他准会凑过去满足一下好奇心，可今日，他没了这心思，而这都是那些烦心问题闹的。

"有些不对劲。"一位老同志嘀咕道。

大家议论纷纷，都看出这外面发生了点事。

艾雅康凑了上来，他也好奇到底发生了什么。只见窗外大院里，政委站在那儿和一名中年女性比画说着什么，而一旁的经理不时地在挠头。"这女的好像在哪里见过？"艾雅康一念而过，不过他没心思去深想。

没多久，门外传来急促的脚步声。"艾雅康，经理叫你过去。"有人叫。

虽然觉得有疑惑和不解，但艾雅康还是跟随来人走了出去。

远远地，艾雅康一下反应了过来，站在政委对面的不正是那天商场丢包的女士吗？他本能地想转身往回走，不承想被经理瞧见了。

"过来!"经理向他用力招着手,艾雅康只得继续向他们走去。这时,他看见那女士也向他迎上来。

"是他!"那女士突然朝他跑了过来,身后的政委和经理也跟着加快了步伐。

来人正是商场丢包的中年女士,大家都叫她王科长。一见到艾雅康,她便一把抓住艾雅康的双手,猛地摇晃着,边摇边不停地说:"太好了!可把你找到了。"

艾雅康尴尬地站在原地傻笑。猛地,他看见经理正用手指点着自己,样子凶巴巴的,不过他还是从经理的眼里看到了赞许和欣慰。

层层上报,有关部门的嘉奖令下来了。面对盖着红色大印的立功奖状,艾雅康捏了好多次自己的大腿,直到感觉很痛,这才完全确信自己真的立功了。不久,他拾金不昧的学雷锋事迹刊登在《四川法制报》试刊号上,艾雅康的名字第一次出现在公开出版物上,他俨然是一名新闻人物。

11　婉拒公职

自受到嘉奖后，艾雅康干劲更大了。由于上过报纸，不少人，尤其某些对任用他有看法的人，都对他另眼相看，也不再横加干涉他的工作，他个人发挥空间得以大大拓展，工作也顺利了很多。艾雅康暗下决心，准备大干一场。

考察市场回来，蛋糕专柜的想法得到经理认可，但如何进商场，怎么设专柜，艾雅康没有经验。在那个时期，专柜在中国商业经营中还是个新生事物。

"没干过可以学，边学边干。"经理鼓励艾雅康说。

经理最欣赏艾雅康的就是他爱闯、敢闯的那股劲头。经理用拳头狠狠地捶了捶艾雅康前胸，坚定地说："去干吧，出什么差错我帮你兜着。"

20世纪80年代中期，个体经济虽有发展，但不论实力还是规模都处于小微企业阶段，能设"专柜"的只有国营商店，艾雅康因此有了和国企打交道的第一次经历。

那时的国营商店没有今天理解意义上的"专柜"，也没有代销货品或租赁柜台一说。在计划经济体制下，国营商店实行的是统购统销，即是进入国营商店的商品，必须先进入商店的采购清单，列入清单的商品，商店才能统一采购、统一销售。

这一模式显然与艾雅康想法不符。艾雅康想要的是"专柜"，是专门用来销售蛋糕的"专柜"。当艾雅康拿着单位介绍信，和商店负责人提出自己想法时，负责人瞪大双眼，用夸张的语调开玩笑地说："你是来落实中央政策的？"

1984年10月，《中共中央关于经济体制改革的决定》首次提出社会主义经济是公有制基础上的、有计划的商品经济，以城市改革为重点的经济体制改革由此在全国全面展开。负责人口中的"落实中央政策"指的就是这。

具体到地方，政策似乎也有利于艾雅康的想法。同年10月，四川省也出台文件，要求各地对城市商业体制从根本上进行改革，鼓励国营零售商业、饮食服务业有计划有步骤地实行经营承包责任制。作为当地最大的国营商业机构之一，百货商店在落实上级部署改革政策过程中，正缺个突破口，艾雅康方案的出现恰好让他们有了抓手。

方案层层上报，一直报到商业局才有了结论。承包设立蛋糕专柜的方案既没被否定也未被全部采纳，最后弄出了个折中方案：商店内部的部门先承包柜台，再交由艾雅康设立蛋糕专柜。蛋糕专柜由商店管理，但艾雅康代表自己的单位可参与经营。至于利益分配，商店提出要收取固定收益，艾雅康请示领导后同意。

蛋糕专柜有了，问题也来了。营业了一个多星期，艾雅康发现销售额与自己的预想相差很大。"怎么会这样？"他双眉紧锁，"这样下去，不仅达不到利润目标，而且让专柜设立变得可有可无。"他想到失败的可能，不禁有点懊恼。

懊恼什么？自己不该主动挑起这事？此念一动，艾雅康便努力不再去想。"得想点办法。""一定会有办法。"他不断给自己打气。

接连多天，艾雅康脑子里不断回放着他想象中的"专柜"影像，回忆着小时候雅安百货的烟酒柜台和不久前见过的电器柜台。他听说这些柜台的效益是百货商店里最好的，这也符合他心目中"专柜"的标准。但为什么蛋糕专柜效益不能达标？艾雅康为此请教过不少人，大家普遍看法是两者不好比，卖的东西不同，品类也有差异，更重要的是烟酒和电器都属紧俏商品。蛋糕是什么？是食品。即使略显稀贵，但还是无法与烟酒和电器相提并论。

艾雅康还是觉得有共通之处，但具体是什么，他也说不上来。

这天，蛋糕专柜依旧没有多少人光顾，即使有顾客，也是即买即走，基本不多停留。艾雅康见没多少事，便四处"溜达"，远远所见，电器柜台一如往常人头攒动，摩肩接踵。"怎么每天都有这么多人？"艾雅康很羡慕，便往柜台前挤，看到有人正要买电视机。

"别买9英寸的啦，一步到位买12英寸的。""买北京牌。""金星牌不错，我大姨刚买。""买进口的，索尼，日本产，屏幕还是圆柱形的。""不如就买彩电了。"一阵哄笑声传来，吵吵嚷嚷的人群显得异常兴奋。

看到那要买电视的男子茫然无措的样子，挤在人群中的艾雅康都替他烦，心想这些人真多事，人家买什么电视管你啥事？他觉得没意思，便往外挤想出去，不料被人踩了几次脚背，痛得他龇牙咧嘴。

他忍不住骂起脏话来，骂着骂着，他突然好像明白了什么。

看到气喘吁吁的艾雅康，正忙着的经理以为出了什么事，忙问怎么啦。

"我知道怎么做了。"艾雅康上气不接下气地说。

"什么怎么做，慢慢说。"

艾雅康开始从自己在电器柜台见闻讲起，没讲几句，经理不耐烦了。"那又怎样？人家在卖电视，那可是紧俏商品，要凭票购买的。"经理觉得艾雅康大惊小怪。

艾雅康没在意，问道："为什么围观的人比真要买电视的人多得多？"

"新奇玩意儿，过个眼瘾呗。"20世纪80年代初，电视对普通百姓来说就是个奢侈品。

"那如何才能让我们的蛋糕专柜也有这么多人？"

经理愣了一下，挥了挥手："别绕弯子了，有想法直接说。"

回所里的路上，艾雅康想明白了一件事。电器柜台之所以有那么多人，在于所买商品的"新"（商品新潮）、"稀"（商品稀缺）、"贵"（商品贵重）。反过来看看自己"蛋糕专柜"里的东西，不仅品类少，而且都是大路货，跟其他店卖

137

的蛋糕没有什么不同。虽说蛋糕每天能卖完，但量和价格都上不去，设专柜反而拉低了利润。这正是近来令他困扰的缘由。现在，他好像看到了改进的路径。

"要让蛋糕专柜也能吸引人，就得让专柜里的蛋糕一要品种新，二要其他蛋糕店没得卖，最后在包装上再做点文章。"艾雅康停顿了一下，见经理在听，便继续说道，"我想首先在产品上做些改进。"

经理沉思了一会儿，说："想好了就去干，其他的我替你扛着。"

被人认可是件幸福的事，艾雅康心里充满着幸福。

1985年的中国，电话都没完全普及，遑论手机和互联网，那时还都没有。信息和知识的获取在那时效率是很低的，也是昂贵的。好在认识高师傅，如何改进产品，艾雅康第一时间想到高师傅，他再次给高师傅打了电话。

听了艾雅康的想法，高师傅很是赞许，答应尽快给艾雅康回信，给出自己的思考和建议。

10天后，高师傅的回信到了。信中，高师傅首先介绍了上海、广州等地正在流行的新式奶油裱花大蛋糕的制作工艺，并附上了配料表。随后，高师傅提议给蛋糕增加花色，并配上小纸托或装入纸膜，称是今后趋势。最后，他让艾雅康关注定制蛋糕尤其是生日蛋糕市场，认为消费潜力巨大。

蛋糕专柜迎来了它的辉煌时期。改进后，专柜真正实现了"新""稀""贵"，不仅蛋糕品类增加了，而且款式新颖、用料考究、口感纯正。在生日蛋糕市场拓展方面，艾雅康根据不同消费群体，适时推出了蛋白蛋糕、麦淇淋（人造奶油）蛋糕、纯奶油蛋糕三个档次产品，满足不同人群需要。一时间，每到了节假日，绵阳市内走亲访友最有面子的伴手礼，莫过于手提一盒奶油裱花大蛋糕。

蛋糕专柜带来了巨大的经济效益，使艾雅康再次获得了嘉奖，他的事迹也再次被刊发在《四川法制报》上。不久，政委通知艾雅康，经上级部门批准，他获准提前一年解除劳动教养，艾雅康重返社会。

听到政委亲自宣布的决定，艾雅康哭了。他在庆幸当初自己没有自暴自弃，也感谢政委当初对自己的激励。可就在艾雅康憧憬着未来时，一道难题摆在了他的面前。

"祝贺你！通过努力，实现了我们当初的约定。"政委用力拍着艾雅康的肩膀，看得出他也很高兴。

从认识政委初始，艾雅康就和他自来熟，有自然亲近感。政委也觉得艾雅康天性率真、脑子灵活，是一个值得培养的好苗子。他给予艾雅康很多关注，一直为艾雅康的成长提供帮助。对所里其他领导，艾雅康一直是毕恭毕敬，而唯独政委，艾雅康一点都不惧，纵使政委在所里是出了名的严厉。

"今后有什么打算？"政委关心地问。

"没想呢。"艾雅康还处在兴奋中。

"那你就留在所里，继续在劳服公司工作，等有编制了就给你转正。"政委显得也很开心。

艾雅康一下蒙住了，他完全反应不过来。那个年代，进国家单位谋个公职，是多数人梦寐以求的正途，也是许多人削尖脑袋的追求。艾雅康儿时也曾有此憧憬，在老师布置的"我的理想"作文中，他写下了他的理想是长大当一名市长。随着年岁的增长，他发现这儿时的理想离自己越来越远，进体制"吃公家饭"似乎于自己也遥不可及。如今，政委的提议，让他进国家单位成了可能，而当理想之光照进了现实，他突然发觉自己不知道是该接还是不接。

他下意识地往后退了一步，他需要让自己冷静一下。这"题"太复杂了，他以前从没遇见过。他不敢贸然应允，是因为自己不知道前路有什么，自己喜不喜欢这条路；他不舍得也不好意思现在就拒绝政委，因为这诱惑实在有点大，他需要时间去消化它。

政委以为艾雅康会高兴地跳起来，因为这是那个时代绝大多数人的本能反应。可政委除了听到一声"啊"外，就再也没见艾雅康有一点表示，他奇怪艾雅康是不是高兴得有点"傻"了。

艾雅康请了个假，说要去看他干妈，也就是丢包的那位中年女士，别人都叫她王科长。

自从"找回"艾雅康，王科长打心底喜欢上了这个小伙子。她不仅为艾雅康表彰请功出力，而且到处帮艾雅康推销蛋糕产品，为此艾雅康拿了不少单位订单，其中就包括她所在的医院。

这天中午，艾雅康敲开了干妈家的门。见到艾雅康，干妈很是惊喜，艾雅康已有一阵子没来了。

"怎么这么久不见你？"干妈眉开眼笑，挽住艾雅康就往屋里让，喊道，"老郝，雅康来了。"

里屋走出一个戴眼镜的中年男子，穿戴气质一看就是知识分子。改革开放后，领导干部要求"四化"（革命化、年轻化、知识化和专业化），许多知识分子因此走上了领导岗位。

"来了，坐吧。"他不紧不慢，招呼着艾雅康。

"哎，叔！"艾雅康把带来的水果和蛋糕放在茶几上。

"来还带什么东西？吃中饭了吗？"干妈说话像机枪似的。

"吃了。"艾雅康答着，一副心事重重的样子。

"出什么事了？"干妈将泡好的茶放到艾雅康面前。

艾雅康于是便原原本本地将政委所讲的说了，没等他说完，干妈就直呼是好事，还催着艾雅康尽快去办手续。

艾雅康欲言又止。

"怎么了？"干妈看出了艾雅康的犹豫。

"我拿不定主意。"

"为什么？国家单位这么难进，多少人走后门都要进，你还犹豫？"干妈急了。

看着干妈着急模样，艾雅康很是感动，不禁低下了头。他看到摆在面前的茶，下意识地端起猛喝了一口，自言自语说："进单位我能干啥？"

"你现在干啥就干啥，组织安排干啥就干啥，再说你现在不也干得挺好嘛！进单位了，有工资拿，多有保障。"干妈说得很兴奋。

"那我不能干啥？"艾雅康道出了心中最大的顾忌。

"或者说我是不是要干啥就能干啥？"

"那肯定不行！工作要听领导安排。"

"这就是困扰我的地方。在劳服公司这一年，我见过不少对公司有利的事就是办不成。我那时就在想，难道还有人与钱有仇？后来我才明白，这公家的事，赚不赚钱与个人无关。我过去也做过企业，虽然辛苦也有风险，但有成就感。我这两年学了很多东西，早就憋了一股劲，希望能做点事。我觉得自己有很多事要去做。如果我进单位了，虽然生活有保障了，但很多想法可能就无法实现了。干妈，你觉得我该怎么决定？"

"我支持你！"没等干妈表态，一旁的郝叔率先发声，"年轻人就该去闯一闯。现在国家搞改革开放，会有很多机遇，留恋体制内的舒适和安定是不会有出息的。小艾有这种想法和勇气，难得！郝叔看好你，加油干！"

"我都没表态，你倒先赞同了。"干妈嗔怪地瞅了郝叔一眼，郝叔装着被吓到，做了一个鬼脸。看着这一幕，艾雅康感觉舒坦多了。

回去的路上，艾雅康在想，今天虽说去找干妈商量，想让干妈拿个主意，但结果却是自己说服了自己。他突然从中悟到了点什么。

第二天，他去找政委，说了自己的决定。

政委看着他，半天没说话。艾雅康心里不禁有些发毛，左右不是。终于，政委开口了，脸上写满了严肃。

"小艾，你要知道你这样选择的后果。留下来，今后可以穿警服、转干；不留，进入社会，未来一切都要靠你自己。"

那个年代，国家干部既是社会身份的象征又是生活保障的依托，是多数人的人生目标。艾雅康听到今后能转干，心里不禁一怔。小时候，对干部家庭的同学，他很是羡慕，也曾梦想着长大能当干部。如今，政委说自己也能当干部了，他不禁开始纠结，心里激烈地博弈着，但艾雅康性格中执拗的一面，让他对自己认准的事会一直坚持。短暂沉默后，艾雅康对政委表示要坚持了自己的初心。见艾雅康已经下定决心，政委叹了一口气，不再说什么。艾雅康给政委深深地鞠了一躬，退了出去。

办完离所手续，艾雅康尴尬了，他发现自己成了"三无人员"：没单位，没住所，没工作。家里来信让他回雅安，可两年前的"创伤"让他还没有准备好马上回去。再有，他在雅安现在也是一无所有，回雅安他也得从头再来。都是从头开始，他想不如在绵阳重启，至少这里还有他挂念的蛋糕专柜，还有干妈、政委以及老同事。好男儿志在四方，丈夫未可轻年少。他下了决心，待归来时他定要衣锦荣归。

政委破例让艾雅康在劳服公司做了临时工。虽心存感恩，艾雅康也知道这不能长久。一来劳教所还有职工子弟要安排，即使是临时工也有不少人候补着，他不想让政委为他这个"外人"为难；二是他既然决定不接受政委的"安排"，他还有什么理由继续待在劳服公司？他跟政委私下说，他只待一个月。

这一个月，艾雅康做了两件事。第一件，在完成劳服公司工作情况下，他私下跟经理说，他会在一家与他们合作的商店内开个冰粉档。经理不置可否，只是嘱咐他不能影响本职工作。艾雅康用了半个月就将冰粉档做好并实现了盈利，每天平均净利润有10元。第二件，他找到干妈，提出承包干妈所在医院的"三产公司"，而这正是干妈分管的工作。干妈自然乐见，她正为这块业务亏本而闹心。对艾雅康的能力，通过以前的接触，她是知道的。不过，是否能干好，她还是有些不放心。

"你计划怎么做？"她问艾雅康。

艾雅康坏坏地一笑，说："做蛋糕。"

干妈笑着骂道："你这个小机灵鬼！"

准时一个月，艾雅康下岗劳服公司，上岗医院的"三产公司"。临走，他找到政委的妻子，他劳服公司的同事，也是个临时工，他要将冰粉档送给她。

"大姐，冰粉你已经会做了。我有新工作，用不到这个档口了。"

冰粉档刚开业，艾雅康就借口自己忙不过来，专门央求大姐来帮忙，并让她学会了做冰粉。

"不行，绝对不行！"大姐是本分人，她一口回绝了艾雅康。

"大姐，你若不要的话，我也要把它关掉。毕竟现在是赚钱的，关掉岂不可惜？"

见大姐面露不舍、犹豫的神情，艾雅康趁热打铁："现在每天有10块钱赚了，大姐，你算算，每月是不是比你在劳服公

144

司工资要多？"

"多太多了，比他老汉（四川话，指孩子父亲）工资都要高。"大姐脸上满是骄傲，眼里充满感激。

艾雅康用了这样的方式，感恩这两年来一直给他鼓励和支持的政委。事后，再见到政委时，政委没提这事，只是给了他一个大大的拥抱。

承包经营医院的"三产公司"遇到阻碍，医院领导意见始终无法达成一致。身为医院主要领导的郝叔提出一个方案，建议由"三产公司"办个蛋糕厂，由艾雅康承包经营。这个方案很快得到了通过。艾雅康也乐得只做蛋糕厂，这是他驾轻就熟的事情。处理完管教所有关事宜后，艾雅康走马上任医院"三产公司"，任职蛋糕厂筹备组组长。

上任后第一件事，就是购买生产设备。艾雅康要来了管教所所用的设备制造单位联系方式，通过比对，这次他并没有选择这一家蛋糕生产设备，而是选择了广东一家厂家，这家的设备自动化程度更高，日产蛋糕量更大。

在与厂家沟通好诸如型号、交货日期等要素后，艾雅康便开始申领设备购买款。一切顺利，很快这专项款就批复下来。

80年代中叶的中国，改革之势如火如荼，变化之快令人眼花缭乱，很多事情都在摸着石头过河，制度规范的边界尚没有建立。当广东厂家告诉艾雅康，如果现金付款，还可在原有价格基础上再打折10%，艾雅康欣然同意。而现金付款条件居然也得到了医院财务的允准。

艾雅康怀揣2.8万元设备款登上了前往广州的火车。临行前，他将2800张面值10元人民币（当时人民币的最大面值）设备款分成几份，分装在了背包和手提包里。那时还是绿皮火车，绵阳到广州要一天多的时间，火车上的人又多，他觉得这样做安全。

经过一天多火车的颠簸，艾雅康顺利抵达广州。

广州他多次来过，火车站旁边就是汽车站，这他也熟悉。下了火车，他直奔汽车站，坐上了去东莞的大巴，他要去的设备厂在东莞。

设备厂是一家港资企业，接待他的是和他一直联络的姓陈的负责人。陈生操着一口广东腔普通话，说话很直率，办事也很干练。两人很快就谈妥了，开始签协议。填写到付款一栏时，他抬起头向艾雅康问道："预付款交多少？"

艾雅康以前的从商经历都是"一手交钱一手交货"，而纵然到了改革开放后的80年代中期，内地的商业业态也多采用"带款提货"交易形式。对商业交易中预付款这一支付方式，艾雅康那时并不了解，他愣了一下，眉头皱了起来。

"总价款20%怎么样？"见艾雅康没反应，"15%？这是公司预付款付得最少的了。"陈生直截了当。

"你是说先付15%？"艾雅康几乎是一个字一个字地说出了这句话，边说他还边观察着对方的反应。好在对方说"广普"（广东腔普通话），说话也挺慢，并没有觉得艾雅康这样的说话有什么异样。当看到陈生点头时，艾雅康即刻表态："行！"

借口要急着赶回去，艾雅康饭都没让对方请，急着离开了设备厂。他怕陈生反悔。出了厂门，像捡着金元宝似的，他乐得手舞足蹈，惹得一群群正下班的打工妹投来好奇的目光。

在回广州的路上，他还一直在乐。"回去一定会受表扬。"他有点嘚瑟。

在广州火车站，排了好久的队，他总算买到返程车票，却是三天后的车次。已有几年没来广州了，趁这空暇，艾雅康决定四处逛逛。

找了一家小旅店，他住下并犒劳了自己一番，美美地睡了一觉。第二天起床后，他找旅店老板聊了一会儿天，知道自己要去什么地方了。

他马不停蹄一天走了广州"十三行"服装批发市场、沙河批发服装城以及番禺易发电器批发商场。晚上，他闲不住又去了刚开业不久的广州西湖路灯光夜市。回到旅店，大门已锁上，睡眼蒙眬的值班大爷一边抱怨这都几点了，一边打开了门。艾雅康连忙赔不是，随手将仅有的半包烟塞给了大爷。

回到房间，艾雅康一下瘫睡在床上。虽然很累，可一点困意都没有，他还处于兴奋中。

"怎么办？"突然，他想起什么，弹跳着翻身下床。他拉开床垫，只见床垫下那几个袋子还在，他舒了一口气，望着那装钱的袋子发起愣来。

从设备厂一出来，他就打算回去即将这后付的85%设备款交还财务，待设备运抵安装调试后，他再申领这85%余款，而这差不多已是一个半月后的事了。他觉得他这事做得漂亮，增加了单位资金周转率，这一定会让干妈高兴的。可今天一天跑下来，他却发现这未付余款大有用处，这让他不禁兴奋不已。不过，他老觉得其中好像哪里又有些不对。

今天市场跑下来，蛰伏已久的生意本性一下子被点燃。广州的商品，不论种类、款式还是价格，与绵阳相比，都存在着巨大的优势，因而也有了商机。与其带着款项回去，不如用它来采购时装和小家电，赚取两地之差价。艾雅康算了一下，如果将2.38万元作为本金，这一趟买卖的净利润相当可观。

艾雅康觉得这是件好事，不仅不会影响设备采购，而且还能做一笔生意，为公司赚些钱。那时，刚20岁出头的艾雅康只有这个政策理解水平，他找不到理由说服自己不干这事。

想干就去做。别看有几年没做贸易，对市场有着天生敏锐力的艾雅康，很快就理了个货品清单。第二天一整天，他照单采购，并雇车将货集中到火车站，在货运处安排好发货。第三天，他按时乘上了返程火车。

回到绵阳，干妈，也是他的直接领导王科长，一见到他就问事情办得怎么样，艾雅康回答一切顺利，设备一个半月后交付安装。干妈说不错，夸了他几句。艾雅康几次都想将预付款的事说了，但几次都不知道怎么说，最终，他还是决定将货转手赚了钱后再说。

因为走的是快件，货一个星期就到了绵阳。回到绵阳，艾雅康第一时间找好了买家。由于这批货主要是服装，还有少部分小家电，艾雅康决定尽快出手，加快周转。80年代，广州货是时尚和潮流的代名词，处在大西南腹地的绵阳人，对广州进货的商品多是热捧，而艾雅康这批带回来的商品都是最新潮最时尚的。仅仅两天时间，艾雅康就将货全部出手，除去成本，纯利有6500元。

艾雅康一发不可收。那时的他只想顺着这条路走下去，为单位多赚些钱。由于蛋糕厂筹备也有很多事要做，艾雅康于是让二哥帮他去广州办货。截至蛋糕厂设备到位并完成调试，依据合同需要支付设备厂那85%尾款，艾雅康用这笔资金一共做了五次生意，扣除各项费用开支，获利近5万元。

当艾雅康将这钱交给干妈时，原本还憧憬着被表扬和掌声的艾雅康，迎来的却是一顿怒斥和批评。

"艾雅康，你胆子太大了，这样做是违反规章制度的！"

艾雅康一头雾水，他不知道自己错在哪儿，不禁嘴里嘟囔着。

"还狡辩？"干妈气还没消。

晚上，干妈让艾雅康来家里一趟，一进门，看见郝叔也在。

不似平时和郝叔那么随性，今天艾雅康有些拘谨，只是不自然地对郝叔笑了笑，倒是郝叔一如既往招呼着艾雅康："来，坐这儿，先喝点茶。"

干妈没看他，也不说话。

有那么十来秒，没人说话，艾雅康觉得如坐针毡。

好在郝叔及时开了口，他喝了一口茶，面向艾雅康说道："想做事，为单位做贡献，这点应该值得肯定，值得表扬。"

"你还夸他？"一旁的干妈尖声叫道。

郝叔宽厚地笑了笑，继续着他的话："虽然你的出发点是好的，心意也是好的，但这事你的确做错了。为什么这么讲呢？因为你违反了单位规章制度，后果严重的话甚至是违法。"

"可我并不是为我自己，我也没拿一分钱。"艾雅康觉得有点委屈。

"好在你不是为了自己。"郝叔严肃地说。停了一下，他将语气缓和了下来，接着说，"这就是有单位的人和个体户的区别。单位有各项规章制度，所有行为都必须符合制度，不能违反相关规定。个体户在遵纪守法前提下也许没有那么多条条框框。购买设备的款项是专项款，只能用来购买设备，不能挪作他用，挪作他用就是违纪，就是犯错。"

"可我既没影响设备采购，又用付款的时间差为单位赚了钱，这不是好事吗？"艾雅康还是不服气。

"结果不能说不好，但程序有问题，程序上你有错。雅康，你要记住，做任何事情都要有规则意识，凡事不能越界，要有组织原则和纪律思维。"

当时，艾雅康还不太明白郝叔这句话，待他真的明白这句话的深意时，那已是很多年以后的事了。

对艾雅康这5万元的利润，如何处置大家意见不一，不过都认为不能入公户，因为违反会计制度。最终，经院领导集体讨论，决定先搁置起来，待蛋糕厂投产后作为利润入账。蛋糕厂按时投产。既然是承包经营，生产经营基本就由艾雅康说了算。这次，艾雅康将目光盯在了医疗系统内部，主打的是医院病人和职工的大众消费。之所以这样做，他有自己的小心思，那就是他不想与管教所蛋糕厂在同一个市场上"搏杀"。

时间很快来到了1987年底。这天，快到年终总结的时候，干妈让艾雅康到家里吃晚饭。平时没少在干妈家蹭饭的艾雅康一听说有好吃的，就高兴地上了门。

菜肴很丰盛，看得出来是精心准备的。艾雅康也不客气，拿起筷子就大快朵颐起来，看得干妈在一旁直乐。

"来，再喝点。"郝叔端起酒杯。

"郝叔，我敬您！"艾雅康先干为敬。

1987年底的艾雅康

"这两年干得不错，为医院贡献了不少业绩。"

"他也赚发了，奖金都拿到手软。"干妈一旁打趣道。

艾雅康面色潮红，分不清是因为酒喝多了还是被夸了，不过，他看上去有点得意。

"雅康，今天我和你干妈让你过来，是想和你说件事。"

"啥事？尽管吩咐。"艾雅康舌头有点打卷。

"时间过得真快，你承包蛋糕厂快两年了吧，明年有什么打算？"郝叔说得轻描淡写。

"我会继续努力！"艾雅康做了个加油手势，随即将杯中酒一饮而尽。

郝叔和干妈互看了一眼，干妈轻轻地叹了一口气。

"雅康，有件事得提前告诉你一声。"郝叔咳了一下，清了清嗓子，"现在医院领导压力很大，上上下下都有人说蛋糕厂不应该承包出去，蛋糕厂承包经营是有人要以权谋私。为此，你干妈承受了不少压力。当然了，身正不怕影子斜，我们不怕别人说什么。不过，医院党委已开过会，决定收回承包经营权。"

艾雅康酒醒了一大半，他猛地站了起来，禁不住吼道："这也太欺负人了！"可看到干妈无力的眼神，他一下软了下来。

他伏在桌上，将头深深埋在双臂之间，却感到头胀裂似的疼。他感到委屈，不是因为被剥夺了承包经营的权利，而是因为他的付出他觉得没有被认可。他想不明白为什么会这样。

那晚，干妈死活都不让他回去，生怕他想不通，做出些傻事来。第二天一早，艾雅康就起床了。昨夜，他几乎没睡，想明白了许多事，也做了下一步的打算，他准备早餐时就跟干妈说。

见艾雅康这么早起身，干妈颇为责怪，让他再多睡一会儿。艾雅康恢复了往日精神头，开玩笑说干妈的早餐诱醒了自己。见到艾雅康开心起来，干妈也很高兴，放低声音说："昨晚我跟你郝叔说了，医院准备让你转正，做正式工。"

相似的情节，差不多的脚本，艾雅康两年前已经历过一次，他不知道这是命运的眷顾还是他人生必做的选择。第一次，他选择时还踌躇不前，而这一次，他义无反顾。

早餐桌上，趁郝叔也在，他说出了自己的决定。干妈瞬间两眼通红，郝叔只是注视他，许久没有说一句话。

他要回雅安，这是他内心早已有的想法，只不过如今得以决定。

他想母亲了，一直都想，纵使这两年他也时不时回去看母亲。他想离母亲近点，如此他才觉得心安。1988年春节，当艾雅康一大家人围坐在母亲身边迎新庆春之际，看着母亲那幸福的笑容，艾雅康觉得很幸福。"雅安，我回来了。"他在内心大声呼唤着，"在哪里跌倒，就在哪里爬起来，站起来，站到更高处！"望着那烟花点缀透亮的节日夜空，艾雅康仿佛已看到那激情奋斗的岁月向自己走来。

第三章

12　美发店 · 橡塑厂

从1983年离开，到如今回到雅安，时间差不多过了五年，艾雅康也从青葱少年走到了活力飞扬的青春岁月。五年中，艾雅康无数次设想，如果没有在绵阳的经历，现在自己在做什么？成为什么样的人？他知道，许多事情可以重来，唯有岁月一去不可追。他必须朝前看，快步走，将遗憾转化为动力，向心中目标进发。纵然历尽千帆，初心梦想仍存。

回到雅安，他想过重操旧业，继续办养鸡场。一番问询和论证，他发现不论按照政策规定还是市场需求，在雅安主城区来办养鸡场已经不可行。他也动过重操蛋糕产业的想法，但经历过两次经办蛋糕厂，他有点"厌倦"这个行业。更主要的是，他对这个行业无甚兴趣，觉得行业缺少内在自我求新的动力。换句话说，就是觉得这个行业做不大，强不了。也许命运注定了艾雅康与蛋糕产业无缘，也许老天爷还有其他事情要他去做。也就是在雅安，仅仅在三年后的1991年，一个比艾雅康小三岁的年轻人在雅安开办了第一家蛋糕店，从此开始了他的艺术蛋糕事业拓展。如今，从雅安走出来这家店已发展成为中国最大的烘焙连锁企业，它就是"好利来"，那个年轻人就是如今的"蛋糕大王"——罗红。

既然不去做自己熟悉的行业，艾雅康就得另辟新业。可问题来了，做什么好呢？

20世纪80年代中后期，"倒买倒卖"甚是流行，造就了不少暴发户，许多人由此挖掘到人生第一桶金。艾雅康历来对这种转手买卖没什么兴趣，觉得那就是个"搬运工"，今天搬这，明天搬那；张三可搬，李四也可以，谁都可以做。他还是想做实业的事情，觉得踏实。尤其是别人还没关注的事情，他一直特别留意，也一路不断去尝试。

回雅安后，艾雅康发现，虽然相较于沿海发达地区发展滞后，但这个城市还是有较大的变化。城市高楼开始建了，人们的钱袋子有了盈余，人们的装饰打扮也五彩缤纷起来。春节前的一次理发经历，让艾雅康知道自己该干吗了。

那次去广东订购蛋糕厂机器设备，艾雅康忙里偷闲去理了个发。当他看到一家打着美发招牌的店面时，便走了进去。一进店，他吓了一跳，以为走错了地方。在自己的印象中，理发店不外乎就是一间小屋，两把椅子，一个剃头匠，去了围上布围剪发，完事后交钱走人。可这店不仅面积可观，有七八张理发专用椅，而且整个店的装修充满了时尚感，墙上贴满了港台明星大头照。艾雅康进退两难之际，一个小妹妹笑意盈盈地过来招呼："这边请！"

既然都进来了，退出去岂不没面子？艾雅康坐了下来，坐的是张沙发椅，软软的，很舒服。他扮成常客样，任由那小妹妹安排：坐着洗发（干洗），放到座椅躺着松骨（按摩），做完这一切才到理发环节。总算理发了，艾雅康心想，虽有点折腾不习惯，不过还是很舒服。

剪发师傅自我介绍叫阿强，与艾雅康差不多年龄。看艾雅康听不懂广州话，他操着一口不太顺溜的广东普通话，向艾雅康介绍起各式发型来。

翻看着俊男美女各式发型图片画册，艾雅康不禁眼花缭乱。这是他的第一次，理个发还要自己选发型，他不免有些不知所措。他不想让阿强看出他的窘态，随便翻了几页，便对阿强说："你推荐一个，流行的那种。"

阿强很喜欢聊天，边剪着发，边天南海北地与艾雅康说着八卦事。剪发、吹发、上发胶，一系列程式走完，时间不知不觉已过了一个钟头。随着阿强一声"搞掂"！艾雅康站起身，看着镜子里的自己，感觉剪了新发型的自己神清气爽。一旁的阿强见艾雅康还满意，便不失时机地塞给艾雅康一张自己的名片，同时还一直重复着已重复多次的建议，建议艾雅康烫发。

买单时，艾雅康差点没叫出声来，理发费差不多是他一个星期在广州的吃喝开支。他有点后悔，但在回旅店的路上，他自我感觉有不少人尤其是女孩子会多看他几眼，不禁又自我得意起来，心态也渐渐地平复，反而开始觉得这钱花得不冤枉。

1988年春节，是艾雅康回雅安后的第一个春节。既然已决定在雅安重新来过，再显身手，他就想年前好好捯饬下自己，过年时见到老友旧朋脸上有光彩。他想到了广州那家美发店，于是满大街去找能看上眼的理发店，可他失望了，他竟然在偌大的雅安城找不到一家像样的理发场所。没法子，如多年前一样，在简陋的理发小店，他花了1元钱剪了发，用时10分钟不到。

春节期间，艾雅康满脑子都是理发店，他嗅出了其中隐含的商机。他试着拨了阿强名片上的电话，他想和阿强聊聊。

电话能接通，是美发店里的座机，好巧的是这电话由阿强接的。阿强还记得艾雅康，以为他要来烫发。艾雅康直奔主题，说想开家美发店，类似阿强现在打工的那家店。

阿强知道艾雅康来自四川，他那有限的地理知识让他想当然认为艾雅康要在成都开家美发店。虽然那时的成都不及广州开放，但毕竟也是省会城市，阿强觉得艾雅康想法可行。

真正触动阿强的是利益诱惑，美发行业的暴利让身在这个行业的人都有一颗自己当老板的心。艾雅康这个电话让他本能地觉得也许有个机会就在面前。

当艾雅康提出让阿强帮助介绍一个美发师傅时，阿强毛遂自荐。艾雅康喜出望外，允诺阿强以技术入股，两人四六分成。

过完年，艾雅康便着手美发店的筹备。不久，阿强也风尘仆仆来到了雅安。虽然因为不是成都而有所失望，但了解到雅安并无一家广式美发店，他反而更认可艾雅康的商业眼光。

不久，雅安第一家具有现代美发理念的理发店开业了，艾雅康给它取名叫"广州发廊"。雅安人第一次见识到理发不单是个人的一个生活需要，它也可以成为一种生活态度，一种对生活品质的追求。虽然广州发廊在雅安收费是最高的，但顾客却总是络绎不绝，忙得阿强直呼受不了。

广州发廊营业面积不大，可以说是小门小户，阿强为此还颇有微词，认为店面太小，不够气派。艾雅康解释说先不求"大而全"，初创时应着重"小而精"，说辞是规避市场

在广州发廊前留影的艾雅康（右）

风险。其实，艾雅康心里明白，广州发廊对自己来说只是个商机，是个过渡，他有更重要的事情去做。他早已在规划，他要办个工厂。

办实体企业是艾雅康一路以来的情结，这第二次创业他也不例外。

这次，他又另辟蹊径，将眼光盯在了他人不曾关注的行业。

那时的雅安，政府提出了发挥地方"三头"（水头、石头、木头）优势，建设以水电为基础，以石材工业和林业产品、农副产品加工为主体的地区发展思路，重点发展机械、皮革、化工、食品等产业，推进地方社会经济全面发展。

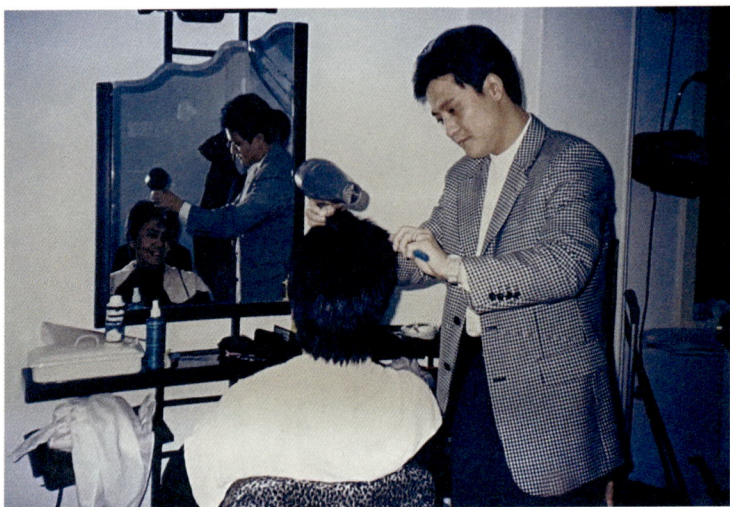

多年后，艾雅康为阿强投资了一家高档理发店。图为艾雅康一试身手

回雅安后，看到不少企业都在搞承包，他颇为动心。仗着在绵阳的承包经历，他信心满满，志在必得。接触了解一些承包企业后，他发现除了某些食品饮食企业外，他连承包的资格都不具备。他有些不甘心，但政策放在那儿，他也知道须按政策办事。不过，他还想试试，恰好他同学杨小兵的父亲是市经委副主任。一天下午，艾雅康直接找上了门。

"考察能否承包企业主要看两点：一是有技术，二是懂管理。两点至少得占一点。企业实施承包改革，目的是搞活企业，使企业扭亏为盈，增加职工收入。"虽没有直接否定，但艾雅康从话语中听出同学父亲对自己的质疑。他正想辩解，办公室走进来两个人，他们看了一眼艾雅康，便自顾自地说起事来。

艾雅康过去常去杨小兵家玩，与他父亲经常遇见，算是相

162

熟。见没让自己回避，艾雅康也侧耳听了起来，他们在说雅安通工汽车厂开建沙湾新厂区的事情。

雅安通工汽车厂前身可追溯到20世纪50年代，改革开放后汽车市场需求激增，它也迎来了发展的春天。这两年，生产的越野车火爆全国，企业因此红极一时，倍受追捧。听了半天，虽然不能完全明白，但艾雅康感到雅安即将迎来它的快速发展时期，不禁也兴奋起来。

来人走后，艾雅康正想再接前文，即被同学父亲打断。"你真不要想承包什么企业了。"他正将手中材料装进文件袋，突然想起什么，说，"你要不开个小厂？给汽车厂做配套。"

"开什么厂？"艾雅康一听，来劲了。

"先不要急，过一阵子我让小兵告诉你。"

艾雅康很是开心，他知道办厂有希望了。

没过几日，小兵上门，没等艾雅康说话，便说道："我老汉（爸）让你搞个厂子，生产密封件。"

"密封件做啥子用？"艾雅康问。

"听老汉说，好像是给汽车做配件用。"

艾雅康一下就联想到小兵父亲那天在办公室与来人的谈话，好像明白点什么，但到底如何做，他还是一点头绪都没有。

"那你问问你老汉，我们接下来怎么做？"他试着用征询的口吻问小兵。

小兵愣了一下，好像不认识艾雅康似的，随即爽快地应承道："我去办！"

"回来。"艾雅康叫住小兵。他来到小兵面前,直视着小兵,双手按在小兵的肩头上,正色地说道:"我们一起来干这个厂。"

小兵郑重地点了点头。

艾雅康很快就注册了公司——雅安爱四达橡塑有限责任公司,注册资本10万元,大部分是他在绵阳时期积攒的。

小兵父亲还帮忙介绍了一个老师傅,请他来指导购置生产设备及安排工艺生产线。限于资金问题,艾雅康决定只做O形圈。

作为一种重要的密封元件,O形圈在汽车上被广泛应用,像发动机缸体、传动系统、喷油器和制动系统等密封都要用到O形圈。此外,大多数机械设备中也要用到它。艾雅康决定从O形圈开始干,看重的就是它的用途广泛,此外制造工艺有不复杂、易损耗的特性,以及有较大的利润,这都吸引他去做的原因。经过连续五个月的奋战,橡塑厂终于生产出第一批合格O形圈。在第一批O形圈产品装运发车后,艾雅康累得瘫坐在地上。那晚,小兵和工友们嚷着要喝酒庆祝,艾雅康喝得酩酊大醉,众人歌舞不休。

13 海南有"料"

1988年4月，海南建省，一跃成为中国最大经济特区，由此掀起千万人奔赴海南寻梦热潮。

年初还在绵阳时，有人曾鼓动艾雅康"下海南"淘金，艾雅康曾心动过，但最终还是决定回雅安。回雅安，很大部分原因还是为了争那一口气，重新证明自己。转眼到了年底，橡塑厂基本步入正轨，也开始赚钱了，艾雅康轻松了许多，他决定趁现在不太忙走一趟海南。去海南，一方面是朋友力邀，更主要的他有一件事要办，一件对他来说很重要的事，他要为橡塑厂找到原料供应商，最好是一家橡胶厂。来年，汽车厂对O形圈品质要求提高了，明确规定某些车型的O形圈原材料必须是天然橡胶。

要确保按质按量给汽车厂供货，天然橡胶不能缺货成了关键，而这恰恰是艾雅康一块心病。在那个年代，天然橡胶仍是国家战略物资，明文规定只有在国家计划调配内才能购得。艾雅康决定亲自跑一趟海南。作为中国最大天然橡胶生产基地，海南橡胶厂最多，自然货源也会多，他决定趁海南建省的春风去碰碰运气。不过，为了能拿到橡胶，他也想到通过小兵父亲的社会关系来助力，于是就让小兵回家和他父亲说说，小兵父亲便让艾雅康和小兵先到海南。

一通汽车、火车、海轮的折腾，艾雅康和小兵终于抵达海口。

虽然节气已过了冬至，但海南的天气犹如初夏，暖阳、惬意。瘦高的椰子树，暖湿的海风，略带海腥味的空气，让第一次近距离接触大海的艾雅康格外新奇。那大街小巷步履匆匆的南腔北调的人流，来来往往，犹如海浪般似的潮起潮落，好似助推着这时代的大潮。看着人人脸上写满了对未来的期许，感受到周边火热般激情，艾雅康不禁也被点燃，他心情大好。

刚安排好住宿，在海南的朋友就来了，一行人直奔望海楼。

彼时的望海楼，因海南开发成为海口的"金三角"，整日熙熙攘攘，热闹非凡。因代表着海南当时最奢华、最前沿的酒店场所，许多"闯海人"都将在望海楼洽谈和宴请视作身份、地位和实力的象征。

一进到有12层楼高的望海楼大堂，艾雅康感到开了眼界。大堂宽敞明亮、金碧辉煌，蓝色大海背景墙上镶嵌着古铜色大鱼雕像，朋友说寓意着"财源广进，年年有余"。巨大的玻璃天井投射着自然光，余晖透过玻璃天井洒落下来，投下斑驳的光影，给大堂增添了一抹奢华与典雅的气息。

艾雅康满眼新奇，但真正让他忙不过来的却是美食。艾雅康吃了一顿海鲜大餐，这是他第一次品尝名贵粤菜。

大快朵颐，酒饮微醺，富丽堂皇的中餐厅，这几个血性正旺的年轻人憧憬着未来，牛气冲天。虽然这一幕在当时的海南随处可见，但他们的"川普"腔调以及青春张狂的恣意，在望海楼这一名商大贾聚集之地还是显得有点另类。有几次，服务员准备上来提醒，但都被一个貌似经理的小伙子制止。

小伙子加入服务艾雅康这一桌人员中，其他服务员很是奇怪，不知为何经理今天要亲自下场。不过，他也做到了，让艾雅康他们安静了许多。

结账时，大家嚷嚷着抢着买单，艾雅康吼道："谁都别动，今天我来！"他曾在广州吃过海鲜，知道这顿饭的"含金量"。

看到艾雅康拿出一沓百元大钞结账，众人不出声了。小兵在一旁有点得意，因为他知道工厂这几个月开始有钱赚了，而且还不少。

"哥，今天这么开心，去二楼歌舞厅听听歌、跳跳舞？今晚有香港歌星演出。"小伙子经理边点着钞票，边不失时机地建议。

1988年1月，中国第一家卡拉OK在广州开业，不久，沿海发达地区和大城市也陆续有卡拉OK开业，"唱K"开始成为开放和时尚的标配。身处西南内陆小城，艾雅康听说过卡拉OK，可并没有玩过。听经理这么一说，他不由得把目光投向那几个在海南的朋友，他们也在看他。通过他们的眼神，艾雅康知道他们不曾去过，但今天非常想去。

"好，去！"艾雅康自己也想去见识一下。

"好嘞，马上安排。"小伙子经理满脸堆笑，跑步前去安排。

那晚，"望海楼"歌舞厅里华美的旋转舞台、令人炫目的璀璨灯光以及那激发荷尔蒙飙升的韵律节拍，让艾雅康第一次见识了花天酒地、纸醉金迷。他不自禁地沉迷其中，忘情地释放压抑已久的力比多。那一刻，他觉得自己是个真正的男子汉，豪气冲天要像支格阿鲁（彝族传说中的大英雄）那样，做大事，当英雄。

第二天醒来，时间已过晌午。前晚的记忆断断续续，艾雅康已记不清自己是怎么回到住处的。小兵还在呼呼大睡。他觉得口渴，伸手去拿床头柜上的水杯，却发现水杯下压张纸条。他拿起一看，只见上面草草地写着几行字："哥，有什么需要就打这个电话××××，望海楼小陆。"

听说艾雅康有购买橡胶需求，不断有人介绍自己或他人来和艾雅康洽谈，说有门路弄到橡胶，前提是先付定金。而建省元年的海南，遍地是黄金一夜暴富的传说搅动着人们的心智，更因十万闯海人的拥入，使整个社会显得虚夸、浮躁，假冒伪劣、坑蒙拐骗在商业领域见怪不怪。因为想着有小兵父亲介绍的正规渠道，艾雅康对居间人要求只有一点：得先跟橡胶厂签订买卖合同。

听到这要求，有些人再也没有露面，这也让艾雅康断了市场信息来源。等待的日子显得漫长难耐，小兵也不断催促着父亲快点找到门路，见艾雅康闲着，小陆建议他到望海楼茶座碰碰运气。

小陆说，望海楼茶座每天都挤满了"老板"，他们或谈项目，或谈投资，不乏指点江山、高论畅想宏图伟业的主。

"那可是藏龙卧虎地儿。"小陆说。

几天相处下来,艾雅康知道小陆来自东北,是大连人。东北人豪爽热情的性格很对自己彝族人的胃口,加上年龄相仿,艾雅康已把小陆当兄弟看待。

跟着小陆,艾雅康来到望海楼二楼茶座,果然人挺多,几乎座无虚席。

艾雅康被带到一个靠窗但又不太显眼的位置坐下,小陆因有工作要做离开了。艾雅康要了一杯咖啡。进门时,他就注意到那些西装革履的人面前都放着一杯咖啡。茶座内很吵,人们都在那儿各自说着自己的事,每个人声音之大好像在演讲。艾雅康觉得好奇,不由自主地听了一会儿,不过很快他就不想听了,因为他听到的不是自己没兴趣的就是自己不明就里的。

摄于1988年左右

好在坐的位置比较偏，又在窗边，虽然也吵，但觉得可以忍受。他望向窗外，从窗口处望出去，琼州海峡烟波浩渺，一望无垠。他不禁发起呆来。

"没人吧。"一个瓮声瓮气的声音传来，腔调颇像电视上在播的台湾电视剧里的人说话。

艾雅康转过头，面前站着个人，手指着艾雅康对面的位子。

"没人。"艾雅康正闷得慌，见有人来坐，倒是乐意。

那人从手提包里拿出大哥大电话，先往桌上嘭地一放，干咳了一声，方才坐下。

艾雅康不禁打量起对方，只见他身形消瘦，肤色黝黑，穿着两件款式相同的白色衬衣，白色领口下衬托着那短粗脖子，颇能引人眼目。艾雅康想笑，但强忍着。

"来一支？"那人递过来一支"万宝路"。

接过烟，艾雅康笑着问："你哪里人？怎么说话像台湾电视剧里的人？"

"大陆仔？我知道你肯定是了。"他咧开嘴，笑出了一排烟灰色的兔牙。艾雅康后来才知道海口话跟台湾话同属闽南方言。

两人天南海北，很快就热络起来。那人自称叫阿发，海口本地人。聊着聊着，自然聊到了生意，听到艾雅康需要橡胶，阿发乐了。

"今天你可遇对人了，说，需要多少货？"阿发口气很大。

"你能弄到？"在海南这几天，艾雅康这话听多了。

170

"你这话说的。"阿发拍着胸脯。

阿发约艾雅康两天后再在这里见面，到时给具体消息。分手时，艾雅康问阿发为什么要同时穿两件衬衣，阿发奇怪地望了他一眼，回答说："天气冷啊。"

与阿发分开后，艾雅康特意去中餐厅吃了个饭。在餐厅，他遇到了小陆，告诉他在茶座里的所遇，小陆听后显得很高兴。

两天后，艾雅康来到望海楼，一进茶座就远远看见了阿发。阿发也在向入口处张望，见到艾雅康，他不停地挥着手，并向艾雅康迎了过来。

他搂着艾雅康走了过去，艾雅康这才注意到茶桌上还坐着另外一个人。"这是橡胶公司徐经理。"他介绍说。

"这是我小弟。"他将艾雅康搂得更紧了。

艾雅康一听，心想自己成了阿发小弟了。他忙伸出双手握住徐经理，连声说："多帮忙，多关照。"

徐经理看上去与阿发很熟，闲聊了几句，徐经理直奔主题。

"阿发说你是他兄弟，我就不绕弯子，你要的货我可以弄到。不过，你得和阿发签合同。签好合同，我们就安排发货。"

"要定金吗？"

徐经理看了艾雅康一眼，似笑非笑地说道："看合同怎么定吧。"紧接着，他又说了一句，"一手交提货单一手交钱怎么样？"

艾雅康听出了他语气中的不快。阿发急忙出来打圆场，说一切由他来处理。临走，徐经理突然问了一句："价格都知道吧？"

艾雅康不知道如何回应，阿发忙抢着回答："我和小弟谈。"

徐经理走后，阿发给出了报价。因为这几天接触了不少真真假假供应商，艾雅康对橡胶市场价格行情大致了解。他一看阿发的报价，价格不是最高的，也不是最好的，但还是可以接受。"先用这个做托底，能拿到货就行。"艾雅康心想。

阿发没想到艾雅康这么爽快，不由得心情大好。"走，大哥带你喝酒去。今后在海南有啥事，尽管跟大哥说。"他拽着艾雅康就走，来到酒楼大门处。酒楼门口停着一台丰田皇冠3.0，他径直走了过去。

艾雅康第一次坐进口车，而且坐的是当时算得上"豪车"的皇冠3.0。虽感到惊喜，但艾雅康并没有表现出特别的兴奋，在他心中也许早已想好不久之后他也会拥有这样一台豪车。

艾雅康同意合同中加上付定金条款。他之所以答应，一是阿发酒后同意定金只需货款的10%，直觉告诉他这不像是骗局；二是他有底气了，阿兵父亲说要来海南。在动身出发来海南前，阿兵父亲就跟艾雅康说好，如果他联系好橡胶厂，他就来一趟海南。如今，他要到海南，说明橡胶供货他基本已有把握。

小兵去广州接他父亲了。在小陆帮助下，艾雅康在望海楼订了两间房，他自己先搬了过去。这几天在望海楼所见所闻，让他见识了什么是"鸟为食亦分高低"，平台不同，机会也不相等。在望海楼的第一晚，不知怎么，他许久睡不着。

小兵父亲抵达当晚，他就让艾雅康第二天安排个饭局，他要请领导和橡胶厂的人。

次日晚，艾雅康在望海楼要了个包间，他跟小陆说要宴请贵客。

宴请的主角是海南省经委的一个处长，雅安人，早年出川在海南当兵，复员后留在了海口。

因为是老乡，与小兵父亲又同属经委系统，饭桌上气氛很快就热络起来。

"杨主任来个电话吩咐一声嘛，还劳你辛苦跑一趟。"杨主任即小兵父亲，他来之前和这位处长已有多次联系。

"来是麻烦你的，应该当面道谢的。"

两人互相客气一番。闲聊正欢时，包间门被打开，只见小陆引着两个人走进来。

艾雅康急忙站起身，愣住了：只见来人当中的一位居然是前两天见过的徐经理。

他正要和徐经理打招呼，只见徐经理迅速将视线移开，装作不认识他一样。看到徐经理这般，他也将正要伸出的手收了回去。

"不好意思，让领导久等了。"走在徐经理前头的那位一进门就不停地说道。

"来，介绍一下，这是农垦橡胶厂姚厂长。"

173

与相关部门领导和橡塑厂员工合影，后排左一为艾雅康

"这是杨主任。"

处长忙着介绍大家彼此认识，并指定今晚一定得喝"五粮液"。

数杯酒下肚，酒桌的气氛达到了高潮。姚厂长当场宣布，保量供货，卖价按计划内的价格结算。

改革开放的80年代，在从计划经济向市场经济过渡时期，国有企业生产的产品价格实行的是"双轨制"，即同一种商品存在着计划内价格和市场价格。计划内商品价格由国家制定，售价较低；市场商品价格由市场供需调节，售价较高。姚厂长的决定不仅帮橡塑厂解决了橡胶供货问题，而且还帮艾雅康节省了3万多元的原料采购成本。当大家纷纷向姚厂长敬酒表示感谢时，艾雅康偷偷地瞄了一眼徐经理，只见他满脸通红，一言不发。

处长有事先行离去，小兵父亲也上房间休息了，剩下艾雅康和小兵陪姚厂长一行。艾雅康、小兵轮流去敬姚厂长酒，当然也没忘了徐经理。大家喝嗨了，气氛和关系自然融洽起来，开始称兄道弟。"拐了"（四川话，"干了杯中酒"之意）、"饮酒"声此起彼伏，不知什么时候，小陆也进来敬酒了。

也许今天心情大好，艾雅康酒量比平时高了不少。当似醉非醉的姚厂长嚷着要去唱歌，艾雅康欣然附和，直接让小陆去安排。趁着此间隙，艾雅康去了趟厕所，催吐几次，感觉舒服多了，但头还是晕晕沉沉的。正当他想着小陆应该安排得差不多自己得回去时，厕所门被推开，是小陆。

"哥，你没事吧？"小陆关心地问道。

"没事，没事。"嘴里这样说，可胃里却翻江倒海般难受。

毫无预警，猛地，小陆跪在了艾雅康面前，带着哭腔说："哥，你得帮帮我。"

艾雅康吓了一跳，酒醒了不少："啥事情？起来，有什么跟哥说。"

"哥，我遇到事了，能借点钱吗？"

"要多少？"

"2万。"小陆吞吞吐吐报出数字，"我是拿去……"

艾雅康摆了摆手，示意小陆别再说。"行！哥这就给拿去。"他拍了拍小陆肩膀，摇摇晃晃地向包间走去。小陆愣了几秒，随即赶上去扶着艾雅康。

到了包间门口，小陆停了下来，说："哥，你先进去，我去写个借条，马上回来。"

在包间坐下后，艾雅康喝了一杯热茶，头脑清醒了许多。想想刚才不问缘由地就答应了小陆，不由得觉得自己有些冲动。找个理由搪塞反悔？这念头刚浮现就被他打消。"信用胜金子，口碑胜千金。"他想到母亲常说的这句彝族俗语。

不一会儿，包房门被徐徐推开，门缝间隙处只见小陆探出了半个头，他示意艾雅康出来。

"来嘛，没得事。"艾雅康大声招呼着小陆。

屋里的喧闹被艾雅康这一嗓喊得安静了下来，大家目光集聚在艾雅康身上，有人以为要上卡拉OK房了。

艾雅康将携带的手提包打开，里面放着3万块钱，这是他为今天可能的签约准备的。他拿出两沓钱，全是百元大钞，那时面值百元人民币刚流通不久，他将钱递给小陆。

"2万。"

"谢谢哥，这钱我一定会还。"小陆声音有些发颤，将写好的借条递给了艾雅康。

艾雅康接过借条，看了一眼，随即就将借条给撕了。"兄弟，小事情。"他拍了拍强忍泪水的小陆，招呼着大家上房唱K。

1988年的2万元，什么概念？考虑通胀率，按实际购买力换算，那时的2万元相当于现如今的70万元上下。若从投资资本角度考虑，中国商界不少风云人物都曾发迹于海南这片热土，有的人那时的原始资本还没有2万元。

姚厂长端起满满一杯酒走到艾雅康面前。今晚，他喝了不少酒，两颊潮红，脚底下趔趔趄趄的，但此刻眼里却闪着光，"饮胜！"（粤语干杯之意）他狠狠地碰了一下艾雅康酒杯，一饮而尽。

与橡胶厂的合同第二天就签了。令艾雅康没想到的是，姚厂长特意吩咐徐经理，让他安排签个长合同——一年的供货合同。事情办完后，艾雅康准备回雅安。回去前，新老朋友建议他来海南发展，认为这里机会多，凭他的为人和能力，应有更好的发展，可他想都没想就谢绝了。因为他觉得他现在的事业在雅安，他首先要做的事就是将雅安的事情做好。

临走前，艾雅康约了阿发喝茶。之前，徐经理已将整件事告诉了阿发。大大咧咧的阿发认为生意没成可情谊在，高高兴兴前来赴约。当艾雅康将装有5000元人民币的信封塞进他那精致的黑皮包时，阿发脸上先是诧异，后露出了开心的笑容。

"给哥和徐经理喝茶。"艾雅康说。

离开海南时，小陆气喘吁吁赶来送他，依依不舍。快上车了，他递给艾雅康一张名片，艾雅康这时才发觉自己还没有小陆的名片。"哥，多联系。"他边追着汽车边喊道，艾雅康也向他不断地挥手告别。坐定后，他拿起名片看了起来，才知道小陆的全名叫陆忠，名片的背面写着他大连老家的住宅地址和电话。

14 温州斗智

雅安通工汽车辉煌的那几年，艾雅康的橡塑厂效益一直可观。1990年，艾雅康生意版图进一步扩大，他有了自己的矿业公司，拥有了大理石等数座矿山。

1992年，艾雅康又将目光盯在了皮革产业上。雅安皮革制造历史十分悠久，可追溯到20世纪30年代的西康毛草公司制革厂。改革开放后的80年代，雅安皮鞋一度颇负盛名，曾占据过大半个中国市场，还有大量产品出口。作为支柱产业，皮革产业在雅安国民经济发展中占有重要地位，受到政府政策扶持和发展支持。

艾雅康决定投资上马皮革厂。也巧，有一个朋友也准备投资，他调研这个行业已大半年，有些心得。这朋友倒也豪爽、热情，他毫无保留地拿来一堆资料给艾雅康，并向艾雅康推荐了一个姓施的温州老板，说施老板是内行，有行业资源。

温州是改革开放后首批十四个沿海开放城市之一。温州皮革产业历史悠久，皮革工业一直走在全国前列，有"中国鞋都"美称。艾雅康将温州皮革业作为对标发展，就是在经过对雅安皮革发展现状考察评估后做出的决定。那时，艾雅康已敏锐地感觉到，在市场经济日趋成熟、竞争日益激烈的90年代，不论人才、管理还是技术工艺，雅安皮革业都处于下风。他想，既然要投资这个行业，自己就必须向这个行业领头羊看齐。为此，对朋友介绍温州施老板与自己相识，他觉得正合心意，正当其时。

施老板很快来到雅安。初见面时，艾雅康发觉施老板和自己想象中的温州老板不同。施老板长得瘦瘦小小，人看上去有点木讷，仔细看甚至觉得猥琐。唯一能显示其老板身份的就是他手腕上戴着的手表，那是刚进入国内市场的瑞士"天梭"牌腕表。艾雅康还是一如既往地待客热情、为人豪爽，一顿好吃好喝后，两人不约而同地直入主题：谈双方合作。

没谈多久，施老板就提出双方合资在雅安办个皮革厂，还承诺皮革厂投产后生产的产品由他负责全部销售。艾雅康听后很兴奋。照他原来的设想，与施老板的合作仅限于技术工艺的引进和管理制度的借鉴，顶多再加上帮忙代销皮革厂的产品。如今施老板提出深度合作，双方各占50%股份，这对刚进入皮革行业的艾雅康来说，无疑令他喜出望外，他不由得对自己这一投资更有信心和期待了。

两人很快做好了分工。艾雅康负责土地申购、厂房基建等事项，施老板则负责生产设备和工艺的选定。不经意间，施老板提出要在温州采购机器设备，艾雅康想都没想就答应了。在他看来，生产设备理应由施老板负责。

艾雅康很快就办好了各项手续，开始修建厂房。不久，施老板就来电，邀请他前去温州。他说设备已经订好，让艾雅康过去看看，付完余款就可以提货运回雅安。

艾雅康风尘仆仆赶到温州。施老板亲自驾车到温州，将艾雅康接到水头镇，那是他的家乡。

一下车，施老板的过度热情把艾雅康给整迷糊了。这还是自己认识的施老板吗？与在雅安相比，回到水头镇的施老板，简直是判若两人。但想到人家如今回到了自己的地头，也许想充分表现下自己，艾雅康多了份理解。

吃喝玩乐大半夜，艾雅康睡得很晚。一大早，他睡得正香，大门被人敲得咚咚响，施老板手下的两个人已在门外等了。一同前来的小宋——艾雅康的助理，不停地抱怨："吃啥早餐嘛，多睡会儿不行吗？"

艾雅康却迫不及待，纵然头脑还生疼，有点迷糊。对马上能看到机器设备，他充满了期待。他仿佛听见那机器欢快的轰鸣声，憧憬着皮革厂加班加点的兴盛景象。不过，拖到临近中午，他们才被带到一家机械厂，施老板在那儿等他们。

"休息好吗？"一见面，施老板就问道。艾雅康心想你不是一大早就安排人去酒店了吗？可能因为缺觉，更可能因为一早起床而临近中午才来办正事，他不禁有些恼火，但还是忍住了。

工厂里没几个人，施老板解释是周末，工人休假，艾雅康这才注意到是星期六。艾雅康奇怪周末不是指的就是星期天吗？（国家实行双休制始于1995年）在他的橡塑厂，即使是星期天，有工作需要，工人也需要加班的。

人生第一辆汽车

在一排机器设备前，施老板停了下来，向自称是厂供销科长的中年男人问道："是我们订的那套吗？"

在得到肯定答复后，艾雅康兴奋地用手抚摸起机器来，一扫刚才的不快，人也开始精神起来。

"试过车没有？"海南回去后不久，艾雅康就买了一台车，这是他人生第一台汽车。买车时，他试过几款，知道试车对买车决策的重要性。如今，他不知为何将两者联系到一起，问了一个多年后都让他觉得不可思议的问题。

"放心，试过了。"只听施老板即刻回答道。艾雅康回头一看，只有施老板紧跟着他，其他人都远远地看着。

"好。"艾雅康围着机器左看右看，心想应尽快将它运回雅安，让工厂尽快投产。看着看着，艾雅康忽然感觉哪里不对，好像缺点什么。

"这机器怎么没有仪表？"

"嗯"了半天，施老板也不知在说些什么。这时，门口进来一帮人，他趁机丢开艾雅康，迎了上去。

"施厂长，有朋友来看机器。"走在最前面的那人大声地说道。

艾雅康本以为那人在叫另外一个人，不承想施老板应声相迎。难道施老板还兼任厂长？艾雅康心想。

他走到那供销科长身旁，"你不用去介绍情况？"他问。

那供销科长笑了笑，摇了摇头。

"一起去抽根烟。"艾雅康指了指靠近楼道出口位置。

邻近楼道出口有一个房间，好像是一间会客室。虽拉着窗帘，但透过窗帘缝隙可见房间一二。艾雅康给那供销科长递上烟，两人抽了几口，不经意间，艾雅康问道："施老板是你们厂长？"

供销科长稍稍一愣，似笑非笑，微微点了一下头。

"那些设备你们都试过车吗？"

供销科长又一愣，不过很快便答是。

像要掩饰什么，本来不甚热情的供销科长突然换个人似的，亲热地一把搂起艾雅康肩膀："走，我带你去看看。"

他领着艾雅康走到机器旁，指着面前的几台设备，说："就这儿，都试过，质量没问题。"

艾雅康有点奇怪，心想这怎么跟刚才施老板指的那几台不一样，他不禁疑惑地望向对方。突然，从会客室一面玻璃的倒影中，他看到施老板不停地打着手势，像是在阻止供销科长，不想他继续说什么。果然，供销科长开始打哈哈，随后便径直走向另外一边。

艾雅康内心生出一种不好的感觉，不知怎么的，他想到那年成都卖虫草被骗的事，他不禁打了一个哆嗦。

这次来温州，他已将42万元设备款支票带上了，一方面这是施老板的提示，另一方面更主要的是艾雅康想早点让工厂建好投产。先前，设备预付款25万元他已经付了，如果这笔42万元款项再付出去的话，皮革厂他应出的资金他就全部出清了。

艾雅康很矛盾。对自己怀疑起"朋友"，他感到惴惴不安。这不符合他彝族人性格，也和他一贯的为人处世相违背。不过，这两天发生的种种事情，尤其是施老板异于往常的表现，让他不得不警觉起来。他告诉自己再看看，把事情看清楚再做决定。

当天酒桌上，施老板问起设备款，艾雅康假借喝多搪塞了过去。他想明天自己出去走走，再到那家机械厂看看。

他起了个大早，看小宋睡得死猪一般，便准备独自一人出门。刚到一楼，就见两个人迎了上来。

"艾总，不多睡会儿？准备去哪儿？"

艾雅康定睛一看，原来是昨天那两个人。

"你们没回去？"他有点吃惊。

那两人互相看了一眼，解释他们刚到。

艾雅康用余光扫了一下大厅，大厅面积不大，不远处放有一对沙发，沙发上有两件大衣。他好像明白一点什么，有了新主意。

"艾总，我们这里没啥好逛的。你不懂温州话，去哪儿我们陪你。"

见无法独自成行，艾雅康索性回到自己的房间。施老板说白天有事外出，托那两人带话说晚上再来陪艾雅康。小宋已经醒了，正纳闷艾雅康怎么不在房间，却见艾雅康开门进来，心事重重的样子。

小宋见状，递上了烟。两人闷坐了一会儿，只见艾雅康站立起来，像想好似的，对小宋说："出去会会他们。"

小宋一头雾水。

下到一楼，艾雅康就大声招呼着去喝酒。小宋见到那两人，很奇怪他们怎么也在，更纳闷下了楼的艾雅康像换了一个人似的。

那两人见说要去吃饭喝酒，连声说好。像早已安排好的，他们熟门熟路地将艾雅康带到了一家酒楼。

一到酒楼，那两人开始放松下来。因为离午饭时间还早，老板拿来瓜子，大家一边嗑着瓜子一边喝茶聊天。

一开聊，那两人嘴上就没了把门似的，生怕冷场。艾雅康问为什么有人叫施老板为施厂长，其中一人笑着答道："什么场合就叫什么头衔。"听了这话，艾雅康头皮不禁有点发麻。

酒过数巡，两人都开始舌头打结，一看便知道都属于不胜酒力的人。趁着小宋和其中一人在斗酒，艾雅康低声问另外一人："施老板怎么那么忙？"

那人说话开始不太利索了，但狡黠的眼神中透露出一丝得意。他告诉艾雅康，施老板是他姐夫，他什么生意都做。他还神神秘秘地告诉艾雅康，今天他姐夫又去谈编织袋设备生意了，现在编织袋生意很火，全国不少人都到他们这儿要设备。临了，他问艾雅康有没有兴趣，还说包赚不赔。

艾雅康还是想去昨天那家机械厂看看，他关心的还是所订的设备。他想自己去看，用自己的眼睛去看真实的情况。他提议来喝酒，原本是想借机摆脱那两人，可纵然两人看上去都喝大了，他们仍似狗皮膏药黏着他，甩都甩不脱。

艾雅康心烦意乱。回酒店路上，他看见有一家按摩店在营业，灵机一动，说自己要去按摩。

四人走进了按摩店。见来客人了，老板满脸堆笑，将艾雅康领进按摩房。艾雅康示意小宋跟自己一间房。

进房后，艾雅康便告诉小宋，自己要出去一趟。同时，他让小宋就在这里，尽量拖住那两人。

正当他要跨出门，一个身影从门厅角落里蹦了出来。

"艾总，不按摩吗？去干吗？"

按摩店没有开灯，门厅里一片灰暗。从二楼下来，艾雅康根本没有注意到角落处，更不曾料到那两人居然不去按摩，而就在门厅处候着。好在他脑子转得快，随口应道："没烟了，我去买包烟。"

"我这里有。"其中一个人递上一盒烟，还是整盒的，没拆封。

艾雅康只得又回到按摩间。小宋正准备按摩，见艾雅康回

185

来了，以为他改了主意，便赶忙招呼按摩师给艾雅康好好按按。艾雅康没理他，径直走到窗边拉起厚厚的窗帘，只见窗户是关着的，隔着玻璃向外看去，街道上稀稀拉拉没多少人。

不好的预感笼罩着他，他又苦于无法求证，怎么办？他不停地问自己。

午后时分，街面上商铺的生意看起来颇为冷清，不过倒有一家店不断有人进进出出，这引起了艾雅康的注意。仗着眼力超群，他看到了那家店的门面招牌：外来妹文印店。

1991年，电视剧《外来妹》全国热播，也带红了"外来妹"这个新词。"我在哪儿见过这店名？"艾雅康努力回想着。

他想起来了，那是施老板给他合同里夹着的一张收据。施老板第一次到雅安，与自己一拍即合，很快达成了一致。当天，施老板就拿出了合同，在翻看时掉落了一张纸，艾雅康捡起时注意到是一张收据，上面盖有外来妹文印店的印章。因喜欢看《外来妹》电视剧，艾雅康因此印象深刻。

好似想到什么，艾雅康转身离开房间，小宋坐在按摩床上，左右不是。

知道那两人还在楼下，艾雅康在二楼叫道："有人吗？"一边叫，一边下楼。

下楼声引来那两人的反应，其中一人小跑着迎了上来，在楼梯口截住了艾雅康。

"艾总，又有什么事？"

"想起点事，你们单位有复印机吗？"艾雅康这才发觉自

186

己竟还没进过施老板的办公室。

"好像没有。"那两人互相对望了一眼。

"你要复印吗？我帮你去办。"施老板小舅子主动献殷勤。

艾雅康没答话，装着为难的样子，走到了门口，停了下来，四处张望。

"有复印店吗？"

"有，就在那儿。"施老板小舅子手指着外来妹文印店。

艾雅康顺着他指向的位置看了看，点了点头，随意又问道："没有其他店了？"

"这附近没有了。那家我们熟，公司打字复印都去那儿。"另外一人抢着回答。

艾雅康印证了自己的判断。在那张收据上，还有一点也给艾雅康留下深刻印象，那就是收据上的金额，费用高达100元。那会儿，艾雅康还在想这施老板生意做得够不错的，光文印费都这么高。再看自己的公司，一个月的文印费顶多才20来块钱。如今，艾雅康知道施老板许多合同都出自这家文印店，他突然有了一个主意。

"不急，到时再去。"艾雅康转身上楼，向按摩间走去。

进到房间，看到小宋还在按摩，艾雅康催促他快起身。小宋一个激灵坐起来："发生什么事了？"

艾雅康转向按摩师，语调温和地问："妹妹，这里有后门出去吗？"

"没有，只有一个大门进出。"年龄较大的那位答道，神色开始紧张起来。

艾雅康觉察到她们的疑惑，忙宽慰她们道："我们不会跑单的，我还没按摩呢。"

一听到艾雅康还会在这里按摩，那两个按摩师即刻放松了下来。年龄大的按摩师开玩笑地说："最后一间按摩房紧挨着围墙，可以爬下去。"

艾雅康拉着小宋就往楼道尽头的房间走去。按摩师想跟出来，被艾雅康制止了。他指了指放在桌上装满钱的小手提包，那两个按摩师知趣地退了回去。

午后时分，来按摩的人没几个，楼道尽头的房间更不会安排人。

进了房间，艾雅康拉开窗帘，指向外来妹文印店。

"看到那家文印店了吗？你去将他们的废纸品给我弄到，得手后你直接回旅店房间等我。"

"要那废品干吗？"小宋一脸蒙圈。

"到时候你就知道了。"

看到艾雅康其意已决的样子，小宋不再问什么。他身手敏捷，翻窗跃上墙头，纵身一跳，跳到了地面。他扬了扬手，向那文印店跑去。

按摩房内，艾雅康坐立不安。两个技师也乐得清闲，在一边聊着天。原定的按摩时间到了，为了给小宋争取时间，艾雅康要求再加两个小时，并嘱咐技师不要对外人说什么。

估计时间差不多了，艾雅康下楼招呼那两人说要走了。对方问到小宋，艾雅康说让他多按摩一会儿，事后他自己回去。那两人"目标"是艾雅康，听艾雅康这么说，也乐得先回去。艾雅康这才知道，在旅店他房间对面，那两人也开了间房。

回到旅店，一进屋，艾雅康看见小宋满脸得意，便知道小宋事办得不错。艾雅康做了个噤声手势，马上就将门关上，这时，他才注意到房间多了一个编织袋。

"都在这儿。"小宋指着编织袋。

原来，到那店门口时小宋还在想怎么才能"要"到人家的废纸，恰好有一个环卫工人正在清扫街道，他急中生智，用10元钱请人家帮忙，拿到了这些废纸品。艾雅康听后，乐了，直夸小宋能干。

查看完外来妹文印店那些废纸，艾雅康先前的担忧被实证，他上当受骗了。在那个没有碎纸机的年代，文印店废纸篓里丢弃的资料显示，所有的合同几乎都一模一样，都是在各地合作办厂，都是在水头镇购置生产设备，唯一不同就是合作方不一样。艾雅康注意到，像他这样的合作方各地都有，光东北就有五六家。他居然还找到了施老板和其他人要签的合作文件，和自己的合作条款一模一样。艾雅康不禁血涌上头，他只想即刻冲出去找施老板问个究竟。

他拉开房门，看到对面房门大开着，瞬间冷静了下来。对面房间传来有人下床的声音，艾雅康又将房门关上。从门隙处，他听到有人窃窃私语，随即一阵急促的脚步声向楼道跑去。

艾雅康心头一凛，一种不安全感向他袭来。他扣上门闩，从皮箱夹层处拿出一个信封，他从中抽出一张支票，这是他带来准备交给施老板的42万元设备余款。

这笔钱是不能给了，可不给施老板会有什么反应？这些天发生的种种事情，让艾雅康感到自己也许不会那么容易脱身。怎么办？他一时没了头绪。

见艾雅康拿着支票在发呆，小宋不知趣地嘟囔着："开错票了？"

艾雅康直想骂人，心想要是真开错票就好了。下意识地，他看了一下手上那张支票，愣住了。他揉了揉眼睛，确信无误后，一下子跳上床，在床上又蹦又叫。一旁的小宋被惊到瞪大眼睛，正想着这是怎么了时，艾雅康跳下床，一把搂住他直呼好兄弟。

在施老板的好酒好菜晚宴上，艾雅康一改白天无精打采的样子，像换了个人似的，不停地与那些专门来陪他的人干杯。看到艾雅康酒酣耳热，施老板使了一个眼神，心领神会的女会计端着酒杯来到艾雅康面前："艾总，敬你一个！"说完，她将杯中酒一饮而尽。随即，她俯身对艾雅康耳语道："艾总，设备款明天可以付了吧？"

好像就等着这一刻，艾雅康立刻大声回应："可以，现在就给你。"说着，故作微醉状，打开随身携带的包，拿出一个信封递给了会计。随后，他拉着施老板，一个劲儿地说："喝，喝，再喝！"

也许看到艾雅康将支票交给了会计，平时不胜酒力的施老板也豁出去了，连喝了几杯。看到他一副志得意满的样子，艾雅康心里一直在偷着乐，想象着他明天会有怎样的反应。

第二天，艾雅康早早起床，他要等施老板到来。

出乎他的预料，施老板并没有来得这么早，而是差不多10点才到。一见面，他有点气急败坏，黑着脸对艾雅康说："艾总，你的支票有问题。"

"怎么可能？我账上有钱啊。"艾雅康故意答非所问。

"你账上有钱，但这张票有问题。"

"啥问题？"

"2的大写错了，贰字中间是两横，支票上写了三横。"

"不会吧，让我看看。"艾雅康一脸不信的样子。他拿过支票，表面上装作在仔细查看，实际上在强逼着自己不笑出声来。原来这多余的一横是艾雅康昨天在旅店房间里加上的，他就是要让这张支票成为废票。

见"戏"演得差不多了，艾雅康忙假装赔不是，力邀施老板第二天就跟自己回雅安，他要为施老板重新开票。见施老板想让手下人代其前往，艾雅康便以皮革厂工作需要为由，坚持让施老板和自己一起回雅安。

第二天，在施老板"陪伴"下，艾雅康顺利走出了温州，上演了一出金蝉脱壳的好戏。事后，施老板还一直问艾雅康是怎么发现他有问题，他的破绽到底在哪儿？他还不无感佩地喟叹，像艾雅康这样不留下钱就能从水头镇脱身的人，全国没有几个。

不管出于什么动机，施老板还是退回了部分设备预付款，但大部分已经无法追回。虽然已在厂房等建设上投入不

快26周岁时，艾雅康喜得爱女，当了父亲。图为与幼时的女儿艾如合影。艾如，中国内地影视演员，代表作有《裸婚时代》《长安十二时辰》等

菲，加上设备预付款的损失，皮革厂项目艾雅康实际投入已不少，但艾雅康还是决定终止此项目。一方面是因为合作方施老板存在的欺诈使项目无法正常开展，但更主要的是温州之行让艾雅康看到沿海与内地的差异，尤其是观念和管理方面的差异。他敏锐地察觉到市场经济日趋成熟、竞争日益激烈的20世纪90年代，雅安的皮革业必然会走下坡路。而后来事实的发展也证明了艾雅康这一判断的正确。

15　引进台资

皮革厂事情处理完以后，艾雅康想给自己放几天假，不承想接到阿发电话，说他已到成都。

海南一别，两人虽没有再见过面，但却一直保持联系。艾雅康让阿发来雅安玩几天，阿发一口答应。

几天后，阿发出现在艾雅康面前，同行的还有另外两人。其中一人，阿发特别予以介绍，是来自中国台湾的蔡先生。

自从台湾开放对大陆探亲，来大陆寻找投资商机的台湾商人日趋见多，蔡先生便是他们当中的一员，并且是最早的那批人。

1993年早春的海南，发展势头正劲，房地产火爆，房价蹿到史上最高位，两年间价格翻了3.5倍。"要挣钱，到海南；要发财，炒楼花"成了许多一心发大财人的心中的执念，而身为土生土长海南人的阿发自然不会错失这个机会。他和蔡先生成了合作伙伴，联手炒楼炒地皮赚了不少钱。这次来四川，也是因为赚了钱出来游山玩水。

阿发还是那副暴发户德行，一见面，就问艾雅康生意如何，赚大钱没有。得知艾雅康皮革厂没办成，橡塑厂利润不高，他摆出一副大哥派头对艾雅康说："跟哥回海南，哥保你发大财！"

那几天，艾雅康一尽地主之谊，带着阿发和蔡先生先进碧峰峡寻踪觅迹大熊猫，后上蒙顶山品茗观景，再入彝族人家体味风俗民情，乐得阿发直呼还要再来。蔡先生也乐不思归，尤其对蒙顶茶和"雅安三绝"（雅雨、雅鱼、雅女）之喜爱溢于言表。

一次晚宴后，蔡先生提出请大家去唱卡拉OK，得到席上众人一阵欢呼。

自1988年广州引进开设国内第一家卡拉OK后，卡拉OK迅即风靡全国，成了大众时尚娱乐首选。1993年的雅安虽也有卡拉OK，但不论音响设备还是场所服务，与沿海城市相比存在着很大的差距。

一行人高高兴兴地来到雅安当时最好的一家卡拉OK。没待大家坐定，阿发就嚷开了："这是这里最好的卡拉OK？"他的叫嚣惹得周边许多人侧目，艾雅康赶紧过来打圆场。

这是90年代初内地城市标准歌舞厅。歌舞厅里有个小舞台，舞台上摆放着一块12英寸显示屏，那是用来给唱歌的人看播放画面和歌词的。歌厅内散放着大大小小的桌子，每张桌子上都有一个点歌本，客人根据自己喜好可以点歌，也可以点小食或酒水饮品。歌厅中央留有一处空地，那是给客人跳舞或蹦迪使用的。歌舞厅内，光线昏暗，灯球旋转，夹杂着失真的音调，平添了不少暧昧。穿着奇装异服的年轻人，随着音律，尽情挥舞着，彰显着青春的躁动和狂热。

"有包厢吗？"蔡先生问道。

在得到否定回答后，蔡先生做了个怪异表情，点了点头。

这一晚上，阿发玩得最开心，又唱又跳。因为点歌的人太多，而且只有一个麦克风，得一个个顺位下来，阿发一晚上只唱了三首歌，以至于回到酒店他都一直在抱怨。

次日，阿发、蔡先生要回海南了。上车前，蔡先生将艾雅康拉到一旁，提出合开一家娱乐公司的建议。他表示了对雅安娱乐市场前景看好，希望艾雅康认真考虑他的建议，大家一起赚钱。

联想到昨晚的种种不尽兴，艾雅康即刻领会蔡先生建议的由来，同时对他的商业敏锐心生敬佩。不过，对蔡先生建议，他并没有即刻答应。一是因为不久前的皮革厂投资失败阴影还在，二是他自认为对娱乐行业不熟悉，更有着对这个行业固有的偏见——黑白难辨、人际复杂、潜规则多，他担心自己做不来。而后来发生的事也证明了艾雅康这种担心不是多余的。

艾雅康并没有急着推进此事，倒是阿发三天两头打来电话询问，弄得艾雅康大伤脑筋、左右为难。直到那天他参加雅安市招商引资大会，在向市领导汇报有关情况后，他才下定决心与蔡先生合作。

1993年，在雅安，艾雅康已是知名民营企业家，是雅安市工商联合会领导班子成员。当市领导交代他要发动关系为雅安招商引资做贡献时，他想到了蔡先生。情势之下，他拨通了蔡先生电话，当着领导面请蔡先生这个台湾人帮忙引进外资，蔡先生半玩笑半认真地说："连个娱乐场所都没有，哪个台湾老板去投资？要不先引资我，我们先将娱乐城办起来，我保证投资老板会纷至沓来。"

不久，艾雅康与蔡先生共同出资的爱台中娱乐有限公司成立。这是雅安市第一家中外合资企业，也是第一家台资企业。经过四个月的奋战，1993年底，集餐饮、住宿与卡拉OK于一体，拥有当时最先进设施的爱台中娱乐城开业。这是雅安市规模最大、装修最为豪华的消费场所，一开业就火爆周边地区，成了许多商业人士和年轻人追捧打卡之地。瞧着每天顾客盈门的热闹场景，看到蔡先生时不时流露出的得意神色，艾雅康开始怀疑起自己，怀疑自己对商业的理解是否全面，怀疑自己一贯坚持的唯有办实业才是正道这观念是否已经落伍。不

"爱台中"签约仪式，左一为艾雅康

爱烈公司开业仪式，时任雅安市的有关领导也出席。左二坐者艾雅康

久，他注册成立了爱烈股份有限公司，这是他从商10多年来第一家以商贸为主营业务的公司。在邓小平南方谈话后促发的中国改革经济发展大潮中，艾雅康不断调整着自己，努力跟上时代的步伐。而这"调整"所引发的后果，却又一次让艾雅康身陷困境，使他的人生再一次面临重击。

16 娱乐城之殇

娱乐城开业后，生意一直很好，现金流尤其充裕，这是艾雅康过去不曾想到的。不过，蔡先生和阿发却出了问题，他们在海南房地产的投资出了状况。随着国家进一步收紧对海南房地产的投资和信贷，海南房地产泡沫最终破裂，蔡先生和阿发因此亏空破产。看到蔡先生急需现金补漏，艾雅康同意了蔡先生的请求，将其股份溢价收购。不过，他还是给蔡先生和阿发保留了少量干股。

作为第一家中外合资企业，"爱台中"成了雅安市对外开放的标志，但也成了许多人眼中的"唐僧肉"。面对这新的形势，年轻气盛的艾雅康并没有做好应对的准备。

时间来到1994年7月。不似往年，这年雅安夏季特别炎热，有雨城之称的雅安不仅许久不见下雨，而且多了几分往年不常见的湿闷，不少人心浮气躁，街面上争拗斗嘴的明显增多。

娱乐城一如既往火爆。炙热的天气并没有消磨人们的生活热情，年轻人更是发现了新的纳凉消暑好去处，进"爱台中"享受空调，喝冰啤，唱卡拉OK。

"爱台中"开业

　　艾雅康更忙了。原来蔡先生还能帮忙管理娱乐城，可自从他退股后，他就很少在娱乐城露面，更别说还去管事。艾雅康也有几个月未见他身影。同时橡塑厂这边也出了些问题，由于通工厂生产的汽车在市场上出现滞销，连带密封圈订单也相应减少，橡塑厂面临开工不足的状况。艾雅康两边都得兼顾，很多事集中在一起需要及时处理，那段时期，他难免有时心烦意乱、手忙脚乱。

　　事件的发生纯属偶然。最初是两方为了争抢

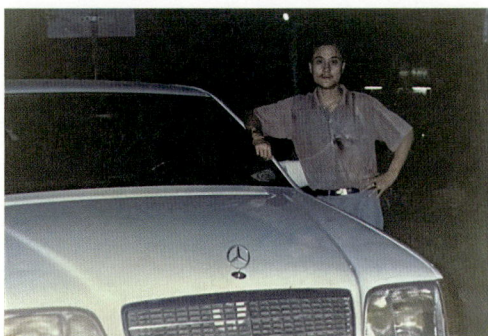

人生第一辆奔驰

199

一间卡拉OK包厢，是娱乐城最大最好的那间，后经调解，双方也就相安无事。孰知在大厅蹦迪时，双方再次相遇。其中一方有人在酒精刺激下肆意挑逗另一方的女孩，双方由此开始叱骂争吵，拉扯中有人动了手。娱乐城保安和管理人员及时现身制止，将双方分开，好言相劝让双方冷静了下来。原本事情到此就该结束，可不知为何一个小伙子突然发起难来，他抢起一把椅子就朝酒吧台砸去。随着酒瓶酒杯、玻璃装饰物碎裂声，女孩子们的尖叫声、桌椅倒地声此起彼伏，其中还夹杂有人在叫嚣："砸！早就要干他啦！"

接到电话后，艾雅康当即让娱乐城经理报警，随后第一时间赶回了娱乐城。

一进歌舞厅，艾雅康怒火一下就蹿了上来，大厅里一片狼藉。墙角处，保安围住了几个人，他们坐在地上，低着头一动不动。艾雅康径直走了过去，保安队长指着其中一个说："老板，就是他带头砸东西的。"随即踢了那人一脚。

艾雅康火冒三丈，正想挥拳给他一下，却见那人抬起头叫了一声："六哥。"

艾雅康在家排行老六，坊间好友爱称他为六哥。见那人叫自己六哥，艾雅康将挥着的拳头放了下来。

"你认识我？"

"我爸认识你，是公安局……"见艾雅康怒气冲冲，那人吓得直哆嗦，酒也醒了大半。

艾雅康头脑一下冷静下来。没等那人自报家门，他就转身问手下人："报警了吗？"

"早报了。"保安队长忙抢着回答。

艾雅康看了一眼手表，心想怎么出警这么慢，西城派出所离娱乐城不远啊。

让艾雅康没有想到的是，这一等就等了三个小时。从事发晚上10点多报警，到民警出现在娱乐城，时间已经来到次日凌晨1点多。更让艾雅康不可思议的，是民警到场后只是简单问了些情况，便推说时间太晚明天处理，前后10分钟不到便扬长而去，全然不理那带头闹事的小伙子不停地叫他。见此状况，艾雅康气不打一处来，发了一通无名火后也回家休息去了，丢下娱乐城经理等人自行处理后续事宜。

第二天一早，睡梦中的艾雅康被手机铃声吵醒。他摸索到电话，睡眼蒙眬地接通电话，没等他开口，听筒里传来一阵焦急地呼喊："老板，公安要封娱乐城。"

艾雅康被惊得一个激灵，跳了起来。"什么？要封娱乐城？"他以为自己听错了。

"公安来了很多人，要查封娱乐城。老板，你快来吧。"电话里的人带着哭腔催促道。

艾雅康跳下床，脸都没洗就直奔娱乐城而去。

到了娱乐城，艾雅康看到大门已被贴上封条，娱乐城经理和保安队长也被公安带走。艾雅康问明情况，得知昨夜他离开后，娱乐城经理和保安队长一商量，就将带头闹事的人及他的同伴留在了娱乐城，等待第二天公安派人来处理。谁知第二天一早公安就出动10多个警察，不由分说就给娱乐城上封条，并将娱乐城里所有人员包括昨晚闹事的那帮人都带去了派出所。一名员工趁乱给艾雅康偷偷地拨去电话，这才有艾雅康飞奔而来——不过还是迟了一步。

此时艾雅康已不是1983年那时的毛头小伙，10年的社会闯荡和人生阅历告诉他事越大自己就越不能乱。他努力让自己情绪平复下来，脑中复盘着整个事件的来龙去脉，思索着其中有没有更深的缘由。他正要拨通分管招商引资的市领导电话，想向他做个汇报，这时，一个电话打了进来，让他即刻来派出所。

艾雅康想既然派出所让自己去处理，还是将事情先处理好。他掐断了正要拨打给市领导的电话，火急火燎地跳上车飞快地向公安局开去。

一到派出所，艾雅康身上所有物件包括手机全被要求上交，他被告知要配合做相关调查。

1994年，中国司法体制改革还在进行中，律师法尚未颁布，刑事诉讼法也未明确规定在公安侦查阶段就可以聘请律师为当事人提供法律援助。自从进了派出所，艾雅康失去了与外界的全部联系，再一次身陷囹圄。不过，不似10年前，艾雅康这次异常冷静。除了年龄的增长和心智的成熟，之所以如此冷静，是因为艾雅康的心是坦荡的，他确信自己并没有做违法之事，这个底线他是能守住的，而这正是他冷静和有信心的来源。

巧合的是，娱乐城出事那几天，雅安电视台连续多日都在播放艾雅康捐款修建乡村公路的善举，赞扬他作为企业家所表现的社会责任感。

最后，那晚因警察未及时出警处理打砸事件而引发的闹事人员被滞留，警方对娱乐城经理和保安队长以"非法拘禁罪"论处，艾雅康则被定性负有领导责任，糊里糊涂地被拘禁了一年。当他重获自由时，他发现娱乐城仍未解封，而娱乐城至此已停业近一年。昔日繁华如过眼云烟，一闪而过，留给雅安人许多遐想和茶余谈资。

艾雅康再一次跌入人生谷底，他几乎又是一无所有，再次回到人生奋斗原点。

17 出走邛崃

1996年农历新年钟声敲响的那一刻，屋外的鞭炮礼花照亮了整个城市的夜空，人们在欢庆着新的一年到来，也对未来充满了憧憬。艾雅康蜗居在他的小屋里，身心俱疲地半躺在床上发呆。他想趁着这几日假期，为未来做些打算，可脑子里总是一片空白，也很难让自己集中起精神来。他任由思绪纷飞，半梦半醒中耗费着这难得的清闲时光。

从拘留所出来，面对自己辛苦打拼出来的娱乐城，艾雅康看到的就是一副烂摊子。从开业到被查封，娱乐城正常经营也就大半年，如今快一年没开张，要想重新营业，必要的整修就是一笔不小的投入。艾雅康算了一下，前期的投资加上对蔡老板股份的收购，自己不仅掏空了多年的积累，而且还有外债。当他重新出现在娱乐城时，他发现自己已由"大款"变成了"负翁"。

先将首要问题解决，且绝不拖泥带水，这是艾雅康处理难题多年来的习惯。再有，宁可自己吃亏也不让合作者或朋友利益受损，这也是他一贯待人处事的原则。他将橡塑厂转让给了朋友，用变现的钱将娱乐城员工安置好，把娱乐城关闭。

如今，娱乐城已成了过去，橡塑厂也所属他人，艾雅康成了过去的艾雅康，身无长物，一贫如洗。他感到累，有些迷茫，已过而立之年的他再次面临人生的鞭打和考验。

10多年没这样清闲过，这些天的清闲让他突然觉得这样的日子也不错。小时候，吃饱饭是全家最大的问题，如今不仅吃饭不是问题而且餐餐有肉，这不正是当初自己弃学出来打工所追求的吗？"既然吃饱穿暖能保证，日常生活也是人生美事。"他想起了这话，这话是母亲常说的。

想到母亲，他不禁有些愧疚。母亲一直是他内心最柔软的部分。以前，他忙于工作，陪伴母亲的时间不多。虽然他早想找块地给母亲盖栋房养老，尤其看到母亲已近70岁高龄，但他却一直没有去做。因为在他的想法中，他给母亲盖的那栋房一定要是最好、最舒适的，他要赚足够多的钱去实现这个目标。如今，他生意失败，这个目标变得遥不可及。想到这儿，他心里隐隐作痛。

半梦半醒中，他隐约觉得有人进了他的房间。他半睁开眼，见是母亲。窗外，此时已是艳阳高照。

母亲走到他床边，坐了下来，端详着自己的幺儿。

"妈，我再躺会儿。"艾雅康转过身，不敢看母亲。

母亲早知道发生的一切，但一如往常平静坦然，好似没什么事发生。她不问艾雅康，也不向别人打听，反倒是显得很开心，对儿子在家表现出一副心满意足的样子。

"多躺会儿，外面冷。"母亲将被子向艾雅康身上拢了拢，并拍了拍被褥。

艾雅康眼眶不禁发热，突然有种回到儿时的感觉，下意识地，他回身抱住母亲，将脸紧贴在母亲怀里，一动不动。

母亲一愣，随即用手轻抚着儿子的后背，哼起了歌谣。

这一幕艾雅康太熟悉了，儿时的夜晚母亲也常常这样搂着他，伴他入眠。

过了一会儿，艾雅康心情平复了许多。怕母亲担心，他又调皮起来。

"妈，还没讲故事呢。"

"那我讲一个。"母亲开心说道。

艾雅康仍旧依偎着母亲，像儿时听母亲讲故事那样，侧脸望着母亲。

母亲想了想："那我讲个越西彝人都爱讲的故事，这还是我奶奶讲给我听的。"

母亲开始讲了起来。故事说的是有个老妇人，她有三个儿子，老大叫尔莫，老二叫拉则，老三叫水牛。老妇人有一手丝织手艺绝活儿，她织出来的丝绸远近闻名，很受人们喜爱。一天，老妇人做了个梦，梦里她和她三个儿子生活在一个美丽村庄，生活幸福富足。梦醒后，老妇人决定将梦境中的村庄编织出来，而这一做就是三年。当老妇人将编织好的丝织品展现在人们面前时，众人惊呆了，那是一幅多么令人向往的生活美景！层层梯田里结满了金黄色的谷粒，绿油油草地上散养着白云一样的羊群，宽敞明亮的瓦房炊烟正起，挂满果实的果林以及花花绿绿的花朵环绕着门前屋后，花丛中还可见一个池塘，鱼儿在水中欢快地游动。正当大家沉浸在这美景图画中

206

时，突然刮来一股旋风，将这织锦吹向高空并往东方飞去。老妇人眼见辛劳编织的心爱之物不翼而飞，急火攻心一下就病倒了。见母亲茶饭不思，老大尔莫便出门寻找那匹织锦，途中遇到一位白发老妈妈。白发老妈妈告诉尔莫，他妈妈的那匹织锦被仙女借去了，要到他们那里得跨过火焰山，横渡波涛汹涌的大海，随时都会毙命。尔莫吓坏了，没敢去，拿着老妈妈给的金银自行挥霍去了。大儿子久没消息，老妇人又让二儿子拉则出去寻找，途中又遇到白发老妈妈。白发老妈妈告诉拉则，他哥哥来过，且重复了一遍对老大讲的话。拉则听后也怕得发抖。忘了母亲的嘱托，他也拿着老妈妈给的金银去享受了。两个儿子久出未归，急坏了他们的老母亲，身体每况愈下。老三水牛见状，毅然辞别母亲，踏上探寻之路。同样，他遇见了白发老妈妈，白发老妈妈也把对他两个哥哥说过的话重复了一遍，还特意提到他两个哥哥现在正在城里快活潇洒，问水牛是否也愿意步他两个哥哥后尘去享受生活。水牛谢绝了老妈妈的"善意"，并按老妈妈的要求打下了自己的两颗牙齿，安在一匹石马口中。那石马安了水牛的牙齿后竟活了起来，任由水牛调遣。他们同心协力，飞过火焰山，破浪越海，终于到了仙女居住地——太阳山。仙女们被水牛的孝心和勇气感动，他们不仅将织锦还给了水牛，而且还将织锦上的生活美景变成了现实。从此，水牛和他的母亲幸福地生活在他们自己编织的美丽家园中。

"说完了。"母亲一拍大腿，想站起来。

"老大、老二后来怎么样？"还沉浸在故事里，艾雅康按住了母亲。

"老大、老二花光老妈妈给的钱财后，曾偷偷地回过家，但在得知事情原委后，自觉没脸再见母亲和弟弟，便自己离开了，最后沦为了乞丐。"

母亲走后，艾雅康呆坐在床上，他还在想母亲刚才讲的那个故事。他努力回想着自己是否听过这个故事？小时候，他缠着母亲讲过许多故事，很多故事母亲在反复地讲，他也反复地听，可这个故事怎么好像没听过。

他好像悟到点什么。

一过完年，艾雅康就动身离开了雅安。之所以离开雅安，一是因为艾雅康认为当时雅安的"做事"环境对自己不太友好，但更主要的还是艾雅康的好胜心在起作用。娱乐城事件让艾雅康很受伤，尤其是声誉上的伤害，让他不得不暂时离开。

经商10多年，艾雅康的朋友缘远近闻名。自带彝族人的血性，他的豪气、热诚、坦荡是认识他的人对他的普遍评价。但有一个特质却让他充满了个人魅力，那就是他的大气，尤其表现在钱财方面。与他人合作，他看重的是共赢。与别人合伙，获利分配他应得1万元时他只拿8000元，那2000元他让别人多拿点。照他自己的话说，那2000元的让利是来做"口德"的。正因为这个特质，他在朋友当中颇受拥戴，有较大的感召力和号召力。

他向朋友借了一台车，而他自己的几台车早已卖了还债。朋友二话不说就将自己的车给了艾雅康。"用多久都行。"他一再叮嘱艾雅康。

过年期间，对接下来做什么，艾雅康已有了初步的打算。

出发邛崃前的艾雅康

进入20世纪90年代中叶，随着改革开放的深入，经济发展得以提速，老百姓的收入逐年提高，人们的生活一天天变好，其中，老百姓餐桌上的酒水消费量逐年上升。四川作为中国白酒主要产区之一，其出产的川酒在全国白酒消费市场占据了半壁江山。

抵达邛崃

209

20世纪90年代，茅台并没有现在风光。那个年代，多年雄踞全国白酒销量第一的则是四川五粮液。不仅五粮液，四川的泸州老窖、剑南春、全兴大曲和沱牌曲酒都是全国知名品牌，销量也稳居市场前十位。川酒在全国被追捧，呈现出供不应求之势。

艾雅康看到了这个势头，他要去闯荡的就是这个市场——白酒市场。

在脑海中快速搜索了一下，他发现认识的人当中仅有一位在从事白酒产业，这人叫孙策军。孙策军是他一年多前认识的朋友，现在在邛崃做酒类生意。

他试着给孙策军打了个电话，孙策军欢迎他尽快来邛崃看看。

第四章

18 借船出海

艾雅康"出走"邛崃时，带了三个人：罗珩岭，时任雅安农信社信贷科副科长；朴霖，任职雅安法院经济庭；还有一个就是小宋。从温州回来后，艾雅康提拔小宋做了"爱台中"的副总。经过橡塑厂和"爱台中"的创建，艾雅康知道了团队的作用和人才的重要。如今的他更需要团队作战，单打独斗的个人英雄主义已不适应时代发展要求，为此他"组建"了这个团队。

经过多年打磨和锤炼，艾雅康自小就显现的领袖特质如今越发鲜明。90年代中期，体制内下海经商不是新鲜事，可是已位居中层领导若要下海，这个决心并不好下。当罗、朴二人真的出现在艾雅康面前，并钻进开往邛崃的汽车，艾雅康虽不意外，但还是有点小感动。他只说了一句话：相信我，我们一定会干出点名堂的。

梦想和现实是生活的两端，之间的距离需要人自己丈量。车刚开出雅安，现实的骨感迅即显现。艾雅康突然意识到他身上只有600元，而这是他当时能拿出的全部家当。问过车上其他人，他发现所有人凑在一起的现金只有800元。

艾雅康脑子飞速地转着。原先他只想去孙策军那儿看看，如今他认为得搞点"事情"，至少得弄点酒出来卖，赚些钱，他得提振一下团队的士气。

"先去成都。"他向正在开车的小宋说道。小宋愣了一下，随即就将车转向去往成都的路上。

艾雅康去成都是要筹措资金。他知道凭他和孙策军当时的关系，他没资本，他是拿不到酒品销售的。到成都后，他在脑中将能借钱的人做了排序，最后他敲定了张哥。

张哥跟艾雅康认识有好些年，以前常游走于成都到雅安之间，倒腾些大山里的土特产，做点小买卖。他和艾雅康虽相识很早，但谈不上深交，不过他来雅安只要让艾雅康碰到，艾雅康基本上都请他喝酒吃饭。有几次，张哥还带着妻子来，艾雅康更是热情款待。为此，张哥夫妻对艾雅康印象特别好。虽交浅言不深，艾雅康反倒觉得张哥能帮他。

当艾雅康提出需借钱用来生意周转时，张哥二话没说就答应了。次日一早，张哥夫妇就带着家里所有积蓄4.5万元赶到艾雅康所住的饭店，将钱交给了艾雅康。艾雅康只要了4万元，说就要个整数，实际上他是有意为之。这笔钱对张哥夫妇意味着什么，艾雅康心里明镜似的明白。一年后，艾雅康自己的酒厂开始有利润了，他第一时间给张哥送去了4万元本金。此外，他还附上了一个红包，内有人民币2万元，说是给张嫂补身子用的。

一行人开车到了邛崃，很容易便问到了孙策军的酒厂所在。

到了酒厂，艾雅康心凉了半截。厂内见不着多少人，车间里的机器也基本没有开。办过工厂的艾雅康知道，这企业日子过得不怎么样。

孙策军倒是热情，也很直率，坦言自己的工厂处于半死不活状态。原因就是缺资金，无法保证生产正常开展。不过，他笑言如果艾雅康要酒，只要库存有货，他一定会首先保证艾雅康需要的。

饭桌上，艾雅康给孙策军敬了一个满杯酒。这时，他发觉同来的罗科和朴霖今天出奇地安静。平时这两人可不这样，因好酒他们常在酒桌上甚是活跃。今天他们不仅没了劲头，还看上去有点蔫。"想必受打击了。"艾雅康心里想。

果然，回到旅店，那两人便发起牢骚来。说酒厂没开工，肯定指望不上，又说本金没多少，眼下这事感觉没太大搞头，总之是泄气、想打退堂鼓了。艾雅康等他们说完，没多说什么，只说了一句："既然你们是跟我出来的，相信我，我一定不会让你们空手而归的。"

随后他问罗科："你以前管过银行信贷，你看那酒厂能贷款吗？"

"能啊，没贷过的话。"

"好嘞，大家好好睡觉，明天会有好消息。"艾雅康笑着回了自己房间。

第二天一早，孙策军就到了。刚见面，艾雅康便问："厂里贷过款吗？"

孙策军苦笑道："倒想贷，可没门路啊。"

改革开放的中国，经济高速发展，资金不足是那个年代企

215

业的常态。民营经济，尤其是中小民营企业，贷款难乃至根本贷不到款是大多数企业面临的普遍问题。

艾雅康有过类似经历，他昨天看到工厂的情况就估摸着孙策军可能没贷过款，如今他的猜想得到了验证。

"工厂如果正常生产还缺多少钱？"

孙策军想了想说："100万元应该差不多。"

"那你先回厂等我，我一会儿就过去。"孙策军知道艾雅康朋友多，路子广。尤其是在经营爱台中娱乐城期间，艾雅康结识了不少政商界朋友。他没问具体要做什么，只是简单地扒拉几口面条，便在艾雅康催促下先行回厂。

孙策军走后，艾雅康也回到房间，他打电话叫罗科尽快过来。

罗科刚进屋，艾雅康急不可待地问："拿酒厂贷款，能贷出100万元吗？"

"酒厂没贷过款吗？"罗科一副不信的样子。

"没有。"

一见有事可做，又是自己老本行，罗科有了精神。即刻，他便随艾雅康动身前去酒厂。

到了酒厂，看完酒厂固定资产投入和财务报表，他向艾雅康点了点头，艾雅康知道这事可以往前推进了。

孙策军一路全面配合，看到艾雅康笑了，不禁问："有戏？"

艾雅康没回答他的问题，而是反问道："如果贷款超过100万元，这事怎么算？"

孙策军愣了一下，即刻答道："超出100万元，你拿去用或当酒款。"

昨晚，艾雅康给孙策军简单地讲了一下自己的情况，孙策军也大致知道了艾雅康当下的处境。

"我不是这个意思。"见孙策军误解了自己，艾雅康忙解释，"不过，我倒有件事要请你帮忙。"

"说，能做到的我一定做。"见艾雅康有需求，生意人的本能让孙策军感到贷款更靠谱，便爽快地应承。

"我要'借'你酒厂厂长头衔用用。"

"什么借用？厂长就让你来做了。"

"别，借个厂长名头，就是方便开展业务。"

孙策军好像懂了似的，点了点头。

"另外，能否给我安排一间办公室？"

"厂里的办公室不适合你。"艾雅康以为被拒了，不承想孙策军接着给了他一个惊喜，"我有一栋三层办公楼，在西桥头上，你拿去用。搞销售，得先有'脸面'。"

艾雅康颇感意外，开玩笑地说道："我现在可没钱付你房租。"

"免费给你用。"孙策军也是爽快。

见孙策军如此，艾雅康也表态道："行，等我赚了钱，一并给你结算。"

像想起什么，艾雅康将孙策军拉到一旁，低声吩咐："银行人问到酒厂情况，你要说酒厂是你我一起弄的。"

孙策军很懂似的，应声说明白。他也乐意这样说。在他的意识里，银行关系是艾雅康的，酒厂艾雅康有份，贷款成功率必然更大，可艾雅康想的却是更远的事。

艾雅康之所以先和孙策军谈好"条件"，是因为他要借孙策军酒厂这条"船"去"出海"捕鱼，也可以说是"借鸡下蛋"。至于银行贷款，艾雅康是有把握的。一是有罗科专业评估的背书，二是前不久自己在银行的一好哥儿被提拔当了行长，这兄弟过去也帮"爱台中"贷过款。"爱台中"停办后，贷款还没还清，艾雅康变卖资产还清贷款，这兄弟从此和艾雅康成了铁杆。

艾雅康拨通了电话，这兄弟姓王，大家都叫他王行长。没有寒暄，艾雅康直奔贷款主题，王行长说明天就来邛崃。

王行长现场办公，随行人员也特事专办，贷款很快办了下来，金额还不止100万元。因为艾雅康在银行资信评分较高，王行长便批了最高额度，最后给贷了180万元。孙策军没想到资金问题真解决了，便问艾雅康需要他做什么。艾雅康只让他按先前说好的办即可，催促尽快安排生产，自己需要一批原浆酒。

邛崃，藏语意为"盛产美酒的地方"，自古就有"酒乡"之称，更有"千年美酒窝"之美誉，卓文君"当垆沽酒"发生地就在邛崃。改革开放后，邛崃的酒业迎来大发展，各类酒厂雨后春笋般兴起，这座"城以酒兴、酒以城名"的历史名城真正地实至名归。

艾雅康在自身缺乏资本的情况下，首先将目光锁定在原浆酒和基酒上，这为他在较短时间内重新崛起开辟了一条快速通道。他顶住了成品酒高额利益的诱惑，专注于原浆酒和基酒，主要原因还是他的工厂

老酒厂生产车间

情结。任何时候，干实业、拥有自己的工厂一直是他的初心和目标。

机会是留给有准备的人的，当机会放在艾雅康面前时，艾雅康果断出手了。

这天，他得到一个消息，说有家小酒厂要卖。

他条件反射般动心了，全然没理会自己并没有多少钱。

他找到那家小酒厂，见到了卖家。那人姓季，调酒师出身，是第一次创业。一见面，那人就一直不断在叹气，直言要不是被人逼债追得紧，他是不会出售酒厂的。

艾雅康进厂转了一圈，一看那是个新厂，占地面积约8000平方米，有两个车间和一座办公楼。一问厂是刚建好的，还没有开工生产。艾雅康看得心怦怦直跳，心想，这是不是老天爷太宠爱自己了？那一刻他决定无论如何都要拿下这个酒厂。

知道那人是调酒师，艾雅康就称他为季老师，有时又叫他老季。艾雅康直言说要买这厂，弄得老季一直不停问是不是真买。在得到反复确认后，老季如释重负，说："你这是救

了我。"

两人约定第二天再谈交易细节，主要是谈价钱和付款方式。当天晚上，艾雅康宴请季老师。席间，他打电话给孙策军，请他邀上几个商界朋友一起喝酒。自从艾雅康帮忙搞定贷款，孙策军对他几乎有求必应。不多时，孙策军就带着朋友杀到，那晚，季老师被灌得酩酊大醉。

次日一早，艾雅康带着罗科、朴霖和小宋来到酒厂。门卫见到艾雅康，认出是昨天和他们老板相谈甚欢的人，忙说老板还没到。艾雅康则称已和他们老板约好，趁门卫在迟疑，便自行进到厂里。

艾雅康估摸着昨晚喝高的老季可能不会那么早到，于是让团队人员先进厂做个评估，验证一下自己的判断。

"你看这个厂能买吗？"他问朴霖。

"这是个新厂，得弄清楚这个厂有没有做过抵押或担保。"毕竟在法院工作过，朴霖三句话不离本行。

艾雅康点了点头。不过他了解这些老板，在那个年代很多老板脑子里还没有这些东西。

"这个厂值得买吗？"他转向罗科问道。

"当然值得买，不过……"罗科没再往下说。

艾雅康知道罗科想说什么，不过没理会，而是追问道："这里资产有多少？"

罗科四周望了望，说："现在还没有投产，只能算固定资产投入，估算了一下大概有50万元。但要正常生产，可能还有些地方要投入，那得另算。"

艾雅康笑了一下，没再说什么。

过了中午，老季才匆匆赶到。一见面，他就忙着赔不是，弄得艾雅康也一再说不碍事。不识趣的保安还在一旁掺和，说艾总10点就到了，让他更觉得脸上发烫。

他赶忙提议大家去会议室，一行人应声都往会议室走。艾雅康示意小宋他们先走，自己则放慢脚步，边走边和老季聊了起来。

"昨天你说卖厂是因为有人逼债，欠别人多少钱？"

"急着要还的有30万元，其余的可以拖一拖。"

"这个厂卖给我的话要多少钱？"艾雅康特别在"卖给我"上加重了语气。

老季愣了一下，看了看艾雅康，说："兄弟，我感觉你'落教'（仗义）得很。这样，我原先要价80万元，你要的话，给50万元，一次性付款，我回本就行了。"

艾雅康没表态，两人又向前走了十来步。老季沉不住气了，连说几次好商量。突然，艾雅康停了下来，望着老季，一本正经地说："我有个建议。想听听吗？"

老季点着头，艾雅康继续说道："两个做法，一是答应你的一次性付款买断，但我只能出40万元；二是我替你先将那30万元债务还上。"他停了一下，问，"余下还有多少钱得还？"

"差不多10万。"

"一年内还清可以吗？"

"可以的。"

"那行，先还这30万，此后再给我半年时间，我将余下的10万元一次性给你结清。不过，我更希望你能留下来和我一起干，还是由你来管生产。如果你那10万元不急着用，我建议你还是放在厂里，我折算成股份给你。"

那老季本来就是搞技术出身，对经营企业是个外行，这次投资酒厂也是脑袋瓜一时发热的跟风冲动。他原本就想将酒厂处理完后还是搞他的技术，如今，艾雅康这提议不仅将他债务问题解决了，而且还能让他多少保留一些企业股份，他不禁一把握住艾雅康双手，激动地说："兄弟，你可是我贵人啊！都听你的，就按你的方案来。"

"好，就这样说定了。"两人相视一笑，勾肩搭背快步向会议室走去。

走进会议室，看到大家都坐好，两人也就坐下了。

愣了半晌，不见有人说话，艾雅康笑着问老季："咱们谈谈？"

老季会意一笑，"聊聊。聊啥了？这事不都谈妥了吗？"两人大笑起来，弄得在座其他人面面相觑。

艾雅康马不停蹄地做了两件事。第一件就是筹了30万元将老季的债给还了。这几个月他虽开始赚钱，但远不够30万元。孙策军帮他出了大部分，但前提是一个月得还。紧接着艾雅康做了第二件事，他将酒厂所有权做了变更，从而完成了对酒厂合法控股。同时，他向银行提出贷款申请。不到一个月，银行贷款批了下来，银行给贷了40万元。

这40万元贷款下来后，艾雅康第一时间将孙策军借款给还上了。老季一看，还有这玩法？看到艾雅康将孙策军借款先还上了，他心态开始有点不平衡。艾雅康见状，索性也将他另外的10万元外债帮他还上。

虽说现在艾雅康完全握有了酒厂的决策权，老季，现在应该是季副厂长，心情也舒畅了，但艾雅康却发现自己陷入了新的困境：账上没钱了。生产原料没资金采购，就是人也没几个，更别说工人招录到岗，可以说工厂离开工生产还有相当大的距离。

这时，艾雅康才明白，酒厂最值钱的不是厂房设备而是酒窖，尤其是酒窖中的基酒数量及基酒年份。如果现在开始准备原料生产，经过制曲、发酵、蒸馏等工艺酿造成原浆酒，这时间差不多得半年。还有原浆酒价格卖不高，酒厂何时能盈利？艾雅康心里一时没了底。

"如果按这样的时间表来运营，酒厂可能等不到投产那天就得完蛋。"艾雅康琢磨，"得想个办法。"

艾雅康心烦意乱好几天，也拿不定一个满意的办法来。最后，他也不去想了，决定先干了再说，摸着石头过河。

先干什么？当然先赚钱，先生存下来。

自从孙策军靠那笔贷款"活"了下来，他也遵守承诺，每月都会让艾雅康提一些原浆酒来卖。起初，艾雅康将原浆酒直接卖给大酒厂赚差价，但没多久他就发现一个能赚更多钱的方法：用原浆酒换大酒厂的成品酒，卖成品酒给酒商。这让艾雅康直接触摸到了成品酒市场，也让他初步建立了与终端市场销售商的联系。

多年的办厂经验让艾雅康第一时间想到有工厂就得有订单。如今既然有了酒厂，酒厂有订单才能生存，才能发展乃至做大做强。虽说酒厂因资金不足目前无法正常生产，但并不意味着酒厂不能接订单。"对啊，有订单，何愁没有钱？"

随即，艾雅康注册了"中华醇"酒品商标。紧接着，他便开始到处找订单，拜托那些结交不久的销售商多多帮衬。一通忙活过后，他发现还是没有订单。

有人直接就告诉他，他的酒厂是新厂，他的品牌没有市场知名度，他又没有大钱来砸广告，经销商就不可能向他订货。能让酒厂运转起来的可行方法就是给品牌酒做代工，帮别人做贴牌生产。

20世纪90年代中期，经济的高速发展造就了白酒消费节节攀高，国货白酒迎来了鼎盛时期。作为当今"中国最大白酒原酒基地"，邛崃发展最快的时期也在那个年代。那时，有不少名酒都在邛崃搞贴牌生产，甚至一些白酒出产大省也大量使用邛崃产原酒。邛崃出产的原酒，不论品质还是产量，开始在全国显山露水，其地位和作用越来越重要。

对代工或贴牌，艾雅康没太大兴趣。他有点偏执，一直认为企业仅仅帮别人做代工或贴牌，收取点加工费，小富即安，这个企业多半不会有前途。他力排众议，不做代工，不固守原浆酒领域，坚持推出自己的酒的品牌，坚决要将"中华醇"推出来。为此，季副厂长与他争执了好几回。

"帮人代工有什么不好？我以前工作的酒厂不也做代工

吗？再有，孙老板（孙策军）也在做代工啊，他不也赚得钵满盆满？"他一直想说服艾雅康。

艾雅康耐着性子解释："邛崃很多酒厂都能做代工，压价成了常态，利润也越来越薄，长此以往小酒厂将越来越难。""我可不想一辈子就守着这个小酒厂。"

现实的发展验证了艾雅康那时的判断。即使到今天，邛崃最出名的还是原酒，酒厂虽多但基本是小企业，并没有造就出全国知名的名酒品牌。如今，邛崃的酒厂要么还是在做代工或贴牌，要么还在卖原酒，中低档次酒品牌虽有几个，但在全国影响力有限，这样的格局不能不说是邛崃白酒业发展的遗憾。

听老季说他以前工作的酒厂曾做过剑南春（十大名酒之一）贴牌生产，艾雅康开玩笑说老季肯定没资格参与，惹得老季满脸愤懑。"我能不参与？不论酒色、香气还是口感、回甘，我保证你喝不出来哪个是原厂的、哪个是我调制的。"

艾雅康听后，心里萌发了一个想法。

1996年，全国糖酒商品交易会（秋季）在郑州举办。之前，艾雅康就听人说过这个交易会，知道了它是中国食品和酒类行业历史悠久、规模庞大、交易量最多的大型会展。当艾雅康向那些经销商要订单时，有经销商就告诉艾雅康，拿订单最好就去参加糖酒会。从那时起，艾雅康就在关注着糖酒会，并向参加过糖酒会的人打听如何参会及如何获得产品订单。

艾雅康决定参加当年的糖酒会。

参加糖酒会得有产品，可酒厂那时还没产酒，也就是说还没有自己的产品。当艾雅康告诉季副厂长等厂里骨干要参加糖酒会时，大家都以为艾雅康在开玩笑。

"酒厂还没生产一滴酒，拿什么参会？"老季问。

艾雅康反问老季："你不是给剑南春调制过酒吗？"

"是啊。"老季不明就里。

"好，只要你能兑制出和剑南春差不多品质的酒，我保证糖酒会后酒厂就能开工。"

老季满腹狐疑地望向艾雅康，看到艾雅康不似开玩笑的样子，他也认真起来。

"成本能控制到多少？"艾雅康问。

第一款酒瓶，以后在艾雅康坚持下一直沿用

"如果基酒也是用孙老板（孙策军）的话，成本应该能做到比我在国营厂时便宜一半。"

"但得保证品质。"艾雅康强调。

众人热情被激发，纷纷问能做什么。艾雅康卖了个关子，故意让大家现在什么都不用做，静候酒厂开工。

其实，艾雅康已在紧锣密鼓地准备着。他早让小宋谈好了一家广告公司，这几天就会将"中华醇"酒标设计出来。

他向孙策军也吹了个风，说自己糖酒会后要些基酒。孙策军问要多少，他说至少1000吨。这把孙策军吓了一跳，以为艾雅康在说笑。当艾雅康说自己真要这么多时，孙策军还是疑虑重重，一再问艾雅康真能"吃"那么多吗，艾雅康笑着让他保证供给就行。

小宋让艾雅康尽快去广告公司一趟，酒标设计好了，人家要艾雅康去拍板定下来。在广告公司，酒标的事很快谈妥。其间，艾雅康注意到会议桌上有个酒瓶，据广告公司的人介绍是为某家品牌酒新设计的酒瓶，又说因为和洋酒瓶相似，此款设计被否决了。他指了指墙角处一个大纸箱，说里面装的都是这种酒瓶样

中华醇包装

品。艾雅康正托朋友在弄100个参展酒瓶，心想这新款酒瓶不正好能为自己所用。他忙问能否将这酒瓶卖给自己，广告公司正愁如何处理这些酒瓶，见艾雅康喜欢，便做了个顺水人情将这批酒瓶送给了艾雅康。

艾雅康挺开心，这既解决了燃眉问题，又为自己省了一笔费用。广告公司很贴心，还派车将酒瓶送到厂里。一点数，数量不止100个。细看酒瓶，品质还挺高档，不过是像洋酒瓶。

"这酒瓶装上老白酒是啥感觉？"艾雅康想乐，忽然想起张明

敏唱的"我的中国心"里的一句歌词："洋装虽然穿在身，我心依然是中国心。"觉得两者很契合，有不一样的感觉。

"这也许能剑走偏锋。"他心想，不禁越看越喜欢。这酒瓶以后使用了多年，一直是"中华醇"主打酒款，不过那都是后来的事了。

动身前往糖酒会前的一星期，艾雅康让老季去原工作酒厂买些职工酒。职工酒，一般指酒厂为自己员工提供的一种福利酒，它可能是专门生产的，且多是现有产品不提供包装的，俗称"光瓶酒"。以前老季在原单位曾买过福利酒分享给艾雅康，这次也以为艾雅康要拿来送人，便问要什么品质的。

"'剑南春'品质那款。"

"要多少？"

"150斤。"

"啥？"老季从座位上跳了起来，尖声叫道，"你这是拿去卖啊！"

艾雅康笑着没说话。

"150斤有点多，不好弄啊。"老季开始挠头。

在向市场经济过渡的年代，企业管理不能说规范，老季原单位为剑南春做代工，酒厂的人弄点贴牌酒自己喝也属情理之中。但若一次性针对一种酒超量去弄，那也不符合常理，没有多少人愿意做。职工酒喝的是品质，而不是看贴什么牌子。看品牌买酒，那是普通消费者的事。

老季最终还是搞到了150斤，那要归功于他过去的工友们贡献出来的购酒指标。当老季将酒运回厂里，艾雅康拿出刚印制好的"中华醇"酒盒时，他才明白艾雅康在做什么。至于能不能凭此在糖酒会拿到订单，他还是半信半疑。

艾雅康带着封装好的"中华醇"直奔郑州，随行的还是小宋等人。一下车，一行人就直奔糖酒会。在展馆里，他们看到了各类自己熟悉的和不熟悉的酒品，琳琅满目。尤其那些大品牌展台，面积之大，品类之全，富丽堂皇之貌，让他们瞠目结舌，来时的豪横气势一下泄了许多。不过，艾雅康并没有表现出落寞，而是暗自思忖"得让大家对自己有信心"。同时，他这也是在给自己鼓劲。

"大有大的做法，小有小的办法，只要这次能拿到订单，让工厂开工，我们就算赢了。"大伙觉得是这个理，便去展位布展。

说是布展，实际上也没有什么好布置的。为了省钱，艾雅康连一个标准展位都没敢要，而是与人合租了一个展位。到了展位，小宋去组委会租借了一个桌子做了展台，便将手提箱里的中华醇拿出来，整齐地放好在台面上。大伙你看我我看你，没事可做了。艾雅康看着周边摊位又是彩旗、气球，又是易拉宝的，便对小宋说得搞点气氛。小宋直摇头，说不够时间搞了。艾雅康说那就写个广告词挂上，其他人一听这主意可行。但写什么词，没人吱声了。

艾雅康脑子快速地飞转，一句歌词跃进了脑海。"谁能与我同醉，相知年年岁岁。"那是前几年大火的一部电视剧主题歌，曾传唱于大街小巷。他不禁哼唱起来。"这歌大家知道不？"他问。

"《渴望》里的《好人一生平安》，中国人都知道。"小宋接话道。

"'谁能与我同醉，相知中华醇酒。'写这个怎么样？"

大家一听，觉得挺好。既耳熟能详、通俗易懂，又便于产品关联，加深品牌认知。小宋笑称这是"傍大款，蹭热度"，随即兴高采烈地去组委会借笔墨纸砚。

开幕当天，糖酒会人山人海。见到来了这么多宾客，艾雅康很是开心，觉得来参会绝对是英明决策。可一天下来，他有点蒙圈，不仅一张订单都没有，用无人问津来形容也不过分。

下午闭馆后，看到大家都很沮丧，艾雅康便请大家晚餐大撮一顿。席间，喝着参展带来的酒，朴霖不平地感叹道："这不就是剑南春口感吗？为啥这么好的酒没人识货呢？"

小宋等人也附和着，且骂骂咧咧。艾雅康听着听着，腾地一下从座位上站了起来，对小宋喊了一声"跟我走"，便火急火燎地离开。小宋不明就里跟着跑了出去，丢下其他人你望我，我望你，不知道发生了啥事。

第二天一早，大家聚集在艾雅康房间准备出发去会场，才知道艾雅康昨晚匆匆离开是去买酒杯。因为怕商店关门，他一句话都不愿多解释就离开了酒席。这时，艾雅康乐呵呵地告诉大家，今天大伙一定会看到订单。

没人呼应，只是嚷着快点动身去场馆。艾雅康见状，也没多说什么，领着大伙到了场馆。

进到场馆，艾雅康吩咐将酒杯摆上，20个酒杯布满了不大的桌台。艾雅康拿出一瓶中华醇，打开，逐一将酒杯斟满，一股酒香瞬间弥漫在空气中，引来不少人侧目。不多时，有人走了过来，问："这是啥酒？"

"中华醇。"

"没听说过。"

"可以尝尝。"艾雅康示意道。

其中有个人拿起一杯酒，一饮而尽。他咂了咂嘴，又拿起了一杯。这次，他开始小口啜饮，慢慢吞下后，闭上嘴吸了吸，随后拿起酒杯对光看了看酒的成色，闻了闻，慢慢地将还剩有半杯酒的酒杯放在桌台上。艾雅康看他一系列动作下来，知道遇到了行家。

"你这是剑南春？"那人颇为疑惑。

艾雅康心想这可不就是剑南春品质嘛，但嘴上却马上纠正道："这是中华醇。"

那人看了看艾雅康，"什么价位？"他问。

艾雅康端详起这人，一看就是黄河以北的人，身材高大，一米八五左右，国字脸，天庭饱满，着西装，白衬衣系条红领带，手腕上劳力士日志表尤其亮眼，标准成功企业家装扮。艾雅康灵机一动，装作为难状，磨磨蹭蹭地回答："价钱啊……这次我们主要是来找合作方，千把件产品订货量价钱可能高点。"他停顿了一下，瞄了一眼那人，"如果你喜欢，你留个地址，我先寄几件给你，你多提提意见。"

那人连说太客气了，气氛瞬间温暖了许多。"合作方需什么条件？"他将那还有一半酒的酒杯又端了起来，对着光又看了起来。

"每年至少1万件销量。"一出口，艾雅康就有点后悔，他怕吓退那人。

那人还是不动声色。小宋想插嘴说什么，被艾雅康用眼神制止。

"酒厂在哪里？"那人向桌台里望了望，像在找什么。

"邛崃。"艾雅康将酒瓶和包装盒递给了那人，那人接了过去，点了点头。"难怪。"他嘀咕了一声。

那人从口袋里拿出一张名片递给艾雅康，说："如果方便，下星期你来北京，我们好好谈谈细节。"

艾雅康强压住自己内心的喜悦，说了声好，两人都伸出了手，握手告别。

一个星期后，艾雅康依约到了北京。双方相谈甚欢，顺利将合同签了下来，订货量为15000件。加上在糖酒会一些小单，当艾雅康回到邛崃时，他手上已握有20000件酒量生产订单。

酒厂得以开工，征途路上总算迈出了第一步。开心庆贺之余，艾雅康深知远未到庆功之时，各种矛盾和问题会时刻涌现。果不其然，艾雅康再次面临着抉择，而这次抉择对艾雅康意味着什么，也许时间是最好的答案。

19　参与国企改革

　　从糖酒会回来，艾雅康一直忙着酒厂生产。从组织基酒到调兑灌装，总算将那20000件酒安排好，为此1997年春节他都是在酒厂度过。

　　虽然糖酒会订单履行得还算顺利，可艾雅康心里一直感觉不踏实。这次去糖酒会，从结果上看很漂亮，既让酒厂开了

仅用两年时间，打造了一家规上企业。左三为艾雅康

233

工，又赚到了钱，不仅让工厂还清了贷款，而且购买原料的钱也落实了。艾雅康在给员工发了大红包后，也将私人借款还清了。

也许在今天许多做企业的人看来，艾雅康这一做法是高明的，尤其还是在20世纪90年代。企业只做市场和品牌，产品外购或贴牌，工厂只被用来参观，顶多最后几道工序自己来完成，这可是一段时期MBA教材里经典范式。但在有着实业情结的艾雅康看来，这一做法无疑是孤悬浮寄，难以持久。他无数次问过自己，如果不是孙策军保证了他的基酒供应，糖酒会订单能否顺利执行完成？再有，纵然邛崃许多酒厂有基酒供货，但在需求大于供给、川酒风行全国的年代，掌握原酒基酒生产资源才是真正的王道。

1997年，中国经济体制改革进一步提速，党的十五大发出

1997年庆祝香港回归，艾雅康接受记者采访

234

了国有企业改革与脱困动员令，通过实施债转股、破产、技术改造等政策措施，解决国有大中型企业亏损困局。作为邛崃最大的国营酒企，文君酒厂当时亏损严重，处于破产边缘，正依据政策寻求解困之道。

一天闲聊，艾雅康从朋友处获取一个信息，说文君酒厂酿酒基地准备破产出售，这个消息当时就令艾雅康心动不已。

这几个月来，艾雅康一直在想这样的问题：如何打造自己的原酒基地？他清楚这需要时间，且时间不会太短，因为原酒达到一定规模需要时间的沉淀。他也尝试通过与老酒厂合作，可原酒对任何酒企来说都是优质资源，都不会轻易割让。如今，国家二级企业文君酒厂的酿酒基地要改制出售，艾雅康一下看到弯道超车的机会。

他请朋友帮忙，看看能否弄到相关政策文件。不久，朋友真的将一套完整的酿酒基地改制文件放在了艾雅康面前，并嘱咐他要保密。

资产超值！有优质矿泉水井两口，窖池2000多个，艾雅康一阵狂喜。可看到改制金额，他瞬间凉透，他看到金额是2000万元。

2000万对那时的艾雅康而言是个天文数字，不过能拿出2000万元的民营企业家在那时的确也没有几个，艾雅康将自己置身于一个进退失据之地。

经历多年风雨岁月，艾雅康养成了一个习性，那就是不轻言放弃。他认为任何机会都是命运的眷顾，机会的出现意味着有责任去担当，纵使失败，自己也曾努力过、奋斗过，不留遗憾。

艾雅康决定迈出第一步，他要干这件事。

他判断：定朋友既然能弄到政府改制文件，那就一定有相关的人脉。他再次找到朋友，提出想做这个项目，并邀请他和自己一起干。

朋友很吃惊，认为艾雅康不可能"吃"下这个项目，不过还是答应帮忙联系。

没几天，朋友从成都下来邛崃，带着艾雅康直接去见邛崃主要领导。这时，艾雅康才知道朋友家族与邛崃当时主要领导是世交。

那时国企改革在新时代发展面临的课题，还处在摸索阶段，还都在摸着石头过河。对艾雅康的参与，当时主要领导乐意支持。当艾雅康正高兴时，秘书提醒领导："听说已内定改制单位。"

"怎么我不知道？"领导眉头紧锁。

出了领导办公室，朋友就说这事可能成不了，因为敢内定并有相应权力的绝不是一般干部。艾雅康心有不甘，央求朋友帮忙多想想办法。

朋友不置可否。分手后，艾雅康也冷静下来，觉得这事对自己而言确实难度很大，便不再去想。

一个星期后的周末，中午时分，办公室里，艾雅康正想着安排一下工作就出发去成都。他有些时间没见女儿艾如，趁这两天事情不太要紧，他决定去看看女儿，他宝贝女儿是众所周知的。正想着，手机铃声响了，是朋友来电。"周末了，可能

与爱女艾如

想聚聚。"他接通电话，正说自己准备去成都，耳边却传来朋友急切的声音："哪里也别去，就在邛崃等我，有事。"

除了文君酒厂基地改制，艾雅康想自己和朋友在邛崃也没啥事合作。"莫非那事有转机？"他不由得心跳加快，开始浮想联翩。

没多久，朋友就到了，事情果然如艾雅康所想。

原来，自从那位主要领导在见艾雅康时得知已内定改制企业，便开始过问此事。得知内定企业既没有按要求缴纳改制款又没有按规定走程序，便责令相关部门严格按章办事，依据政策和规定重新走流程。为此，艾雅康等有意参与改制的多家单位被纳入考察行列，有了资格竞标此项目。朋友接到有关部门电话，让他按约定时间去政府接受考察。

两人会合后直奔市政府。路上，朋友告诉艾雅康，机会难得，要好好把握。

到了政府，他们被引入一间会议室，只见屋内坐了10多人。

中间位坐着分管领导，一见艾雅康他们进来，便热情地站起来，与他们握手并连道欢迎感谢。

待坐定，艾雅康发现自己所坐这排只有他和朋友两个人，而对面一排则坐满了人，并且还有第二排，也坐了人。艾雅康虽不乏与政府打交道经历，但这场面也不禁让他有点发虚。他斜眼看了一下朋友，朋友看上去倒是波澜不惊。"毕竟是干部子弟。"艾雅康心想，不由得放松下来。

分管领导在讲了一通形势政策后，话锋一转，拿起桌上一份文件宣读起来：凡欲参与文君酒厂酿酒基地改制工作的单位，3日内须提交申请并交齐相关材料。改制办审核通过后，10日内缴纳第一笔收购款，款项不得低于项目标的价三分之二，即人民币1340万元。逾期无法缴纳，视自动放弃竞标资格。

艾雅康已记不清是怎么走出市政府的，可他忘不了自己当时的兴奋劲。一路上，他反复拿出盖有政府印章的招标文件，前前后后反复来看，生怕这一切都在梦里。反倒是朋友显得沮丧，一路叨唠着条件太离谱，摆明着让人知难而退，还说整个邛崃找不出一家能在10天内拿出1340万元的企业。

处在兴奋头上的艾雅康让朋友不要担心，他负责解决钱的问题。朋友将信将疑，但还是答应艾雅康由他对接政府部门，搞定竞标资格审核。

第二天，天没亮，艾雅康就醒来，再无睡意。他索性到公司。因为太早，办公区空无一人。在办公室里，他将自己蜷缩在沙发里，灯也不开，就一支接一支抽着烟。此时，冷静下来的他不再去想这天价的竞标款于自己是如何遥不可及，他不断地告诉自己这1340万元不过就是个数字。他接下来要做的就是拼尽全力做好自己，全力以赴、不留遗憾。至于结果怎样，他觉得现在自己去想为时尚早。

怎么做？他下意识地想到借钱。但这样大的金额谁有，谁能借给自己，他在脑子里快速过了一遍。在自己朋友圈里，他真没有想出来谁有这个实力。好在自己朋友多，一个人拿不出，10个人加起来怎么样？大家凑凑，人多力量大，那肯定能凑出1340万元。不过，不能让人家凭义气帮你，这没道理，也不现实，应该去共享价值，共享利益。那酿酒基地有价值吗？肯定有。自己原先看中酿酒基地，是想要那有年头的酒窖和原酒，如今看来，自己的眼界浅薄了，他渐渐悟到了，那酿酒基地远不止酒窖和原酒这点实际价值，它的未来价值远不止这1340万元！

艾雅康越想越兴奋，越想头脑越清晰，思路也渐渐明朗起来。不知什么时候，办公区嘈杂声渐渐多了起来，艾雅康于是从沙发中站了起来，打电话让小宋来一下。

小宋推开艾雅康办公室门，看见满屋烟雾缭绕，吓了他一跳，并连咳了几声。

"昨晚没回去？"小宋疑惑地望了一眼艾雅康，走到窗边，将所有的窗户打开。

艾雅康这才注意到自己已经抽了两包烟。他没搭理小宋的问题，只是告诉小宋三天后要请客，让小宋去准备一些珍肴食材。来邛崃后，小宋仍然做他的助理。

小宋应声准备去了。艾雅康在脑中思索着邀约对象，并随手写下这些人的名字。

三日后，陆陆续续来了17个人，只比所列名单20人少来3人。来之前，他们都知道艾雅康买了个酒厂，带着贺喜的心态欣然前来赴约。

第一时间，艾雅康陪同这些人去参观酒厂，孙策军的酒厂。因为有那笔贷款，孙策军的酒厂不仅翻了身，而且还多加了一条生产线。所以不论是规模还是产能，在当时的邛崃，孙策军的酒厂完全可以拿得出手了。

一年多前孙策军给员工开的那次会，让老员工都以为艾雅康在这个厂也有份。当艾雅康领着这帮人参观时，一路的热烈氛围让艾雅康请来的这些人个个颔首称赞。

接着一夜狂欢，直至东方欲晓。

次日一早，艾雅康还是按时起床，即使头还是晕晕沉沉的。今天上午，他要等消息，等竞标审核通过的消息。

他相信是能通过政府审核的，不过在没有确认前，他总归还是心有牵念。时到中午，朋友电话来了，审核通过了，批文他10分钟后送到。

他长舒了一口气，开局不错。接下来，也是最关键的，就得看下午这场"座谈会"了。

下午3点半，陆续从酒梦中苏醒的17人才聚在一起，听艾雅康摆"龙门阵"，来讲他的"宏图大业"。

艾雅康"摆"了近六小时，归纳下来主要讲了三点：第一，项目介绍。着重强调这个项目因涉及国企改制，机会难得，又因为有门槛，所以不是有钱就能拿到该项目的。第二，项目的"钱"途。此项目不仅有钱赚，而且利润丰厚。第三，这个项目太大，所需资金也大。自己也是刚起步，单凭自身，这个项目肯定做不了。在座的都是兄弟，如果大家认可自己，邀请大家一起干，有财一起发。

不知什么时候，室内变得异常安静，没人说话了。艾雅康突然觉得有点尴尬，站也不是，坐也不是。

"是不是缺钱？"艾雅康一看，原来是自己相识多年的大哥老蒋。

艾雅康笑了，点了点头。

"项目这么大，资金需求也很大。我实力有限，能动用的资金也不多，我先拿200万元给你。"蒋大哥带了个头。

艾雅康见有人带头，来了精神，让小宋快拿可行性报告给蒋大哥，却被蒋大哥阻止。"那字面上的数字有意义吗？我信的是你艾雅康这个人。"蒋大哥不紧不慢地说道。

其实，艾雅康并没有准备什么可行性报告。那时，可行性报告刚流行，为了突显做事专业规范，他临场发挥想到了这个词。他也"算准"这些人不会看什么可信性报告，他是了解这些人的。在这些人观念中，朋友间的友情和信任是最重要的，能帮则帮，相互提携是相处之道，绝非仅止于利益关系。

有了蒋大哥带头，其他人也随即跟进。那个年代，中国遍地黄金，致富机会不缺。每个人都铆足干劲往前冲，尤其那些身处商海中的人。这次来赴会的大多是有这种干劲的人。他们都有各自的生意，事业有大有小，实力有强有弱，不过都有一个共性，那就是闲钱不多。能挪用自己做生意的钱，力所能及来出份力，看重的是与艾雅康的情谊。最终，17人中有13个人根据自身情况出了资，艾雅康用一天时间解决了650万元资金问题。

　　艾雅康挺高兴，但没多久他就发现自己高兴不起来了。

　　650万元，一天时间搞掂，这亮眼的"成绩单"并没有解决问题。他需要的是1340万元，如今离这个数目尚有近700万元差距。

　　若不能筹齐这差额，那650万元就毫无意义，艾雅康忽然觉得自己将问题想得简单了。

　　能动用的朋友已经动用了，现在怎么能补齐这近700万元差额？艾雅康一时茫然无措。送走最后一个朋友后，他把自己关在办公室里，不停地给人打电话，目的就是借钱，但几天下来效果并不好。距政府规定的交款时间越来越近，艾雅康心急如焚。

　　13人650万元资金已全部到账，这距交款最后期限仅剩三天时间。此时，艾雅康身心俱疲，真想听天由命算了。办公台上放满了大大小小各色名片，艾雅康躬着身，还在不停地翻弄着名片。这几天，这些名片不知被他拨弄了多少回，几乎每一个他认为有点机会的电话他都打过，有的还不止打一次。如今，几乎所有名片上的电话他都打过，可他还是担心有所遗漏，怕失去哪怕有一丝的希望。最终，在确认了所有电话他都打过后，他颓然地瘫坐在大班椅里，猛吸了一口烟。

他呆呆地坐着，脑子里一片空白，什么都不愿去想。这样过了许久，百无聊赖的他将目光锁定在桌面右上角一沓名片上。

这沓名片是艾雅康最早挑出来的，多是一些非商业的人士，也有少部分实力不济的小老板。艾雅康觉得这些人要么与这事无关，要么即使有心也无力。

艾雅康起身拿起这沓名片，漫不经心地翻看着，无意中他看到了陆忠的名片。

陆忠？艾雅康第一时间并没有想起是谁，但看到是望海楼名片，他想起来了，并勾起他对海南旧事的回忆。他拿着名片把玩了许久，百无聊赖中好奇心作祟，有股冲动想知道陆忠现状以及事业发展。他本能地想到那笔借款，也想知道陆忠拿这笔钱去干吗了，对他有没有帮助。他拿起电话，按名片上电话拨打过去，拨了一半，他停了下来，把电话挂上。"快10年了，他早就不在望海楼了吧。"随手，他将拿着的名片扔了出去。

名片在空中划出一条弧线，没落到桌上，却掉在了地上。艾雅康弯腰去捡名片，却看到翻转名片背面写有一串数字，那是陆忠手写的电话号码。

艾雅康心想，既然是陆忠手写的号码，打这号码应该能问到陆忠的情况。

他拨打起这个号码。嘟嘟嘟，电话能接通。不一会儿，有人接电话，是个老妇人。听说找陆忠，老人介绍自己是陆忠母亲，并给了一个手机号码。

艾雅康拨了过去，是北京的手机。过了许久，才有人接电话，说陆总在开会，让艾雅康留下姓名和电话。

艾雅康问开会什么时候能结束，对方说要半小时。艾雅康便说自己晚点再打。

过了差不多一个小时，艾雅康再次拨通陆忠的电话。一样地响了许久，有人接电话了，话筒里传来一个男人低沉的声音："找谁？"

艾雅康一听，这声音也不像印象中的小陆，印象中的小陆应该是热情、有礼，而且精明。这人是不是小陆？艾雅康不禁疑惑起来。他下意识用四川话应答道："听不出我声音了？我姓艾。"说完，便将电话挂了。

艾雅康觉得对方如果是陆忠，如果念及旧情他会给自己回电的。如果他不想旧事重提，自己就当这个电话找错人了。他正想着，电话铃声响起，他按下通话键，话筒里传来一阵尖叫："艾哥，是你吗？真是你吗？"艾雅康笑着说如假包换，陆忠即刻表示他当天就飞四川。

能与陆忠重新联络上，艾雅康虽然开心，但他主要心思还放在那700万元如何解决上。眼看还剩三天时间，如果到时候拿不出改制款，酿酒基地也许就与自己无缘了。

想到陆忠晚上能到，艾雅康聊以自慰，觉得陆忠来了也好，至少能让自己分散下注意力，不至于让自己在这未来的三天里过得郁闷。虽然他还在打电话、想办法，但他知道时间越来越少，机会也越来越少，除非有奇迹出现。

当陆忠出现在艾雅康面前，艾雅康发现时间真像魔法棒，让人惊诧于变幻后的形象。眼前的陆忠再也不是10年前的毛头小伙，现在的陆忠浑身上下透露出的气质，一看便知道他是有故事的人，俨然一派成功人士模样。果然，陆忠告诉艾雅康，他现居北京，拥有多家公司，业务涵盖房地产、金融等多个领域。

陆忠说自己曾找过艾雅康。最初打的是艾雅康留给他名片上的工厂电话，能通但无人接听，后来就无法接通了。艾雅康想想也是，橡塑厂垮了，电话自然也就接不通了。

他正纳闷陆忠为什么不打自己手机，突然，他反应过来，去海南时他还没有手机。

看到艾雅康有个小酒厂，陆忠说："白酒行业是朝阳产业，很有前途。上规模的就更好。"

艾雅康不禁苦笑。原本只想今晚与陆忠叙叙旧情，暂且将那酿酒基地放一边，谁知不经意间又被陆忠勾起，他下意识紧锁眉头来。

察觉艾雅康情绪上的变化，陆忠关切地问："哥，怎么啦？有什么事吗？"

艾雅康也想倒倒"苦水"，但想到自己和陆忠差不多有10年未见，担心说那烦心事影响彼此的情绪，于是忙说没事。

这细微之变没逃过陆忠的双眼。他抓住艾雅康双手，颇动感情地说："艾哥，还记得在海南？我那么难，我们没认识几天，你就那么信任我，出钱帮我。哥，我不是说我今天要报答你，但如果有什么困难不让我帮你，我是过不去的。你不能把我当外人啊！"

艾雅康彝族血统本来就重情重义，听陆忠这么一说，也很是感动，于是便原原本本将酿酒基地改制说给陆忠听，更直呼做不了真乃人生憾事。

陆忠听完，一脸惊喜，拍着手叫道："哥，你捡到'宝'了！"

艾雅康不禁苦笑。他摇了摇头，说："我知道是'宝'，可我拿不到。也许我跟它无缘吧。"

"不还有我嘛。"陆忠笑眯眯望着艾雅康。

"什么意思？"

"我的意思就是这700万元由我出。"

艾雅康以为自己听错了，可他看到陆忠一副认真样，全然不像在开玩笑，他相信了。他一把将陆忠抱住，什么话都说不出。

陆忠只逗留了一晚，第二天一早，就赶早班机飞回了北京。为了确保能在政府规定时间内交款，他特意让小宋与他一起回北京，去拿银行支票。

夜里快12点，小宋回来了，带回一张600万元的银行支票。临走前，艾雅康告诉陆忠有600万元就行了。这两天他借到的钱加上自有的资金差不多也有100万元，陆忠说若资金不够再跟他说。

看着手上这张600万元支票，想到明日改制款交后就能签合同，艾雅康一直忐忑的心得以舒缓，那晚他睡了一个好觉。

次日一大早，就是政府规定交改制款当日，艾雅康早早起床。因为睡了个好觉，艾雅康觉得神清气爽，活力十足。他穿上平时不常穿的那套名牌西服，并将皮鞋擦得锃亮。捯饬好自己后，他坐在沙发里抽着烟，静候朋友来会合。

昨夜，艾雅康打电话给朋友，让他明早过来和自己一起去市府办手续。听到款项已准备好，朋友将信将疑，待反复确认后，他也开心得嚷着要马上开车从成都过来。

嘭的一声，办公室门被重重推开，朋友火急火燎地冲了进来。艾雅康坐在沙发里没动，笑意盈盈地用手指着办公台面。

朋友走向办公台，拿起桌面上的支票。10分钟前，公司财务办好了支票，刚给艾雅康送过来。

朋友将支票反复看了几遍，突然大叫一声，吼道："艾哥，牛啊，小弟服了！"他大大地舒了一口气。

像想起什么，他躲到一边去打电话。打完电话，他对艾雅康说刚才的电话是打给领导的，领导听后也表示祝贺。

当艾雅康和朋友怀揣1340万元支票来到改制办，工作人员一脸蒙圈，好似日程上根本没有此项事务。没多久，改制办负责人赶了过来，在确认了支票有效后，指示相关人员收下了这笔款项，同时告知艾雅康等通知来办手续。

政府改制文件明明写着交款即办手续，现在却要等通知再办，艾雅康正想争辩，却被朋友一把拉住。

出了改制办，朋友告诉艾雅康这事急不得，并说他会负责处理。

事后，艾雅康才知道一些真真假假"实情"。首先酿酒基地有着极大商业利益，想吞并这"肥肉"的人不在少数，各方势力博弈激烈。其次酿酒基地已有先入为主者，虽未必合规，但能先上车后补票，其背后势力一定不可小觑，艾雅康的涉入恰恰是动了别人的奶酪。最后，为了避嫌和合法合规，某些人搞了个10天交千万改制款的政策文件，本意是为了难倒艾雅康等一众竞争对手，到规定时间谁都交不足改制款时又回到原点，从而维持现状或按原计划推进。不承想半路杀出个艾雅康，居然在政府文件规定时间内将改制款全额打进政府公账。如此一来，有些人真急红眼，想尽办法找补，但最终在主要领导拍板决策下，酿酒基地被艾雅康依法依规拍得。10日后，艾雅康接到通知，让他去签合同。

不久之后，艾雅康正式接手酿酒基地。这是一个占地约8.7万平方米，拥有上千窖池以及优质矿泉水井和专业酿酒生产设施的酒企。仅用两年时间，艾雅康就打造一家规上企业，又一次实现了商业人生的飞跃。

中国人讲福祸相依，中正平和。参与国企酿酒基地的改制给艾雅康带来了商业上的成功，但也因此为他日后的人生道路上埋下了一个隐患，这是后话。

1997年11月，艾雅康注册成立了四川省中恒华醇酒业集团有限公司，正式开始了在白酒行业拳脚施展。

20 飞机上的奇遇

　　国企改制后，艾雅康对酿酒基地进行了大刀阔斧的变革。他不满足酿酒基地原有的定位，力求打通白酒生产全产业链，为此他力排众议，投资兴建了当时最先进的全自动瓶装生产线，还新增了多辆铁路酒罐车。对原厂工人安置，他采取了"双优"原则：优先留用，优厚赔偿；对技术人员尤其是调酒师等专业人才，他奉为上宾，视作企业最大财富。他以超前的眼光整治工厂环境，打造园林式厂区，绿化面积达60%以上。他提出两年内曲酒年产达万吨的工作目标。为了打开市场，他连续参加了两届全国糖酒会。

　　在1998年春季成都糖酒会上，艾雅康将中华醇定价为每瓶35元，几乎接近当时生产成本价。当这款有着剑南春品质和口感的新酒一经推出，迅即搅动了当届糖酒会。高性价比加上价格优势，艾雅康因此获得了大量订单。而让中华醇订单飙升到上亿销售额，则源自艾雅康所推的当时少有人采用的经销策略。他一改经销商代理合同一年一签的惯例，鼓励中华醇经销商签订大合同，即签订三年期合同。只要三年内经销商能完成合同约定销售指标即被视为达标，就可享受最优出厂价。鼓励经销商着眼于长期经营，与供货酒厂共同成长。

艾雅康用此招实现了双赢。于经销商而言，即时利益是可拿到最优的销售折扣，增加销量同时又获高额利润回报。因为有三年时间，经销商可根据自身情况规划布局，避免只干一锤子买卖的事情发生。而于艾雅康及酒厂而言，一次性签订三年合同，销售额上了几个台阶，酒厂生产也因此有了保障。尤其对改制后的新酒厂而言，实现规模化量产，关系到企业的生存和未来的发展。所以，即使知道这样做企业净利润会低于同行业平均利润，但艾雅康还是决定先将企业产能总量提上来，先将产品在市场铺展开来，先将消费者喂养好、培育好。再者，他也看到了订单的资本价值。利用这些超亿元销售订单，艾雅康从银行和资本市场融资上千万元，一定程度上缓解了企业资金不足的问题。

经过一年的奋战，1998年11月，新酒厂投产试运营，开始量产。可让艾雅康没想到的是，刚生产出来的第一批酒就差点被人骗了。

这天，生产厂长对艾雅康说，刚生产出来的第一批酒已发往上海，还说这批酒调制得很好，品质极佳。

艾雅康奇怪自己怎么不知道这事。再一想，觉得蹊跷。上海还没有经销商，怎么就发货到上海？他忙问是谁让货发往上海，厂长说是季副总。

艾雅康又叫来财务，问是否有合同，有钱入账没有？财务表示不知道发货这事，也没有其他钱入账。

艾雅康冲进季副总办公室，问发往上海那批酒怎么回事。

季副总一见艾雅康问这事，兴奋地说自己将这批酒卖了个好价钱。

艾雅康问客户是谁，签合同了吗？钱款怎么收？看到季副总一问三不知，艾雅康有点冒火。进一步了解情况后，艾雅康隐隐约约觉得这可能是个骗局。

原来，季副总有个小舅子在暗中操控此事。季副总这个小舅子，艾雅康也认识，整天高谈阔论，幻想着一夜暴富。好几次，季副总提出让他进酒厂做销售，都被艾雅康婉拒。

得知季副总按他小舅子要求已将提货单寄出，艾雅康忍不住了，直接开骂季副总搞技术搞傻了。他马上吩咐先做两件事，一是让季副总打电话，让小舅子催促对方尽快付款；二是让小宋准备报案材料，通过公安阻止对方提货。

不一会儿，季副总小舅子回话，说提货单寄出后就没联系上对方，刚才通上电话提到货款电话就断了。

艾雅康果断选择报警，并让小宋去公安机关办理提货单报失等事宜。

同时，他通知召开中层以上干部会议。会上，他宣布完善管理机制，狠抓制度落实执行董事长（总经理）"一支笔"决策制度，并明确今后哪怕一滴酒出厂都须经审核批准。说完，他特意问在座的季副总有没有意见，季副总表态今后他只负责调酒技术的改进和提升。

毕竟是酒厂生产的第一批酒，价值近200万元，艾雅康决定亲自去上海处理此事。他还有个考虑，自己借此事虽整肃了管理，但也触碰了某些人的利益。为了让那些人心服口服，同时让大伙心往一处想，劲往一处使，处理好此事并尽量让公司不受损失或少受损失，这对酒厂尤其对艾雅康来说显得更为重要。

再有，货既然已运上海，再运回来已非最优选择。他决定在拿回这批酒后，就地在上海销售，借此看能否打开上海市场。为了提高决策效率，艾雅康觉得还是由自己亲自去上海。

第二天，艾雅康坐上了前往上海的飞机。进机舱后他发现座位靠窗，便急急地坐下，观赏起机窗外的物景。这时，有人坐到了他身边。

这是一架波音737-500型飞机，座舱位以3-3形式布局，即每排六个座位被中间过道分隔为两边各有三个座位。艾雅康看到来人牛高马大、魁梧健壮，不禁为他暗暗捏一把汗，心想他坐中间位，他那体形得够呛。

果然，那人一坐下，就牢牢把自己嵌在了座位中，不留一丝空隙。艾雅康发现他好像根本动不了，稍微动一动，一排的座椅也跟着在动，弄得靠过道坐的女乘客直皱眉。

那人颇为尴尬。这时，乘务长快步走了过来，一边说着抱歉一边解释，说今天全舱满员无法给韩先生调座云云。那人也没言语，只是点了点头。

艾雅康知道了那人姓韩，不禁好奇地打量起他来。只见他看上去人到中年、国字脸、浓眉、鼻梁高挺，有种不怒自威之状。不过，此时的他状态看上去颇为不佳，显得疲惫而憔悴，黑眼圈映衬着他那有神的眼睛里，艾雅康看到了淡淡血丝。

艾雅康心里一动，他下意识地，站立起来。"坐我这儿吧，我们调个位。"他说。

艾雅康开始起身。

那人一愣，明白后朝艾雅康点了点头。他费力站起身，走到过道上，让艾雅康先出来。两人换位落座后，没几分钟，他已靠着机窗睡着了，脚斜插着又占了艾雅康座位空间三分之一。

同排坐过道女士轻松了许多，不止一次，她向艾雅康报以谢意的微笑。

这段飞行真让艾雅康吃了苦头。这一路上他几乎无法动弹，连飞机餐都因为无法放下小桌板没能进食。飞机将要降落了，机舱里传来要旅客调整座椅的广播，艾雅康用手肘碰了碰身边还在熟睡中的男子。他好似被惊醒，一下坐直了身体，却见艾雅康手上拿着两份餐食，半举着。他不禁疑惑地望着艾雅康。

这时，过道的女乘客颇有点抱不平的情绪，她喃喃细语道："一个人占了一半，人家小伙子可遭老罪了。"

中年男人好像明白了什么，正视起艾雅康来。"辛苦你了！"他说。

艾雅康突然感到有点不好意思，他觉得自己也并没有多做什么。

飞机仍在降落中，那人问艾雅康："你是做什么工作的？"

"做酒的。"艾雅康递上了自己的名片。

那人看了一眼名片正面，点了点头，接着又翻到反面。

"中华醇？"像是自言自语，又像在发问。

为了卖酒，艾雅康在自己的名片上也做起了广告。

"新品牌。不过，酒厂是老厂，酒是老窖酒。"艾雅康论酒，如今有了底气。

飞机平稳地降落在上海虹桥机场。出了机舱，艾雅康看到那人拉着个行李箱，手里还提着一个大包，那大包看上去还挺沉。艾雅康自己没带什么行李，就一个装了几件换洗衣服的小包，见中年男子有些费力，便递过自己的小包："咱们换换。"

"又换？"那人笑了，没再客气，便将手提包和行李箱给了艾雅康，自己接过了艾雅康的小包。

走了两步，中年男子回头问艾雅康："有人接你吗？"

艾雅康心想自己在上海人生地不熟，哪有人接？便答非所问地回答："我自己去酒店。"

"那我们去吃个饭？"

"我请你！"艾雅康一贯好客，平时宴请都抢着买单。再有，他看那人不像是生意人，觉得自己大小是个老板，宴请买单理应是分内事。

那人又看了看艾雅康，"我姓韩，你就叫我老韩吧。"他说。

"好的。"艾雅康回答。

那人点了点头，两人径直朝出站口走去。

刚出站，四五个人轰地一下围了上来，争抢去拿老韩手上的包。艾雅康吓了一跳，以为遇到了"飞车党"打劫。他正欲冲上前去，只见老韩一边与来人握手一边指了指艾雅康，随行中有人即刻来帮艾雅康拿行李，满脸笑容接连说欢迎。

一行人分乘几辆车直往酒楼而去。艾雅康后来才知道，他们去的是黄河路。那晚，在黄河路一家富丽堂皇的酒楼包间内，有人设宴宴请老韩。

落座前，主位就座的老韩让艾雅康坐在自己身边，一场饕餮盛宴就此开席。

席间，不断有头戴白色高帽的大厨拎着食材，有些还是活物，进进出出，据说是"活杀现烧""点菜入锅"。当菜品上桌，各式菜肴闪耀着诱人的光泽，艾雅康发现多样菜品自己都是第一次见。那晚，艾雅康印象深刻的菜肴有：清蒸大闸蟹（4~5两重阳澄湖母蟹）、椒盐大王蛇（"一蛇三吃"）、黄

20世纪90年代时的黄河路夜景

255

油焗龙虾（波士顿龙虾）、翅汤东星斑（来自东沙群岛）以及按位上的原汁双头鲍鱼。

自始至终，老韩都没有介绍艾雅康，只是不停地给艾雅康添酒夹菜。酒席间，艾雅康看着这帮人竭尽奉承和献媚，他对老韩的身份有了几分猜想。老韩是什么人呢？

因为跟谁都不熟悉，更主要的是老韩没发话，天生与酒无缘的艾雅康并没有喝多少酒。饭桌上，其他人在海阔天空、高谈阔论，他不熟悉也没兴趣，便在吃了差不多时偷偷地溜出包间，出去透透气。

包间在饭店顶层。进来时，艾雅康没有注意酒楼的装潢，这时再看，倒看出了它的典雅隽永。墙上挂有老上海物件，老照片是这里当然的主角，周边的一切都透露出浓浓的怀旧气息。走过廊道，来到楼梯间，黄河路上的灯红酒绿、流光溢彩跃入眼帘，现代感冲击着他，他不禁为之一怔。艾雅康想象过上海的繁华，但眼见为实的盛景还是超出了他的想象。"要是中华醇能打进上海市场……"他浮想联翩，好像看到繁花似锦的未来。

出来有一会儿了，正当他要回包间时，无意中瞥见了收银台。"今晚这餐要花多少钱？"好奇心被勾起，他走了过去。

"最里面的那间餐费多少？"他问。

收银员一看就是个上海人，她微微离座顺着艾雅康手指的方向看了一眼。"上海房啊！"她嗲声嗲气说，"稍微等一歇（稍等）。"

艾雅康看着她拿着计算器在那儿猛按，不一会儿，账单算

256

出来了，消费17938元。

艾雅康吓了一跳，一顿饭吃了17000多！

出来打拼10多年，见过、吃过大餐不少，但一顿晚宴花费这么多钱，艾雅康觉得还是太奢侈，不禁有点心痛。

"先生是用现金还是刷信用卡？"

艾雅康一愣，心想坏了，收银员把自己当买单的了。

他内心煎熬、纠结，一下子也不好意思跟收银员解释。情急之下，他掏出随身携带的装有2万元的信封，点了18000元，给了收银员。

他径直走向包间，身后收银员在叫他，他也没有听见。

进到包间，老韩问他去哪儿了，他没有应声，只是苦笑了一下。

老韩提出要休息，一位看上去挺精明的男人随即站起身，用上海话叫道："付钞票咯，多少铜钿？（结账了，多少钱？）"

服务员跑了进来。"消费17938元，账已经结了。"她边说边走到艾雅康身边，递给艾雅康一些零钱，"先生，这是找您的钱。"

全场瞬间安静了下来，所有的目光都看向艾雅康。老韩皱了皱眉，侧身问艾雅康："怎么你去买单？"

艾雅康没想到会有这个场景，他慌不择言地说道："原先不是说好的，我请你吃个饭。"他想起下机前说的话，可接下来的这话虽率真直性，但也道出了他当时心态。"这次见了你，以后不一定再能见到你，表示一个心意。"他说。

艾雅康感觉舒服多了，为这个买单他找到了一个理由。

老韩盯着艾雅康，没说话，面部却微微抽搐了一下。他拍了拍艾雅康肩膀，颇为用力，随即起身朝门外走去。

其他人急忙尾随而去，艾雅康也跟着出了门。

上车时，老韩转过身找艾雅康，问："要我送你去酒店吗？"

艾雅康忙说不用。他还没订酒店，今晚他准备随便应付一晚，明天去铁路公安问明情况后再做下一步安排。

"明天上午有空儿吗？"老韩问。

艾雅康脑子飞速地转着，心想，老韩这人看架势来头一定不小，自己在上海人生地不熟，现在有200万元的酒要处理，如果老韩能多少帮点忙也是好事。先不管结果怎样，先答应他，他想。

"有空儿。"他答道。

老韩吩咐身边一个戴眼镜的小伙子，让他留个地址给艾雅康，并安排艾雅康明天上午10点半来办公室，随即与艾雅康握手告别。

艾雅康在黄河路上溜达了许久，反复看着手里的便笺上那草草而就的三行字：地址、座机电话以及韩主任三个字。老韩的姓，他早已知道，但老韩是主任，他则现在才知道。"也许酒席上早就有人这样叫他，谁让自己不懂上海话了？"艾雅康心想。

身后来了一辆的士，艾雅康伸手挥了挥，的士停了下来。"去哪儿？"司机问。他想了想，念出了便笺上的地址。

车没开多久司机说到了。艾雅康下了车，发现这是一处闹中取静之地。路旁梧桐树茂密遮阴，昏暗的路灯照在人行道上，落下斑驳光影。一长溜围墙上，艾雅康看到了门牌号，是自己要找的地方。细看，围墙上有个小门，黑黢黢的。艾雅康用手推了推，是锁着的。"这是什么地方？"他又看了一下手上地址，没错，写的就是这个门牌号码，"明天过来看看就知道了。"

他就近找了一家旅馆，住了下来。

第二天，虽早早醒来，但艾雅康却在床上赖了许久，他在想那200万元酒的事。9点半，叫醒电话响了，他起床并刻意打扮了一下自己。他换了一件外衣，正装的那种。10点15分，他退了房，向那地走去。

昨晚，他看了时间，从老韩那地址到自己住宿的旅店，步行不到10分钟。10点23分，他来到了高墙小门处。

昨晚小门是锁着的，他下意识地推了推，吱呀一声，小门开了。

他定了定神，侧身进入，顿觉一片开阔，园林式的布局仿佛置身公园。"找谁？"艾雅康这才注意到小门旁侧有个门岗，问话的是值班人员。

"韩主任让我来的。"艾雅康挥了挥手上拿着的那张便笺。

趁值班人员在打电话，艾雅康随意扫视了一下周边，发现不远处有一栋西式建筑，长条状，似有3层，为两棵茂盛大树所环绕。这是艾雅康在这里能看到的唯一建筑。

值班人员告诉他等等，一会儿有人来接他。不一会儿，一个小伙子跑了过来，艾雅康认出他是昨晚那个戴眼镜小伙子。小伙子自我介绍姓王，是韩主任的秘书。

王秘书领着艾雅康进了那西式建筑，上了二楼，在楼道尽头一间办公室门前停了下来。他轻轻推开门，从门隙处往里瞧了瞧，回过身对艾雅康轻声说："韩主任这里还有人，等人出来了你再进去。"说完因有事离开了。

艾雅康想那就等着吧，可让他没想到的是，前面的人还没走，后面的人又进去了，进进出出，一直到12点半，最后一个人总算离开了。正当艾雅康要进去时，老韩走了出来，两人来了个面对面。

见到艾雅康，老韩先是一愣，随即就问："刚到？"

"10点半就到了，看你那里一直有人，没进去。"艾雅康憨厚地笑着。

老韩上下打量了一番艾雅康，说："去食堂吃个便饭，边吃边聊。"

工作餐很简单，两人边吃边聊。艾雅康将这次来上海的原因说了，并简单介绍了自己当下的状况。

老韩静静地听着，默默地吃着他的饭。见艾雅康没吃什么，他开起了玩笑，问艾雅康是否嫌机关餐太难吃。艾雅康推说不饿，可事实是他满脑子都是那200万元酒的事。想到那批酒即将运到上海，公安那边还好办，可怎么处理那批酒，自己至今还没有一点头绪，他不免心焦意烦。

吃完饭，两人回到了办公室。刚坐下，老韩便问艾雅康知道不知道易货贸易。艾雅康摇了摇头，说不清楚，那是他第一次听到"易货贸易"这个词。

易货贸易，简单地说就是以货换货，买卖双方各自的商品经过计价后进行等值交换，而现代易货贸易多在各国政府之间进行。

"你的那批酒什么时候到上海？确定能提到货吗？"老韩问。

"就这两天。公安说办完手续就可提货。"

"你看这样行不行，我拿小轿车换你这酒怎么样？"

"什么？"艾雅康没听懂。

"就是我要了你这批酒，但我给你的不是钞票，而是小轿车。"

"什么车？"

"韩国大宇，蓝天系列。"

20世纪90年代末，中国汽车消费进入爆发期，进口车一度可谓一车难求。艾雅康也是"爱车族"，爱玩车的朋友也不少，对车市行情略知一二。他知道韩国大宇车，那时颇受市场追捧。

"那怎么做？"艾雅康有点兴奋，更有点紧张。

老韩拿起电话，让王秘书来一下。

王秘书带着艾雅康来到另外一间办公室，工作人员想必已经知道这事，便和艾雅康讨论起细节。最终，双方达成一致，艾雅康用在上海的这批酒作价200万元置换30辆大宇蓝天车。因车在大连保税区，艾雅康须到大连自提。

后来，艾雅康才隐隐约约了解一些老韩单位的情况。这是一家部委直属机构，专门负责国家对外易货贸易工作。这批大宇汽车正是他们最近易货贸易业务的一部分。

"你和韩主任啥关系？这车可是紧俏货。"手续办理中，办事人员好奇地问艾雅康。

艾雅康那时啥都不了解，不过他很开心，因为这批酒有了销路。至于车换回来做啥，能卖多少钱，他还没有细想，觉得只要等值换购这批酒就行。

听工作人员这样说，他也不禁好奇："这车能赚钱？"

工作人员奇怪地望着他，好像他在明知故问。"你不知道韩主任批给你的是最优惠价格？"好像觉得自己的话多了，那人住了口。

办好手续后，艾雅康返回老韩办公室与他辞别。除了感谢，艾雅康一再邀请老韩来四川玩，老韩答应有空儿一定会去，并鼓励艾雅康将企业做好，不要辜负这个大有作为的时代。

走出那不起眼的小门院落，艾雅康觉得像做了一场梦，一切都显得那么不真实。他甚至因为怕再次受骗，特意打电话拜托在大连的朋友即刻去提车地址看看。一个多小时后，当电话回过来说是有许多车在库场时，艾雅康回头再次久久地望着这高深大院，一下蹦了起来，不停地挥舞着双手，无声地狂吼着。

艾雅康去大连提车时才理解了那工作人员奇怪眼神的含义。因为受1997年亚洲金融危机影响，韩国大宇汽车濒临破产，为了消库存变现，一批汽车以极优惠的交易条件进入中国，艾雅康因此成了众多受益人之一。提车后，艾雅康组织了一个车队，浩浩荡荡驶向四川。出发前，艾雅康灵机一动，心想这横跨大半个中国的旅程不正是一次推广宣传中华醇酒的好机会？他赶紧让人制作横幅，要求每辆车都挂上横幅。横幅上写什么，艾雅康急中生智，随口说出了中华醇沿用了许久的广告词："伟哉大中国，好酒中华醇！"

"易货贸易"让艾雅康尝试了一种新的发展方式。除了能解决酒厂产品一部分销路，更主要的易货贸易让艾雅康易货两头都有赚头，甚至是大赚。大宇车还没开到四川，就被抢购一空，所赚利润真的让艾雅康有赚大发之感。之后，艾雅康陆续"换"回了钢材、发动机等当时国内紧缺商品，赚取了大额利润。艾雅康因此仅用不到一年时间，就还清了文君酒厂酿酒基地改制向朋友们所借的全部借款，乃至所有的银行贷款。

1999年底，新世纪曙光破晓在即，艾雅康对未来充满了希望和期许。易货贸易做了快一年，他一直没能和老韩再见一面，主要是老韩出差往全世界飞，太忙了。不过，艾雅康总会定时去电问候，如今的他感觉和老韩处得像兄弟，感情越发无间。年底了，艾雅康早就和老韩说好，一定要去看他。这半月，艾雅康一直在准备这事，纠结着送什么礼物才合适。近几天，因为老韩一直不接电话，艾雅康总是心神不宁。他索性将机票订了，准备周末直接就飞上海。他想了想，感觉还是应该先告知一声，于是给老韩手机发了一条短信。差不多过了一天，艾雅康手机显示老韩来电了，艾雅康急忙接起电话，话筒里却传来王秘书的声音。王秘书声音低沉、哀切，他告诉艾

多年后，艾雅康故地重游，却物是人非

雅康：韩主任已经去世了。

艾雅康瞬间脑子一片空白，差点摔倒在楼道上。他无法相信这个消息，连夜乘机赶到了上海。在他曾经去过的老韩办公室，王秘书告诉艾雅康，一个星期前，韩主任在出差途中因心脏骤停去世。

艾雅康晕倒在老韩曾经工作的办公室。睹物思人，艾雅康不能自已，号啕大哭。

自始至终，艾雅康都不知道老韩的全名，这成了他心底永远的痛。

艾雅康的易货贸易戛然终止，不过，他的酒厂却已走上康庄之路。

264

21 事不过三，终悔有三

　　艾雅康将全部身心都投入到了酒厂发展上。八年奋斗，艾雅康又从人生低谷中走了出来，走到了他人生第二个辉煌阶段。

　　从1996年身无分文入邛崃，仅用八年时间，他一手创建的中恒华醇酒业公司总资产已达3.2亿元，成为一个占地面积33万余平方米，建筑面积21352平方米，拥有窖池2500个，全自动瓶装生产线两条，年产曲酒2万余吨的专业酒厂。酒厂生产

艾雅康（前左二）陪同来宾在中恒华醇酒厂

的中华醇牌系列酒热销全国，其"窖香浓郁、绵软甘洌、香味协调、余味爽净"的酒品特色广受市场好评。

2003年底，艾雅康给自己放了几天假。他去了天台山，包下一栋温泉别墅，想好好谋划下2004年发展大计。进入新世纪，特别是中国成功入世（WTO）以后，顺应中国企业高速发展，管理模式也开始从粗放式向精细化转变，陈安之、余世维等海外培训师课程风靡于国内企业。艾雅康也感受到因企业快速发展带来的管理能力提升压力，这次他还特意从成都请来了一位经济学教授，请他就自己企业今后的发展提供专业建议。

这天，与专家聊兴正酣的艾雅康突然接到电话，那是母亲打来的。平常母亲很少给自己打电话，今天怎么突然来电

入世（WTO）后，中国迎来高速发展期，艾雅康投资产业也开始多元化，涵盖酒业、矿产等多个行业。图为艾雅康在新项目开工典礼上发言

话？他不由得忐忑起来。没等他开口，电话那头的母亲却急切地问他，什么时候能回家？

来邛崃这几年，艾雅康再忙周末都基本回家，哪怕时间只够与母亲吃一顿饭。上周末他也回去了，那是三天前的事。他本能地问母亲是不是身体不舒服，却听到母亲叹了一口气，"我这几天老做梦，总梦见家里的肉不见了。"母亲说。

艾雅康的心放下了，笑着跟母亲说肉不见了可以再买，要多少就买多少，他还让母亲不要操无谓之心。

"我们彝家有句古话：锅里不见祭神肉，出门大哥走为福。"

母亲还想说什么，却被艾雅康打断。他让母亲别瞎想，并说这个周末他会早点回去。

晚上，艾雅康接到酒厂电话，说厂里出了点状况，请示如何处理。

事情缘由是这样的。一个多月前，有个人找到酒厂，说要做贴牌（OEM）酒，并留下了30万元定金。之后，根据那人对交货时间的要求，酒厂随即开始定制包装盒、调制原酒、安排瓶装等准备工作，确保按时保质保量交货。可正当酒厂要全面灌瓶封装之际，也就在10天前，对口联系业务员发现那人不接电话了。而令业务员一直困惑的是自从那人来了一次后，人就没有再露面过，这显然不符合常规。对此，艾雅康特别吩咐营销副总跟踪此事，抓紧联系到那人，避免酒厂蒙受损失。

艾雅康告诉人在酒厂的小宋，让他去处理，并叮嘱要好好谈，一切按合约办事。不承想，不久之后小宋来电，一席话竟

267

让艾雅康开始迷糊起来，也明白了为啥厂里要来电请示处理办法。

原来，来的人谁都不认识，却自称是交定金做贴牌那人的债主，来的目的是要拿回定金30万元，否则就赖着不走。

艾雅康心想遇到无赖了，担心厂里年轻人经不住蛮缠，冲动做出不理智行为，他决定第二天一早回厂。

第二天，紧赶慢赶，没等他到厂里，还真有事了。见不得来人耍赖犯浑、嚣张跋扈，厂里员工将那人给揍了。

艾雅康心里这个恼火，可等到见了那人，艾雅康发现事情并没有想象得那么糟糕。得知站在自己面前的人是酒厂老板，那人显得出奇地冷静，全然没有员工口中那般泼皮烂仔的模样。没等艾雅康开口，那人反客为主，主动赔起不是来。

"艾老板，我不了解情况，现在我知道了，你们前期投入也花了不少钱。"

做贴牌代工（OEM），许多物料都是定牌（品牌）生产。如果无法完成合约，那可能意味着前期投入都会打水漂。这单前期投入肯定超过30万元了，艾雅康心想，不禁皱起了眉头。

"我也是受害者，是他让我来向你们要钱的。"那人咧着嘴，面部抽搐着，像是很痛苦的样子。艾雅康这才注意到，那人脸上青一块、紫一块。

艾雅康正想说些歉意话，见那人面带愤懑，就让他继续说下去。"我见你们已做了很多包装盒，也准备了许多物料。这样，我给你们写个东西，我们之间的事就一笔勾销。冤有头，债有主，我还是去找欠我钱的人。"

艾雅康觉得这人挺明事理的，不像是那种蛮横无理之人。他不禁望向在场的同事，只见他们个个脸上都流露出诧异的神情，茫然无措。

"好，就这么办。"艾雅康应承道，他没想到事情就这么解决了。

那人要来笔和纸，还特意嘱咐要拿有酒厂名称抬头的信纸。像想起什么，他还要来复写纸，说要一式两份。

字写得歪七扭八，整张信纸上只写了一行：中华醇公司30万定金保证不再追要。随即签名，按手印，一套专业正规的程序。艾雅康原本还想让他写个事情经过，但看到他写字难受的样子，心想就不难为他了。还有，他对那人总体印象感觉不错。

那人将复写那份装进口袋，突然，他哎哟了一声。

"怎么了？"艾雅康问。

"有点痛，全身疼。"那人捂着那张青紫交加的脸，哼哼着。

艾雅康想到那人伤着了，得给点医药费才是，他吩咐小宋拿5000块钱来。

"能不能多给点？"那人突然说，眼中流露出贪婪。

艾雅康原先还在琢磨刚才发生的事，对这人充满一定的好感，如今看到这人是这样的，便放松了下来。"毕竟是打工的。"艾雅康心想。便爽快地应承道："行，1万元可以吗？"

那人满心欢喜，一再致谢。临走，他写了一份收据，内容为收到1万元医药费，并解释说不想让艾雅康个人掏腰包，如此酒厂好做账云云。

送走那人，艾雅康又想起母亲的来电，便决定第二天趁着周末回家看看。

第二天中午，艾雅康与营销副总正商量如何再提一提这个月的销售量，谈完他就准备动身回雅安。两人正聊着，窗外传来刺耳的警笛声，由远至近，戛然而止。艾雅康正看销售报表，对窗外一切没有反应，倒是营销副总好奇地站起身往外望了一眼。不一会儿，门外传来急促的脚步声，办公室门砰的一声被人撞开，四五个警察冲了进来。

"双手抱头！"有人厉声喝道。

艾雅康不知道发生了什么，一时蒙在那里，怔怔地望着眼前的这些人。

"双手抱头，说你了！"这次是冲着艾雅康的，叫得声嘶力竭。

"谁是艾雅康？"一个貌似带队的人问。

"什么事？"艾雅康冷静了下来。

"到地方再说。"不由分说，就给艾雅康戴上了手铐，押上警车。

"我犯了什么事？"一路上艾雅康都在问，但无人理他。他直接被带到了绵阳拘留所。

原来，那人昨天从酒厂出来后，乘车到了绵阳，向绵阳公安报了警。至于为什么不在事发地邛崃报警以及要山高路远跑到绵阳报警，他目的是什么，至今还是个谜。

很快，艾雅康案件被移送法院，罪名为抢劫、故意伤害，依据即为那人写的不再追要30万元的说明以及那1万元医药费收据。那人报称那张说明是在艾雅康威逼殴打下写的，为此还受了伤。

此案争议颇大，尤其是二审中院的法官认为此案疑点甚多，认同艾雅康主张的"没有动机"一说，即依据艾雅康个人情况，他没有动机为30万元抢劫，更说不通的是他在自己的工厂内抢劫他人。至于故意伤害，艾雅康有不在场的充分证据，且打人者已主动出面担责，没任何理由将此责任归咎艾雅康。艾雅康的过失，是作为企业法人和老板，因为自己的管理缺失，没有监督好自己的员工在做贴牌生产前签订正式合同，致使收取的那30万元是定金还是货款存有争议。为此，艾雅康竟耗费了四年的时间，心力交瘁，才走出这段只有他自己知晓的不堪回首的艰难岁月。

艾雅康人生第三次被打入谷底。酒厂因为他的事陷入混乱，接连亏损。2005年，中恒华醇被收购，更名为四川金六福酒业有限公司。

多年后，艾雅康在尼泊尔偶遇一高僧，高僧劝勉他，"佛曰：'随人所作业，则受其报。'凡事有因果，因中有果，果中有因。你应机获得酒厂，是'果'，那'因'呢？诸法空相，以正知见。"

艾雅康放下了恩怨，但放不下雄起之心。他的明天在哪里？艾雅康还能第三次"站"起来吗？

22　走向纳斯达克

2006年底，艾雅康又一次面临人生重大抉择。

仅仅四年，人生高光耀眼时刻谢了幕。四年前，他还拥有酒厂、酒店、国家森林公园项目乃至香港上市公司股权，资产超亿元。四年后，他发现自己差不多又是一无所有，名下资产所剩无几。四年间，除了不得不关停的企业或项目外，因给别人做担保而造成的资产损失就达5000多万元。艾雅康为自己彝族血性自带的豪爽义气买了单，对此，他坦然接受，并无赘言。

也正是这自有品性和人格魅力，让他在这人生第三次低谷中迅速恢复了元气，重整旗鼓，走向了他商业人生最高峰。

2006年，艾雅康已经42岁，步入了不惑之年。人生阅历的沉淀加上对商业机会的敏锐嗅觉，让他有了"以退为进"的想法。他一改过去借钱都要办实业的老做法，转向短平快生意运作，以期快速积累现金。那两年，因为朋友多，更有他曾帮过的人对他的反哺，通过整合矿山、房地产等资源，他又迅速积累了一定的资金。

有了资金，艾雅康想到能干的第一件事还是兴办实业。

2007年底，一个偶然的机会，他听说有一家上规企业要出售。这是一家彩条布厂，占地有26000多平方米，年产值3000多万元，产能和规模位居四川省同类企业前列。

彩条布厂

艾雅康收购了这家彩条布厂。不过，他的收购遭到了许多人的不解和反对。彩条布厂属传统轻纺工业，即使放在那时也属于落后淘汰产能。签完协议后，艾雅康一度也怀疑过自己，但一年多后发生的汶川大地震让他觉得收购彩条布厂值了。

2008年5月12日，汶川大地震，震级高达里氏8.0级，震惊世界。汶川地震是新中国成立以来破坏性最强、波及范围最广、救灾难度最大的一次特大地震，不仅造成了巨大的生命和财产损失，而且给许多人造成了极大的心灵冲击和创伤。

汶川县位于四川阿坝州，与雅安紧邻。雅安因此也遭受了有史以来最为严重的地震灾害，成为六个重灾区之一。雅安全市8个县区、148个乡镇全部受灾，受灾人口达90万人，尤其房屋损毁严重。

面对这突如其来的自然灾难，作为亲历者和当事人，艾雅康起初也茫然痛苦，但很快他就决定要做些什么。

他找到相熟的领导，没等他开口，领导说正要去找他。原来，灾区房屋倒塌严重，受灾百姓头无片瓦，搭建遮风挡雨的临时建筑成为帮助老百姓解决眼下困境的迫切问题。彩条布是搭建临时居屋的首选物料，需求量很大，价格已被炒得很高，更要命的是市场供不应求。领导要求彩条布厂务必加班加点生产，确保产品供应。

艾雅康断然没有想到正式投产没几日的彩条布厂竟在这时发挥了重要作用。想当初有朋友笑话他收购彩条布厂是犯傻，还有朋友建议他拿投资彩条布厂的钱去做房地产，他都没听。如今回头看，一切好似都是天意。艾雅康有实业情结，买企业是本能的情怀。他买彩条布厂，就因为它是个实体企业，至于一年多后这场世纪大地震让彩条布厂产品紧俏、利润暴增，乃至因为这次收购他成了众人口中的"大神"，他当时是没有想到的，也自觉没有这个能力去预见。他觉得这一切都是天意，是上天让自己去承担这个责任，既然责任来了，他也理应去担当。

艾雅康住进了工厂，和工人们同吃同住，维系着工厂24小时运转，确保生产的彩条布保质保量送达到灾民手上。抗震救灾期间，艾雅康无偿捐献的彩条布市值达百万元人民币。

时间来到7月，2008年北京奥运会的氛围浓厚起来。奥运会在中国的首次举办，一定程度上化解了大地震给人们造成的心理创痛，微笑再次浮现在人们的脸上。身心俱疲了几个月后，艾雅康终于可以舒缓一下。他决定去北京看奥运，看什么比赛都无所谓。他只是想去北京，想去看看奥运会，亲历一下由中国人自己承办的第一次奥运会。

经历了"5·12"汶川大地震，艾雅康真切感受到人类在大自然面前的脆弱和渺小。他想起小时候听母亲讲的彝族传说神话，过去不明白的事情如今好似渐渐有些明白，油然而生的敬畏之心就此萌发。大地震也让他看到了中国人的众志成城和万众一心，让他切身感受到了中国共产党的伟大和人民政府的一心为民。这次去北京，除了看奥运，他还想去天安门看升旗。

2008年8月8日，第29届奥林匹克运动会在北京隆重开幕，中国人给世界奉献了一场精彩绝伦、无与伦比的开幕式盛典。因为没买到开幕式门票，朋友让艾雅康晚几天到，可艾雅康还是急不可待地赶到北京。

北京，艾雅康并不陌生，以前来过许多次。不过，过去来北京，雾霾却是艾雅康记忆最深的印象。灰蒙蒙的天空，即使有太阳，太阳也像被蒙上了一层薄纱，暗淡无光。最让人难受的还是弥漫在空气中的沙尘微粒，人在一呼一吸间好似都能感受到它在身体中游走，令人倍感沮丧和无力。艾雅康有多年的哮喘病史，如此的天气和空气让他每次来北京，不适感尤其明显，每次来都是急匆匆的，办完事即急匆匆地走。

这次来北京，因为心念奥运，他倒没特别在意雾霾，只是多带了1瓶万托林（一种治疗哮喘的吸入气雾剂）。可当他下了飞机，出了机场，他突然发现北京天空蓝了，空气亮了，呼吸也清甜了。他问朋友其中的缘由。朋友告诉他，为了迎接奥运，政府投入了大量精力和资源整治污染、治理环境，包括将大量高污染企业迁出北京，北京的空气质量因此得以显著提升。

艾雅康感叹环境和人的关系如此之大！人可以破坏环境，也可以改变环境。

艾雅康在北京过得很开心。在见证了北京奥运历史时刻同时，随处可见的"同一个世界，同一个梦想"奥运标语让他颇为触动，很是喜欢。至于喜欢什么，触动到内心何处，艾雅康那时并不清楚。多年后，他渐渐领悟了这句话的真义，明白了这句话对他人生事业的影响。

悲喜交集的2008年就这样过去了。经历了这一年的大悲大喜，艾雅康发现财富并不代表一切，富足并不能带给自己百分百的快乐。他隐约感觉人生还应该有其他什么目标可去追寻，至于是什么？自己想要什么？他并不清楚。不过，他不再像以前那样，一切以赚钱为中心，他也不是什么生意都做，什么钱都去赚了。

2009年春的一天，在与朋友的闲聊中，一句不经意的话引起了艾雅康的注意。

朋友当笑话讲的。有家公司找他投资，说自主研发的润滑油可以达到行驶10万公里不换。

艾雅康没当笑话听，而是好奇地问这是一家什么样的公司。

朋友说是一家小公司，几个搞技术的科研人员下海创办的，现在处在解散边缘。

艾雅康提出想去看看。朋友诧异地问他，是对这项目感兴趣？艾雅康不置可否。事实上他那时也只是好奇。朋友揶揄他说这项目不靠谱，不如和自己合伙搞房地产，还称国家4万亿计划已经下来了，市场不缺钱，正是搞房地产的大好机会。

不过，他还是在第二天带着艾雅康去了那家研发公司。

如果没人带，找到这家公司得费点工夫。它深藏在居民楼中，清一色黑灰三层楼房密密麻麻，一栋挨着一栋；没有门牌号码，纵使一般人来过这里几次，当再次来到这里，也犹如进了迷宫。

七转八拐，艾雅康来到了这家公司，标准的国有企业职工住房，两房一厅。没见有办公台，却见不大的客厅里放了一张长桌，桌上放着大大小小各种试管、口杯以及酒精灯，桌下也堆满各种坛坛罐罐，空间显得逼仄。空气中弥漫着化学药剂味道，艾雅康一进屋就感到气管不舒服，他不禁连咳了几声。一个看上去像负责人的中年男子忙将他引到里屋，关上了门。

彼此介绍后，得知中年男子姓梁，人称梁工。梁工一看就是个做技术的，有点木讷，但也不失精明。连茶都没泡，他就开始自顾自说了起来。艾雅康这才知道这家公司主要就这几个人，过去都是化工研究所科研人员，去年刚从单位辞职，下海办了这家公司。

艾雅康对他讲的专业术语和技术概念完全不懂，但还是听明白了他们现在在做啥以及将来能做什么。趁那人停顿之机，艾雅康开门见山，直接问道："你们的润滑油真有那么好吗？如果能达到你讲的技术指标，你们可就世界领先了。"

"做了一辈子化工，就搞出了这项成果。"梁工兴致高涨，放言这项技术可以碾压欧美石油巨头同类产品。

艾雅康笑了，他并不排斥一个人的自信乃至狂妄。在许多成功人士身上，他都曾见过相似的特质。虽然大部分时间梁工都在讲他研发调配的润滑油更经济、更耐用，但艾雅康却对这项技术应用后的结果，即能减少机车尾气污染物排放大有触动。他突然想到了北京的雾霾，也憧憬起奥运时北京那天天天蓝。去年在北京，听朋友说国家新设了环境保护部，他隐隐觉得国家在环保治理上要加大施政力度。

"有产品了吗？"

"我们调制了一批，现在乐山、绵阳、德阳运输公司车上做测试。噢，成都也有车在用。"

"我拿点回去试试。"艾雅康想眼见为实。

梁工起身出房间，拿来一个塑料桶，桶里装满了机油。

艾雅康看着这塑料桶，心里不禁嘀咕，这油能与美孚润滑油相比？他扭开桶盖，往里面看了看，感觉油不那么清亮。梁工在一旁解释，说他们的核心技术是添加剂。因为是自己调制的，受条件限制，过滤工艺差了些。不过，即使这样，他们认为这机油也比其他牌子的要好。

艾雅康当晚就回到雅安。随即，他叫来公司司机负责人，让找辆车，换上他带回来的机油，明天开始，司机三班倒在成雅高速上转圈跑，人歇车不停。

同时，他派出四个小组，分头前往乐山、绵阳、德阳和成都，到正在测试这润滑油的企业摸底。一个星期后，四个小组陆续回来，汇报了各自了解到的情况，总体反应相当正面。各测试企业虽对其原理解释不一，但对正在测试的润滑油的品质给予了高度评价。一家运输企业用了三台车测试，车行驶7万公里仍没更换机油。经第三方检测机构现场检测，在行驶了7万公里后，这三台车的机油量仍符合使用要求，机油手感顺滑，颗粒物较少。

艾雅康叫停了自己测试的那台车，跑了7（天）×24小时，近15000公里。艾雅康叫人拿机油去检测，检测人员出具的报告显示各项数据都不错，机油仍可以继续用。

艾雅康决定投资这个项目，不料遭到了身边几乎所有人的反对。

从商以来，自小就是"孩子王"的艾雅康，身边不乏一些追随者。其超前的商业眼光加上敢为人先的行动力，让他做什么都能做得风生水起，即使经历了人生三落谷地，他一样能三次东山再起。其间，因为民族性和自身性格使然，他也带领了不少跟随他的人走向了商业成功。很早的时候，艾雅康就给自己定下一个规矩：赚的钱绝不能一个人全拿，要拿出其中的10%~20%给人分。"钱是可用来做'口德'的。"艾雅康常引用母亲的话来解释。

看到这么多人反对，甚至家里人都反对，艾雅康一时犹豫了。以前自己无论做什么都能一呼百应，自己怎么说就怎么做了，怎么这次几乎所有人都不赞成？难道真的是自己错了？

艾雅康思考了三天，想明白了些事，决定这事还是值得去做。

在与企业高管的会议上，他这样解释自己的决定，他说：虽说润滑油对自己来说是全新的领域，自己既不懂行又没有专业能力，还跟过去所做的事不搭界，凭什么去做？首先，还是其中的商机：一、它是高科技；二、它是环保产品。这两点国家今后一定会发力推动。去年在北京看奥运会时自己对此就深有体会。润滑油是传统产业，至今都为欧美几个石油巨头所垄断，应该说没什么市场机会，没什么玩头。可如果他们将现在这个技术弄成熟了，个人觉得它会颠覆传统润滑油行业，会有天量级巨额回报。那时，中国人就会在世界润滑油市场占有一席之地。不像现在，大部分国内市场份额还是被洋品牌占据。其次，就个人而言，自己今年已经45岁了，钱自己觉得也够用了。但做了30多年的企业，到今天才发觉还没有遇见一个能让自己将全部能量释放出来的事情。以前做的那些企业，不谦虚地说，自己顶多投入了三分之二精力，有劲没处使。可如今这事自己感觉要拿出百分百精力去做，还要不断学习，用新的思想和方法对待它，才有机会成功。这是个挑战，希望借此挑战自己能力极限；这也是个机会，这样的机会稍纵即逝，他决定抓住这个机会。最后，如今社会要进入全面小康，虽说跟他一起奋斗过的人很多都做了老板，但有些人还没过上小康生活，他想就用这次机会，用现代企业运作模式，让大家都得益，都能过上好生活。一个让自己的员工都过不上小康生活的企业家是不能被称为优秀企业家的。

2009年7月，艾雅康创立了四川力达士石油化工有限公司，注册资本2000万元。同时，力达士收购了梁工等人的公司。

力达士成都高新区工厂

力达士成立后，需要解决的问题接踵而来，首先是力达士润滑油科学论证和品质优化。力达士成立后，艾雅康就发现绝大多数人对力达士润滑油能用几万公里不更换持怀疑态度，甚至连试用的机会都不给。为此，用科学说话，用数据作为证言成了最好选择。艾雅康于是让梁工联系四川大学以及相关科研机构，提出由力达士出资与他们开展专项研究。同时，在企业内设立科研所，组建由知名石化专家领衔的研发团队，并与国际石油工程师学会（SPE）等机构结成合作伙伴。头三年，力达士在科研方面的投入就达500万元。

在加大加强科研和技改的同时，艾雅康不改实干本色，第一时间就将实验室成果转化运用到生产中。力达士成立后的两年间，艾雅康几乎没休过一个周末，全天候工作。为获得准确和有说服力的数据支持，在力达士润滑油与其他品牌尤其是世界知名品牌润滑油做比对实验时，他要求增大样本量，并努力寻求与不同权威检测鉴定机构进行合作。国家石油产品质量监督检验中心、中国人民解放军后勤工程检测中心（重庆北纬建设工程质量检测有限公司的前身）、重庆国家机动车质量检验检测中心等都是力达士长期合作伙伴。它们出具的各类检测鉴定报告都清楚地表明力达士润滑油在许多指标上达到了国际先进水平。同时，对力达士润滑油道路行驶实验，艾雅康也抓得很紧，一再强调不计成本也要让数据量达到高标准要求。

在艾雅康看来，权威机构的检测鉴定固然重要，因为它代表了科学和社会认可，但车主们跑出来的数据他尤为看重。有位车主使用力达士润滑油跑了16万公里，送交检测发现机油的黏度指数、氧化安定性及损失量等指数未达到换油标准。艾雅康得知后很高兴，他找到那位车主，自掏腰包奖励了那车主1万元。

不惜代价的研发和应用投入带来了技术上不断突破，各项指标性数据不断刷新人们的认知。行驶车辆的机油更换公里数提升了5~10倍；节省燃料2%~15%；减少污染物排放30%以上；降噪11%以上；发动机承载力提升25%以上，发动机寿命得以延长。在国家科技成果鉴定会上，评审专家对力达士产品给予了这样的评定："整体技术达到内燃机润滑油行业国际先进水平，部分关键指标达到国际领先。"力达士两项关键技术为此获得了国家发明专利。

节能减排是力达士产品成果特征之一。建设资源节约型、环境友好型社会国家战略已在全面落实，艾雅康也感受到了社会的变化。也许是大山走出来的，也许彝族血脉有着对自然的本能亲近，艾雅康对力达士产品保护环境的功效尤其看重。当节能减排数据放在他面前时，他每次都问是不是能弄得再好一点？他还请来专家给自己讲解其中原理，得知机车尾气污染是世界性治理难题，而力达士产品可以通过改变润滑油物理特性，延长润滑油使用时间，从而减少润滑油使用量。同时，通过增强油膜密封性能，减少尾气污染物排放。他听后很是兴奋，马上拿来纸笔开始计算，如果四川省乃至全国机动车都使用力达士润滑油，每年可节省燃油多少万吨，减少废弃机油多少万吨，降低污染物排放量多少万吨。看到计算后的亮丽数据，他不禁"自鸣得意"，"得意"中不乏严肃地称自己正在做一件贡献社会造福子孙的事情，是在为地球减负，为人类环境的改善做出自己努力的崇高事业。

经过三年的科研攻关，艾雅康的努力和坚持得到了回报，力达士逐渐被社会认知、认可。2012年，力达士润滑油先后入选"四川省重大科技成果转化工程示范项目""四川省

力达士荣获四川省建设创新型培育企业称号

283

力达士荣获四川省重大科技成果转化工程示范项目称号

战略性新兴产业发展项目"等国家资助科技项目。四川省政府还将力达士列入"四川省建设创新型培育企业"及"四川省战略性新兴产业百家企业"。2013年4月，在巴拿马国际贸易博览会上，力达士润滑油因其科技创新和绿色环保获得金奖。而作为力达士创建者和领导者，艾雅康也先后获评"中国优秀企业家""中国经济十大影响力企业家"和"华人智造者：50位站上世界舞台的华人创新创意领袖"等荣誉。

虽说力达士改变了世界百年润滑油生产工艺，革命性成果也得到专家和国家认可，但力达士产品销路却无法全面打开，这困扰着艾雅康，成了他亟待解决的问题。

时任科技技术部部长万钢（左一）在听取艾雅康介绍力达士

政府出面协调并率先在机关单位使用，期望起到示范带动作用。艾雅康也让市场部加大投入，花重金在中央电视台和地方卫视投广告，将力达士推到了

"中国高端润滑油市场最具竞争力品牌"，可产品销量还是上不去。2012年底，力达士销售门店仅有30多家，且全部都在四川省。

艾雅康想弄明白，像力达士这样节能减排产品，为什么市场推广如此艰难？甚至有政府大力提倡和支持，市场接受度依然不明显。原因在哪里？除了竞品对手的实力强大，行业巨头尤其欧美企业，为了自身现实利益不愿意做出改变，即使现代科技足以支撑这种改变。还有，就是人们的思维认知和消费习惯作祟。人们习惯了汽车机油5000公里更换，知道机油是用来保证和保养发动机正常运转的。当有一个新的认知出现，说机油可以1万、3万乃至行驶更长公里数才需更换，人们首先会是质疑，其次会在更换机油花费与发动机价值之间做比较。更令人窒息的现实是，整个国际润滑油市场只有力达士一家推出了3万公里及以上的润滑油产品。当整个市场充斥着5000公里顶多1万公里就需更换的机油，且其中不乏行业国际大品牌，力达士就显得茕茕孑立、踽踽独行。艾雅康知道自己面前横亘的是座"大山"。如何跨过这座大山，艾雅康苦苦探索着。

2012年5月，在北京举行的国际科技博览会上，艾雅康发现有位西装革履的中年男人在力达士展位上待了许久，专注地看着资料和产品。艾雅康见状走了过去，互换名片后得知此人为美籍华人安迪·樊。

安迪·樊曾是美国前总统克林顿的首任中文翻译，时任联

285

与安迪·樊（右二）及华尔街风投基金人员合影

合国世界和平基金会副主席、安迪大洋投资管理有限公司董事长。

安迪·樊有着多年从事资本运作和企业运营经验，由于和克林顿的关系，加上自身的努力，他在美国打下了一片事业天地。那时，安迪·樊是国内外各大媒体的宠儿，曝光率极高，是成功的社会知名人士。

"技术成熟的话，这个产品应该推向全世界。"安迪·樊在联合国世界和平基金会就是分管绿色产业工作的。

听安迪·樊这样一说，艾雅康觉得遇到了知音，好感油然而生。这几天参会，展位来看的人不少，认可的人没几个。安迪·樊的肯定让艾雅康打开了话匣子，于是他开始介绍起力达士的产品优势和在技术方面的创新。

安迪·樊静静地听着，没插话。待艾雅康说得差不多时，他问艾雅康："是什么让你选择做这件事？尤其是你还有更好的赚钱机会。"

艾雅康愣了一下，他没想到安迪·樊会问这问题，于是一五一十将力达士创建的来龙去脉讲给安迪·樊听。说完，他发现自己好像不仅是在回答安迪·樊的问题，也好似在梳理着自己一路走来的心路历程。末了，他对安迪·樊说："做了30多年企业，成功过，也失败过，总的来说是赚了些钱。回头看，我做的那些企业除了给我带来财富外，就我自己而言，我总觉得缺少了点什么。我母亲常挂在嘴边的一句话，就是人要知感恩，这也许和我们家以前得到过许多人帮助有关吧。这几年，我常想我现在有能力了，有能力去帮到别人了，有能力去做一些帮到更多人的事情了，于是，我就做了力达士。"

"知道你选择了一条怎样的路吗？"安迪·樊又问道。

"感觉挺难，比我以前做的企业都难。"

"在商言商，就你而言，你的选择是糟糕的。一是因为你要颠覆原有的市场，你的产品也超出了现有市场的认知，为此，你得花大价钱去教育这个市场，腾笼换鸟。二是你的对手太强大，是世界级实力的大boss。若想搅动这个市场，重新来分'蛋糕'，不管主动的还是被迫的，没有这些大佬级的对手参与，这个市场你根本无法撼动。更重要的是，你没有这样的资源和实力去做这件事，纵使有地方政府的支持。"

艾雅康额头沁出了细汗，似乎在诉说着他内心的焦躁与不安。他不是没想过这些问题，但没有系统地思考过。过去的经历告诉他，事情开始时都是困难的，咬咬牙坚持下去，前路终究会一马平川的。但这一次，难道自己踢到钢板上了？他自我怀疑起来。

"不过，你做这事还是有意义的，也是未来的方向。总归要有人挺身而出，来做普罗米修斯的。"说完，安迪·樊伸出手，与艾雅康握了握手，没再说什么就离开了。

艾雅康呆呆地立在原地，看着安迪·樊渐渐远去的背影，思考着刚才他们之间的对话。

同年7月，应四川省科技厅邀请，安迪·樊赴成都考察，有了和艾雅康第二次相见的机缘。彼此，安迪·樊正雄心勃勃实施一项计划，他要利用自己在华尔街的人脉和资源，复制过去帮助多家企业在美国上市成功的经验，在国内海选10家优秀民营企业去华尔街上市。这次来四川，他就是来考察企业。

两人再次见面，艾雅康笑着对安迪·樊说："你想让我做盗火者？如果这是力达士润滑油前行路上必须选择的，那我来当这个普罗米修斯。"

安迪·樊眼睛一亮，在艾雅康身上，他看到了一个优秀创始人所具备的特质：理想、眼光、远见、魄力以及潜质。而创始人特质则决定了企业能走多远、多高，能达到什么样的顶峰。作为资本运作高手和风投专家，他最为看重的就是创始人及其团队。

在上次见到艾雅康的北京科技博览会上，安迪·樊就对力达士提出的"还地球一片蓝天"企业使命非常认同。作为世界和平基金会负责绿色产业的副主席，保护地球生态、关注环境治理也是他的工作职责。

如果说北京博览会让他知道了力达士，认识了艾雅康，这次成都之行让他决定亲自到力达士看看。

次日，在艾雅康陪同下，安迪·樊重点考察了力达士的产品研发、生产基地和市场开拓工作，对力达士的核心技术和专利配方尤其问得细致。其间，他和艾雅康有了一次深入沟通。

"看了力达士，我能感觉到你一贯的激情和希望所在。你肯定在想，自己有这么好的一个技术，节能又环保，还是中国人自己的高科技产品，恨不得马上能让每家每户都用上，恨不得每辆车上都用力达士润滑油，可现实呢？现实就是步履维艰。如今，你觉得你站不上一个高的舞台，你没有一个好的平台，更没有一个强大的资本支持，纵使你充满了创造力，有很大的激情，你也没有办法发挥出来，没有办法与世界分享。"

艾雅康觉得安迪·樊说到了自己的心坎上。知道安迪·樊还有话说，他静静地等待着。

"互联网、高科技、新能源，这三个产业领域是华尔街当下最看好的未来，也是最容易受到资本市场吹捧和重视的领域。力达士与高科技和新能源都沾边，又是拥有完全自主知识产权的中国原创企业，某种程度上来讲是可以代表中国在这几个领域里面的未来。能够在这几个领域里面，在某一个层面、某一个角度做到改变世界，改变生活，改变人类未来。你要找到你的理想，找到实现理想的路径，这对力达士，对作为创始人的你都非常重要。"

"我最想的还是让更多的人使用力达士润滑油，既节能又绿色还环保。我还想早点打进国际市场，与那些世界级的大品牌掰掰手腕。中国润滑油企业走向世界舞台，我觉得是时候了，力达士将以成为世界高端润滑油民族第一品牌为己任。"艾雅康将憋在心里许久的想法倾吐而出。

"想好怎么做了？"安迪·樊点了点头。

"一步一个脚印，踏踏实实地去做。目前，我们已经有标准门店30多家了……"

没等艾雅康说下去，安迪·樊打断了他："慢了，"他口气直硬，"照这种做法，你走不到终点。"

艾雅康没想到安迪·樊如此直率。他有些不服气，反问："那能怎么做？"

"上市，去华尔街上市。"

自阿里巴巴等一批中国企业海外成功上市后，中国企业掀起了一股海外上市潮。尤其是民营企业，以上市为目标，成为衡量一个老板成功与否的标志。艾雅康也想过企业上市，但绝不是现在。

"我们现在还太弱小，市场还没打开……"

安迪·樊再次打断了艾雅康："你现在是小，但你有潜力，有前途，有希望。比尔·盖茨（Bill Gates）在他创业的车库里，看着电脑屏幕装载的Windows，他就能想到总有一天全世界的人都会跟他一样，看着这个电脑，用一个操作系统，叫作Windows。这是盖茨最厉害的地方，他提前看到了，提前把这个产品做出来了，等到全世界都需要了，他就成为全世界最厉害的人了。如今，你也看到一个未来，一个国家，甚至整个人类正在走的未来那个方向，你还觉得自己弱小吗？"

"上市是一种工具，是一个融资渠道，到华尔街就是向全世界去融资。要做大做强，要成为世界500强，美国的观念是你得赶快上市，尽早上市，如此才能得到华尔街资本的支持，让你早一天做成行业老大，前三名。美国那些知名的高科技公司无一不是先上市，后发展。国内很多人认为企业应在做大做强发展得很好时再去上市，但华尔街资本却认为这样的公司上市其实没有什么必要了，因为你的成长空间已经受限，你的股票未来想象空间也有限。资本喜欢的是只有5%的市场占有率的公司，因为它还有95%可以去开发。大家一起努力做好公司，那95%市场创造的财富大家就可以一起来分享。所以，公司不怕小，公司的价值在于有潜力，有能力把未来的95%的市场在最快的时间拿到，能将公司最大的力量发挥出来。

"若想实现心中的理想和目标，去华尔街上市是你的最优选择。"安迪·樊最后说道，直盯着艾雅康。

艾雅康心热腾起来，他看到了未来。

8月，安迪·樊再度飞抵成都，与他同来的还有两位美国华尔街投资专家。这次，他是专门来对力达士做尽职调查的，而这距他7月来成都仅仅过了26天。

他主动提出帮助力达士在美国纳斯达克上市，表示他和他的团队将帮助力达士进行上市规划、辅导，同时帮助力达士进行绿色产业资源整合，力争在一年时间内完成赴华尔街上市。

因为有前期沟通基础，双方便就合作细节进行了深入沟通。那时，力达士家底有：两个研发平台、两个润滑油生产厂、一个全国营销推广中心，同时还有几十项科研成果（含专利）、数十项国际水平的调配新技术以及七大类60余个牌号高端润滑油（剂）产品。这些产品已经广泛应用于机动车、制造、发电、火车、船舶、航空、军事、勘探和采矿等领域。所获荣誉有四川省创新型企业、中国高端润滑油市场最具竞争力品牌、首届中国车市口碑榜"最佳口碑润滑油"和"全国交通运输企业诚信联盟重点推荐产品"，被四川省政府列为省重大科技成果转化项目、省战略性新兴产业计划项目、省"十二五"科技支持计划项目、省重点新产品计划项目、省环境保护产品。离开成都前，安迪·樊在接受记者采访时表示，力达士是他非常看好的一家企业，力达士润滑油能减少污染排放，不仅是节能减排产品，也是造福社会的绿色产品，相信在华尔街上市可能性非常大。

2012年12月5日，经过三个多月的谈判，力达士与安迪大洋投资管理有限公司在成都签约，就力达士赴美国上市进行合作，安迪·樊出任力达士董事长，艾雅康转任公司总裁。

对于掌控力达士上市运营，安迪·樊有自己的理论。他认为，控股才能完完全全地掌控这家公司的所有决策，才能让它按照华尔街的规则，按照美国SEC证券交易委员会的法律条款来严格执行相关决策。这样的话，它就不会出问题，才能顺利上市。如果没有决策权，不能去指挥，只是去协助企业，结果可能就是企业还是会按照自己原来的路径去做，做出来有时候可能就会出问题，从而造成失败。

艾雅康全力配合安迪·樊工作。在他心里，只要力达士成功，只要力达士产品为社会所认可和使用，他的初心就达到了，他的目标也就实现了。有了艾雅康鼎力支持，安迪·樊也展现出非凡的才能，签约仅28天，2013年1月3日，美国证券交易委员会（简称SEC）就通过力达士的上市申请，力达士创造了赴美上市企业用时最短纪录，同时也成为西南三省首家赴美国华尔街上市的民营企业。

安迪·樊说："我们仅花了28天就获得了批准，这主要是因为公司在环保行业的能力获得了资本圈的认可。""这是一个奇迹，它或许创造了一些纪录。"

艾雅康则认为，上市不是目的，而是一个起点，"当务之急是要培育市场，推广产品。公司上市后将建年产10万吨润滑油生产基地。"

随着力达士在资本市场的一路狂奔，艾雅康发现他渐渐跟不上资本的步伐，他有些"进退失据"了。不过，他心态倒是平和，因为他的两个底线目标得到了实现。首先，力达士还在高速发展，力达士以"打造世界领先的高端润滑油第一品牌"为目标、以"节能减排，改善环境质量，还世界一片蓝天"为己任、以"创造绿色、富裕、安宁的生活环境"为使命、以"为国分忧，造福社会"为理念的企业战略没有变，这是他最看重的首要目标。其次，当初创建力达士时，他立下的要带领更多人过上好日子，尤其是那些与公司一起成长的员工

上市发布会

过上美好生活，这一愿望如今也得到了初步实现，追随他的创始员工股权得到了确认。力达士，艾雅康一手缔造并催生发展的企业，犹如已然长大的孩儿，如今要到更大的世界、更大的舞台去闯荡，去一展宏图。艾雅康，纵是壮心不已、缱绻难舍，但一如天下父母都有望子成龙之心愿，他还是目送着力达士走向了它自己的发展轨迹。"打造一个创新的力达士，带出一个世界的力达士，让力达士成为民族工业的骄傲。"言犹在耳，可艾雅康已无能为力。

年底，艾雅康不再是力达士大股东，辞任公司总裁。

第五章

23　尽孝侍母

2014年2月，艾雅康"知天命"生辰临近，朋友们嚷着要为他办个盛宴，不承想母亲这时却住进了ICU。

艾雅康第一时间赶回了雅安，陪伴在母亲身边。

虽说每天基本会给母亲打电话，周末也必定回去陪母亲吃顿饭，可当看到躺在医院ICU里的母亲时，艾雅康竟不由得伤感起来，他发现母亲是那样羸弱、那么苍老！"乌鸟私情，愿乞终养。"母亲年届九十，原本总以为来日方长，可这时、当下，以"孝"为人生底色之一的艾雅康，却感到了时间的紧迫。多年以来，以为满足了母亲物质需要就是尽孝，如今看来，这想法是多么肤浅，也可以说是如此自私！艾雅康决定放自己一个长假，用时间去满足母亲，用心去陪伴母亲。

您养我小，我陪您老

297

母亲出院后，艾雅康安排好公司事务，便从成都搬回了雅安。这可乐坏了老母亲。

艾雅康陪母亲一起住，悉心照料着母亲。这次，他真的将所有的工作都放下了，每天与母亲携手在院子里"晃荡"，不时还自娱自乐，艾雅康跳舞，母亲伴唱。彝族同胞擅长歌舞，母子俩也不例外。不过，母亲更喜欢唱歌，尤其爱唱红歌、山谣。

母亲又唱起来了，唱的是一首古老的彝族歌谣，歌词大意是："金河淌水亮晶晶，叫声阿娇注意听；记得恩深情义重，快快到来见扎西。"说的是小鲤鱼阿娇报答救命恩人扎西的故事。艾雅康听过这故事，也知道母亲喜欢唱这首歌谣。

在艾雅康心里，母亲是个知恩图报的人。她总爱念叨，说那些在我们最困难的时候帮助我们的人，我们现在有能力了，我们就要去帮助他们。艾雅康想起有一年过年时发生的事——

那是1999年的春节前，过年回家的艾雅康和母亲聊得正欢，母亲突然问他："你现在是不是很有钱？"

艾雅康被问得摸不着头脑，他不知母亲是什么意思。他望了望四周，到处堆满了朋友们送来的应节礼品，他以为母亲在说这个，便笑着说道："妈，这不算什么。"

"那就是说你现在不缺钱了？"母亲继续问。

"妈，现在咱不缺钱。"艾雅康刻意拉长了声调。

母亲拉起艾雅康的手："六娃子，还记得你周姨和沈姨吗？"

艾雅康当然记得，周姨和沈姨是他们家老街坊，自己小的时候，她们没少帮过家里。艾雅康还记得，那时家里经常等米下锅，周姨和沈姨总会伸出援手，纵然她们自己也并不宽裕。

"我想你去看看她们。以前，她们没少借给妈吃的用的，如今……"

"我知道了。"怕母亲旧事重提伤感，艾雅康打断了母亲。

"人啊，最不能忘本，更要懂得知恩图报。"母亲这话，艾雅康听得耳朵都生茧了，但他并不觉得生厌。

艾雅康准备了些过年物资，塞满了后备厢。他去了趟银行，取了10万元现金，分装成两个红包，开车前往周姨和沈姨家。当他送上过年物资和红包，两位年逾70岁、自小没少疼爱他的阿姨双眼通红，拉着他的手久久不愿松开。不过，两位阿姨都坚辞那红包，艾雅康磨了很久，还帮拿主意让她们换个新房来养老，这才让两位阿姨收下。90年代末，雅安商品房售价不过每平方米七八百元，5万元差不多可以买个三居室了。

如今，又听到母亲唱起这歌谣，艾雅康开起了母亲的玩笑，笑问又该去看哪位阿姨了。

说完这话，艾雅康就有点后悔，与母亲交好的朋友基本已故去。

母亲不以为意。晚年，母亲开始念佛，对生死看得很淡，却对人生有着更深的理解。见证了自己疼爱的幺儿人生起起伏伏、风风雨雨，她比谁都了解儿子，心疼儿子。这几个月的相伴，她享受到了儿子的孝心，但也觉察到儿子的彷徨。作为母亲，她比谁都懂自己的孩子。

惠我者小恩，携我为善者大恩。人要做好人，去帮人，但更要去行善事，去造福更多的人。母亲像是自言自语，又像是在对儿子说着。

陪伴母亲的这段时间，艾雅康不止一次问自己，将力达士主导权让渡他人是不是个错误？虽然让出大股东的本意是为了力达士更好发展，以便全面、迅速打开国内市场，但就其个人而言，失去对力达士的主控也就像战士离开了战场，英雄无用武之地。这段时间，他不仅不再过问力达士之事，连自己的其他企业他都懒得过问，像一根被用废了的弹簧，无论如何使力，想让弹力如初已经是不可能。对未来，艾雅康好似失去了方向和动力。

其间，有几次，朋友来找他谈新项目合作，可没等他决定，母亲却替他做了决定。趁他去接电话或上卫生间，母亲就会悄悄地告诉来访者，艾雅康现在不做生意了，他要陪伴自己，给自己养老送终。艾雅康问母亲为什么这样做，母亲说，人这一辈子，不是仅仅有赚钱这一件事可以做的。

那段日子，艾雅康又拿起了相机。自从少年时代用相机给自己赚了人生第一笔钱，自那以后，艾雅康很少有时间再拨弄相机。这次，一是自己有时间，二是更主要的他想为母亲多拍些相片，多留些念想。

母亲也很是配合。于是，在庭院凉亭中，在假山鱼池旁，在花簇满径里，一张张洋溢着喜乐祥和的姿影被定格，艾雅康和母亲都乐在其中。

母子俩经常在一起把玩、观赏所拍的照片。偶然间，戴着老花镜的母亲忽然指着一张相片，那是在花园草坪上拍的照。她指着相片背景一个鸟形状的图影，问艾雅康："那是什么？是'竹鸡子'吗？"

与母亲"躲猫猫"

"竹鸡子"，学名叫"灰胸竹鸡"，是中国特有种鸟，在雅安多地分布。"竹鸡子"是雅安老百姓对这种鸟的俗称，艾雅康小时候经常能见到，还曾追逐过这种鸟。一度因为人为捕杀，加上环境变差，雅安城区基本已见不到它的踪迹。母亲想必也很久没见过"竹鸡子"，否则也不会这么惊喜。

艾雅康翻出数码相机原片，放大了看，还真是"竹鸡子"。母亲看了很是开心，说了一堆与"竹鸡子"相关的旧事趣闻。

艾雅康开始有意多拍小动物和鸟类的照片，母亲也很爱看这些照片。半年来，为了"逗"母亲开心，艾雅康用过很多方法，但这次艾雅康在母亲眼里看到了光——那是对生命的热爱，对过去生活的追忆。

艾雅康将镜头专门对准鸟儿了，那天他还记得是2014年6月。

24　拍鸟

　　拍鸟又称"打鸟"，是观鸟、拍鸟爱好者对以鸟为拍摄对象的形象表述。艾雅康决定拍鸟，除了母亲爱看，自己有摄影兴趣，还因为他身处雅安，雅安给他拍鸟提供了得天独厚的条件。

　　雅安，地处四川盆地向青藏高原过渡的生态阶梯上，正好是平原、丘陵与山地高原接合点。境内有5000多米海拔落差，分布着多种植被类型，是全球生物多样性热点地区，有"生态天堂"之称。雅安鸟类品种多达506种，占中国全部鸟类三分之一还多（中国鸟类有1300多种）。全球八大候鸟迁徙通道之一的东亚-澳大利亚迁徙通道过境雅安。正是这多种因素叠加，成就了雅安极为丰富的鸟类物种多样性。

　　摄影，艾雅康是有"童子功"的，人生赚的第一笔钱靠的就是相机。如今，他又拿起了相机，不过，这次不是为了生存，而是爱！

　　艾雅康开始时很随意，见到什么鸟就拍什么鸟。他也没走远，就在雅安雨城区附近拍，尤其爱到青衣江去拍。穿城而过的青衣江是候鸟迁移重要通道之一，小时候，艾雅康没少见过越冬的大雁、野鸭等多类水鸟出没。

拍了一阵子，艾雅康发现看到的鸟真不如自己小时候所见的多了。同时，他也发现所持的摄影器材落伍了，满足不了自己拍出精彩鸟类图片的要求。不似拍摄人物和风景等静态物，鸟不受控，多处于飞行状态，速度也快，人又不能靠近拍摄，拍摄者没有相应的技术和装备，是无法拍出有质量的鸟类照片，甚至根本拍不到或图影模糊。艾雅康决定购买一套拍鸟专业装备。

艾雅康有个习性，除非不做，一旦认定了的事就坚决地去干，力求做到极致。在咨询了专业人士后，艾雅康为自己配置了顶流的"打鸟"装备，相机机身和镜头花费了10多万元。

有了顶流的器材装备，当然就希望能拍出一流的鸟类图片来，这也是他的性格。他已不满足在城区随意拍鸟了，他告诉母亲要去拍更多的鸟儿给她看。母亲很开心，说鹰是咱们彝族的保护神，若见到，切不可惊扰。她还让艾雅康去宝兴看看，说那儿鸟多。

宝兴是雅安下辖县，是中国鸟类模式标本产地第一县，在世界上也很有名头。艾雅康带上装备，开上车，直奔宝兴而去。

到了蜂桶寨，当地朋友早就候着，见到艾雅康车来，忙招手示意。

"艾哥，咋个有时间来拍鸟？"朋友边开车门边问。

蜂桶寨是宝兴一个国家级自然保护区，鸟类种群丰富，是观鸟、拍鸟的好去处。艾雅康没理朋友的疑惑，一下车便催着朋友带路，自己则拿着摄影装备紧跟着。

爬了几个坡，到了一处山林地，朋友说走不动，就这地了。艾雅康背着装备挺沉，却没觉得太累，不禁自忖小时候大山没少钻，打下了一副好底子。

他架好相机，望向不远处林里树梢之间，"怎么不见有鸟？"

"还得等等，太阳下山时，鸟就归巢了。"朋友看了一眼天空说。

艾雅康烟瘾大，此刻闲起便想起抽烟。他拿出烟，递了一支给朋友。

两人抽着烟，东一句西一句闲聊着。像想起什么，朋友开始打电话，安排起晚餐。他是当地人，各方面颇为熟络，通话中，他频频向艾雅康眨眼，不时露出诡异笑容。放下电话，他兴奋地对艾雅康说："艾哥，运气不错，今晚有野味，还有'百鸟朝凤'。"

"'百鸟朝凤'是啥？"

"是多种鸟和山鸡一起烩焖，味道可好了。"

"现在还吃这个？"这两年，美丽中国建设如火如荼，生态保护力度不断加大，乱捕滥杀野生动物的现象得到有效遏制，艾雅康不禁奇怪：竟有人现在还跟不上形势？

太阳西落了，鸟儿也开始回巢，天空中布满了大大小小不同种类的鸟儿。艾雅康急忙拿起相机，对着鸟儿一阵狂拍。由于使用长焦镜头，相机显得笨重，不一会儿，艾雅康就觉得手臂酸痛。他想起有三脚架，就把重重的长焦镜头架在三脚架上继续拍摄。这样轻松多了。

天刚擦黑，朋友嚷着要走。艾雅康估摸着也拍得差不多了，收获不小了，就收拾收拾准备离开。下坡时，他向朋友打听这地叫啥名，以便今后再来。朋友笑着说有更好的地方可去，那里的鸟更多更好看，只不过要爬山越岭到深山里去。"鸟儿对自然环境有要求，这里前几年都没多少鸟，这两年好像回来不少。"朋友说。朋友从小在这附近长大，对夹金山周边及环境还是有发言权的。

艾雅康让朋友将晚宴取消，托词是临时有急事要处理。实际上，艾雅康不想去吃那个什么"百鸟朝凤"，拍鸟几个月，他对鸟儿越拍越有感情。

回到家里，艾雅康急着看片，一看蒙了，没有几张能出片，恼得他连晚饭都懒得吃。

他找到毛银安。毛银安是记者出身，摄影是他的老本行。

与毛银安（右）在拍鸟途中

305

两人相识于20世纪80年代末，一交几十年，成了老友。毛银安退休后也拍鸟，还进了拍鸟圈，有一定的人气和声望。看了艾雅康的拍片，毛银安打趣道："你是端着'大炮'（带长焦镜头的相机）'打（拍）鸟'的吧。"

毛银安接着指出了这次出片率低的原因：由于使用长焦镜头，视角会缩小，稍一移动就找不到目标了。加上鸟儿会飞动于多个树枝之间，不用三脚架就很难保持画面稳定，成片率肯定会大打折扣。他问艾雅康带了三脚架没有，艾雅康尴尬地点了点头。

"那我以前的鸟片是怎么拍的？"艾雅康突然问。

毛银安没反应过来，愣着没说话。艾雅康一本正经一字一腔说道："那是因为城区的鸟儿不怕人。"

毛银安知道艾雅康爱玩，便也回击道："知道你这次为什么有这么多烂尾片吗？"不愿多等一秒，他自己抢答，"那是你抽烟，鸟是戒烟的。"说完，他自顾自大笑了起来。

艾雅康装着要给毛银安一拳，吓得他跳到了一边。

艾雅康现在知道野外拍鸟绝非想象中那么容易，也不是器材好就能万事大吉。想拍出满意的鸟图，除了硬件达标，技术技巧和对鸟儿习性的了解也很重要，但重中之重还是多拍、多练。艾雅康摄影有底子，技术很快就上手，他把大部分时间放在了对鸟类知识的学习上。

随后的几个月，艾雅康每次外出拍鸟，总要事先去了解拍鸟地有些什么鸟，它们的习性怎么样。那几个月，艾雅康没有浪费作为一个雅安人的天然条件。雅安鸟类种群多，珍稀度高，数量大，有蜂桶寨——硗碛、二郎山，喇叭河自然保护区、栗子坪自然保护区等四个中国重点鸟区，这便利的天然资源为艾雅康拍鸟提供了丰富的素材和广阔的空间。

在雅安天全喇叭河守拍旋木雀

艾雅康进步很快，出片率大幅提升，出片质量也越来越高。母亲看着儿子拍的鸟儿照片，很是欢喜，精气神也好了许多。

也许是天赋，也许是有些运气，加上器材过硬，艾雅康拍出来的鸟片开始在观鸟、拍鸟界走红。"就是和一般人拍出来的东西不一样。构图、曝光、虚实、"数毛"在他那里不是重点，他的作品关注的是鸟的生命形态，是鸟的灵性，他把鸟的那种生命动感和美感都表现出来了。"一位资深拍鸟摄影师第一次看到艾雅康鸟片后惊喜地评论道。

一转眼，"打鸟"已经半年多，雅安已经让艾雅康跑了个遍，收获满满。他拍到了不少鸟儿，甚至拍到了像四川旋木

四川旋木雀，中国特有鸟种，也是中国鸟类学家发现命名的第二种鸟类

雀、四川林鸮这种本种模式标本产地在雅安，处在《中国生物多样性红色名录》易危种名单中的中国特有种珍稀鸟类。随着拍鸟时长日久，他开始在拍鸟过程中体味出别样的人生情趣和价值意义，这不啻为他那时困顿的心灵注入了一股清泉。

艾雅康注定是个要干事的人。陪伴母亲的这段日子，过去的事不时浮现于艾雅康的脑海中。从少年时一无所有出来做事，到三落三起终将企业带向纳斯达克，他问过自己，是自己的命好，还是自己能力强？母亲常念叨要感恩，这话从小到大他听了无数遍，可最近不知怎么了，在家闲着的时候，在打鸟的时候，他却不时想起这话。通过近一年陪伴母亲，他觉得身为人子，孝敬父母是理所当然的。由此推及自身，如今的他，从一个食不果腹的穷小子，奋斗成长为一名企业家，自身的努力勤奋固然是根本，但伟大时代的造就也是能成为今天自己的关键。由此，报效国家、回报社会岂不是自己天经地义该做的事？

又快过年了，企业又到了总结季。名下企业送来了报表，

308

艾雅康看后发现业绩比往年要差。

企业高管们异口同声，直言业绩不如预期主要原因还是艾雅康这个老板长期不"主政"所致，纷纷要求艾雅康出来主持大局。

艾雅康矛盾了，面对自己职责所在的分内事第一次有了犹豫。他知道自己得面临抉择。

其实他早有想法，但迟迟下不了决心。从商近35年，从事过不少行业，也创建了数个企业。跌倒过，但又都站了起来。他自觉有从商天赋，生意场上赢多输少。离开力达士后，他好像一下对生意没了兴趣，提不起劲了。这些日子，他想过今后继续做企业，但对做企业为了什么，他自己要什么，他一直没有找到能让自己信服的答案。他不禁怀念起过去，那时他浑身充满了干劲，一门心思就是想着把企业弄好做大，让自己成为先富起来的人。如今，这个目标早已实现，甚至远超自己年轻时给自己定下的目标。私下里，他不止一次地对朋友戏谑道：钱是很香，但到了一定段位后，你会发现你嗅觉没了。

拍鸟后，他发觉自己平和多了。在大自然里，他感觉身心不由自主地放松，世间的功利牵绊在鸟儿叽叽喳喳中显得毫无意义。而当他将镜头对准鸟儿那一刻，整个心灵不自觉地都融入了其中，那是一种对喧嚣尘世的超然，是躁动生活中的一种平静。当他把这些精彩的场景记录下来，更有一种成就感，还有与他人分享的快乐。

也许真到了决断的时候，如何抉择？

他问母亲："妈妈，今后我就拍鸟了，好不好？"

母亲从一堆鸟儿照片中抬起头："好玩吗？"

难道母亲认为自己拍鸟就是玩吗？他不由得苦笑起来。不过，母亲的问题倒是道出了问题的本质。

自己拍鸟，起初确实是为了讨母亲开心，但拍着拍着，他发现拍鸟成了自己想要做的事情。面对拍鸟和企业的选择，拍鸟的确有"玩物丧志"之嫌。

能不能将拍鸟当成一项事业来做？他被自己这个想法吓了一跳，但也有些许得意，至少和母亲的对话可以继续了。

"妈妈，我不是玩了，我是在做公益。"

见母亲没听懂，艾雅康继续说道："公益就是做好事，为社会做事情，是助人为乐，积德行善。"

母亲信佛，听到助人行善，自然就懂。

"不做生意了？不赚钱了？"因为担心，母亲年纪越大越不赞同艾雅康再做生意。"钱够吃饭就行。"她常念叨这话。

"拍鸟不赚钱，还得花钱了。"

"花钱好。"母亲笑得像孩子。

"幺儿，你想做就去做，只要是做好事。"

母亲一锤定音，帮艾雅康下了决心。不久，艾雅康辞去属下所有企业任职，将企业完全交给了管理团队打理。"人生如果没有做过一次突破，人生是不完整的。"艾雅康想尝试一下不一样的人生。

熟悉艾雅康的人得知他的决定，多数都不理解。相反，他们认为艾雅康正值壮年，正是干企业的黄金年龄。艾雅康懒得解释，就以陪伴母亲为托词。其实他心里明白，他想做的无非是他内心想做的事。

近一年来，母亲黏着他成了习惯，可那天后母亲不仅不再缠着他，而且还不时催促着他去做事。"别守着我了，既然已决定，就去干你的事情吧。"

其实，艾雅康那时并没有明确的目标，他只想去拍鸟，去拍更多的鸟。不过，2015年，"绿水青山就是金山银山"化为了生动的现实，"既要绿水青山，也要金山银山"已成为全社会共识，这让从力达士走来的艾雅康看到环保、绿色、生态建设一定会成为未来中国的主色调。

艾雅康决定组建团队，去做专业拍鸟人。他不仅要在中国拍，而且要走向世界去拍。这是艾雅康性格使然，做就要全力以赴去做，做到最好。

25　追鸟

艾雅康组建"打鸟"班子，是有他自己的考量。

通过一段时间的接触了解，艾雅康发现自己与许多鸟友在拍鸟这事上有许多不同。

多数拍鸟人，出于兴趣爱好和陶冶性情，见鸟就拍，以能拍到鸟、图片清晰为首要考量。而将拍鸟当作专业、职业来做的，则是奔着获奖和发表作品而去，因而多追求拍摄鸟种的数量以及在拍摄技艺上求新。其中最典型当算"数毛党"，即对鸟片清晰度的要求是能看清楚鸟的毛发。至于通过诱拍（指通过投食、播放鸟鸣录音、设置陷阱等手段吸引鸟类进行拍摄的行为）、棚拍（指把野生鸟圈养在大棚里进行拍摄）等一些不正当手段去达到个人拍摄目的，艾雅康更不屑与之为伍。

艾雅康那时有了自己初步的"拍鸟观"。首先是尊重鸟儿。身为彝族，艾雅康血脉中承继着祖先对鸟的崇拜，也毫无例外有着天生的爱鸟情结，视鸟类为自然生命体系的重要组成部分。拍鸟是为了记录，为了更好地了解鸟儿，但前提是不能打扰鸟类的"正常生活"。无论是远景拍摄还是中近距离拍摄，乃至特写细节，艾雅康都要求遵循安全距离原则。其次要敬畏自然。作为从大山里走出来的人，艾雅康自小就知道鸟类与森林的共生关系，知道树林越茂密鸟儿越多的道理。他也清楚，要想拍到更多的鸟种，必须翻山越岭、沐雨栉风，为此他已做好思想准备。最后他有自己的"野心"。拍鸟人都知道，除了个人的意志和坚守，考验拍鸟人的还有经济实力。经济能力往往决定了一个拍鸟人能走多远，其表现就是所拍摄鸟种的数量以及珍稀程度。艾雅康想做中国乃至世界上拍摄鸟种最多的那个人。他还是那个性格，要做就做到极致。

艾雅康出发了。现在他已不满足在雅安区域内追鸟了，也不会跟一群鸟友在城郊、在景区、在湿地公园去观鸟跟风拍摄，甚至婉拒职业"打鸟"人组团邀约。只有他自己明白，他真正想去拍鸟的地方，是远山密林深处，是高原湖泽所在。那些地方，很多拍鸟人不想去，不敢去，也没能力去。艾雅康自诩"孤勇者"，他想走别人没有走过的路，犹如以前做企业的他，总是想要领先他人半步、一步。这回，他也不例外。

绿尾虹雉，中国特有高寒地区濒危雉类，因雄鸟体羽闪耀着金属光泽而得名，有"国鸟皇后"之誉（艾雅康　摄）

· 绿尾虹雉（贡嘎雪山）

艾雅康组建的"打鸟"团队，他给它起名叫"艾之队"。

"艾之队"由鸟导或鸟类研究人员、联络协调人以及司机和后勤人员组成。少则二三人，多则五六人，视拍鸟地地理位置及自然环境等因素而定。

艾雅康将自己追鸟第一站放在了甘孜藏族自治州。其实，有好几个地方可供选择，可艾雅康选了贡嘎雪山甘孜段。鸟导很惊诧。在他的意识里，没有多年野外打鸟经验，没有人会选择贡嘎雪山的，何况那是一个有6000多米高度落差、坡度多大于70度的高海拔地区，是公认的最辛苦的追鸟地之一。艾雅康选择甘孜州，潜意识里是因为甘孜是他职业生涯起步的地方，是他走向人生大舞台的起跑点。从这里，他要再出发，冥冥中，他觉得是天注定，但也知道这又何尝不是自己对未来的一种期许和愿望。

艾雅康带着他的"艾之队"出发了，成员包括他的助理小冯、后勤兼司机宿师傅。鸟导说好了在当地等。一行人开车经雅安石棉县进入甘孜，抵达贡嘎山区已是深夜。

按照原先计划，应在天亮前到达拍鸟位置。由于山路崎岖，加上道路结冰，安全起见，艾雅康决定弃车步行上山。虽已是初春，但贡嘎山平均气温还低于零摄氏度，再往上走，则每爬高100米，气温就会降低0.67摄氏度。艾雅康第一个跳下车，羽绒服虽够保暖，可还是禁不住打个冷战。

周围一片漆黑、静寂。鸟导和他们会合后，一行人便打着手电，一步一步向山上摸索前行。鸟导告诉艾雅康，到达预定位置还有相当长的一段山路，大家得抓紧些时间。

爬到海拔3000多米时，有人开始有高原反应。助手小冯反应尤其大，走不到十米就得停下来缓缓。艾雅康也感觉有些头痛，心跳加速，想到过去常上这个海拔也没有这样的反应，不由得感叹岁月不饶人。不过，艾雅康并不想让别人来照顾自己，他装作没事似的强撑着往前走。可能逐渐适应了，"高反"症状慢慢缓和了许多，艾雅康笑称自己有"精神胜利法"，自己用意志战胜了"高反"。

走走停停，鸟导断言凌晨不可能到达目的地，也就是说拍鸟行程要做调整。艾雅康索性让大家就地休息，并让鸟导返回车上再拿点物资给养。

拍鸟路上，这样的场景经常会有。图为艾雅康（黑衣者）在清理崩落的山石

计划被打乱，野外拍鸟第一站就遭遇了挫折。坐在万籁俱寂的深山峡谷之中，艾雅康有点沮丧。同伴们都在休息，可他一点困意都没有。

天际渐渐有了微光，世间也开始苏醒。一声嘤嘤的鸟叫声传来，低而细微，却在这空旷的原野中显得那样清亮。艾雅康不觉竖起耳朵，向那声音来处寻去，一声、两声……瞬时百鸟开始齐鸣。艾雅康不禁怔在那儿，享受地听着，第一次发觉鸟鸣声竟如此悦耳动人！它如天籁直沁心肺，不由得让人爽快，疲惫的身心得以慰藉。

艾雅康边走边听边看，见鸟拍鸟，直到太阳冉冉升起。

艾雅康发现不少自己没拍过的鸟种，便决定先在这段海拔区域内加个塞，拍几天。做出这个决定，一方面是他想让团队成员对"高反"有更长的适应时间，更主要的是这段区域内的鸟类生物多样性如磁铁般吸引着他，他不忍放弃这能拍到更多鸟种的机会。好说歹说，鸟导才同意他的决定，而鸟导这次工作主要任务是协助他蹲拍绿尾虹雉。绿尾虹雉是国家 I 级重点保护鸟类，是中国特有鸟种。

贡嘎山超过6000米的垂直海拔落差世所罕见，由此孕育了多个不同的自然带，从下往上分别有山地常绿阔叶林、针阔叶混交林、亚高山针叶林、高山灌丛、高山草甸、冰原稀疏植被、苔原、积雪冰川。如此多样的自然带为各种鸟类提供了多样的栖息地，其中不乏国家 I 级 II 级重点保护鸟类（33种）、中国特有鸟类（15种），实际记录到鸟类有259种（隶属14目52科）。

317

在莫溪河谷，艾雅康遇到了当地的藏族居民。这些藏族居民多是藏传佛教噶举派（白教）信徒，信仰和行为上均不容许伤害鸟类。令人新奇的是，这里的鸟很多都不怕人，有的还敢与人近距离嬉戏。艾雅康见证了这场景，镜头中因此留下了不少难得的画面。他目睹了人与鸟儿和谐共处，也真切感受到人与鸟类实为自然命运共同体，谁也离不开谁。

不过，那里的鸟儿却"躲"着艾雅康，尤其当他拿起"大炮"（长镜头）来拍他们的时候。艾雅康对同伴们说，今后他得常来，得跟鸟儿搞好关系。大家乐了，一旁的鸟导打趣说，那时你来当"鸟王"。

艾雅康拍到不少鸟种，其中不乏一些珍稀鸟种，像白腹锦鸡、红腹红尾鸲、金雕等。

鸟导一再催着走，担心错过抓拍绿尾虹雉的最好时机。见团队人员基本适应了"高反"环境，艾雅康决定往海拔5000米原定拍鸟地点进发。

越往上走，越少见到路，人也见不到了。鸟导自行开路，彼此拖着拽着往前走。艾雅康生怕大家有所闪失，可还是遇到了险情。

那是一段沿着山脊盘桓而上的小路。垂直的山体让小路呈现出近45度斜坡，让人不得不前倾着爬坡上行。更令人恐怖的是，小路的一侧是沟壑深渊，如跌落绝无生还可能。未到此路前，鸟导就开始打预防针，让大家务必打起精神来。

走在小路上，艾雅康扛着装有器材和给养的背包跟在鸟导身后。这背包重近50斤，原来由助理小冯背的。艾雅康担

318

心小冯身体，便抢过来自己背着。

突然，山顶上方传来树枝折断的声音，并伴有尘土气味。鸟导见状，拉着艾雅康就往前爬跑，并扯着嗓子狂叫："危险！滚石头了。"

跑到小路狭窄处，鸟导停了下来，让艾雅康紧贴着山体站立，同时紧张地看着山上。伴随着轰隆轰隆声，艾雅康看到一块大岩石在脚底山沟里翻滚，周边不时有些小石块骨碌骨碌滑落。

"都没事吧？"艾雅康向着来路方向叫着，心提到嗓子眼儿。

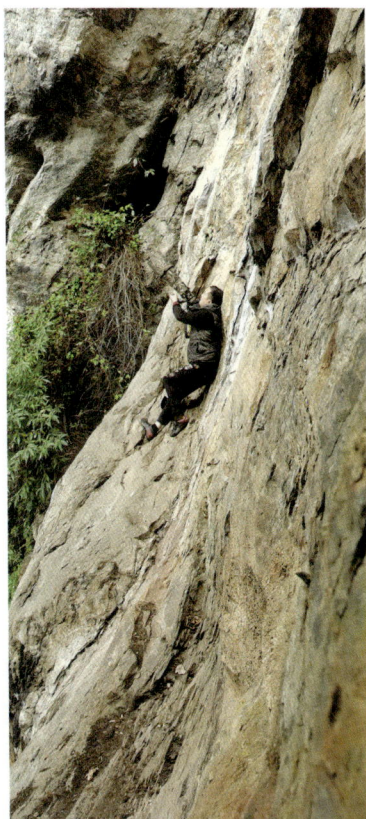

冒着坠落的风险，紧贴陡直的山崖，就是为了捕捉鸟儿的身影

"没事。"远处传来小冯的声音。

艾雅康长舒了一口气。

稳定情绪后，大家继续赶路，临近深夜才到达目的地。搭好帐篷，大家纷纷钻进自己的睡袋呼呼大睡。艾雅康也困得不行，上下眼皮像粘在了一起，但脑子却清醒活跃，一晚上没睡着。天没亮，他就架好了"长枪短炮"（相机），静候绿尾虹

319

雉的出现。

一天、两天，等到第三日，终于等到了绿尾虹雉。当绿尾虹雉被定格在光影中，随着一连串嗒嗒嗒拍照声响起，艾雅康觉得这多日的辛劳付出都值得了。

这是艾雅康第一次拍到有"鸟中大熊猫"之称的绿尾虹雉，它也成了艾雅康众多鸟类摄影作品中的代表作之一。

2022年6月，四川省凉山州西昌市人大常委会通过将绿尾虹雉定为西昌市市鸟的决定，并在艾雅康鸟类生态博物馆（西昌）开馆仪式上予以公告。

当一行人下山时，艾雅康才觉察近几天他们是靠饼干充饥、靠喝山涧水解渴的。下山时，发觉所带给养全都耗尽，一行人只得空腹饿着走了近15小时，直到藏人区，才吃上了一口热饭，喝上了一壶热茶。

蹲拍绿尾虹雉，一口干粮一把雪

犀鸟为珍禽，被视为吉祥之物，有"钟情鸟"之誉（艾雅康　摄）

·冠斑犀鸟（铜壁关）

铜壁关自然保护区位于云南边陲，与缅甸接壤，靠近印度的东阿萨姆，属热带生物区。

按照"路线图"，艾雅康这次选择去云南。之前，艾雅康北上青海湖、鄱阳湖、洞庭湖以及三门峡湿地等地去追拍候鸟、旅鸟，收获颇丰。

比起"上山下海"，拍摄水鸟倒是显得"幸福"和"轻松"，人没有那么辛苦。在去深山雨林追鸟的间歇，艾雅康北上不少省份观鸟地拍鸟，感受最深的就是这几年生态变好了，鸟儿和拍鸟人都多了起来。

2017年4月，得知铜壁关发现了冠斑犀鸟，这被《世界自然保护联盟濒危物种红色名录》列为近危的鸟种，艾雅康立即驾车出发，经攀枝花、宝山、瑞丽、盈江，抵达铜壁关。

到了铜壁关，稍作休整，艾雅康便催促傈僳族鸟导小伙子快上路。沿着崎岖的山路，艾雅康一行在雨林中穿梭了一个多钟头，来到一棵高大的云松下。他停了下来，抬头望了望上面的树洞，兴奋地说："这就是冠斑犀鸟的家。"

艾雅康四周看了看，他要找拍摄点，一看，他犯难了。

云松长在了悬崖边上。要想拍到冠斑犀鸟，最好的拍摄点就是悬崖上能平视鸟巢或高于鸟巢的地方。艾雅康观察了一下，最好的路径是先顺着树干爬到一定位置，再上悬崖攀爬至适合地点。艾雅康说出了自己的想法，遭到了其他人一致反

上树守拍

对，认为这样做太危险。艾雅康下了决心，觉得不能放弃这次机会，坚持要试试。他觉得自己能行，儿时他没少爬过大树和山崖。

为防备坠落山崖，他在腰上绑了根粗绳子，另一头系在云松上。手脚要爬树攀崖，相机及镜头只能固定在肩背上，可三脚架没法带了。艾雅康急中生智，他将三脚架绑在腰间绳子带上，有惊无险地爬上悬崖，找到了一个隐匿处准备拍摄。

时值繁殖季节，冠斑犀鸟很警觉。为了不惊扰鸟儿，艾雅康尤其小心翼翼，还着了伪装。岩壁上，三脚架支撑不稳，艾雅康只能用一条腿做支点搭着支架。苦撑四个多小时，终于见到雄性冠斑犀鸟口衔着果子飞来，嗒嗒嗒，艾雅康连按快门，一组冠斑犀鸟的珍贵照片诞生了。

"搏命"有了成果，而且仅用了四个小时就拍到了冠斑犀鸟，艾雅康觉得很幸运，也很开心。听说那邦离此不远，艾雅康决定走一趟那邦。

那邦是中缅边境上的一个小镇，背靠铜壁关，隶属德宏州盈江县，与缅甸克钦邦隔河相望。这里山脉交错、河谷纵横，生物多样性丰富，有记录的鸟种达270多种。

听当地人介绍，国内罕见鸟种近来不断在那邦镇被发现。在镇上的旅店住下后，艾雅康让团队成员做好准备，第二天凌晨4点出发，他们要去蹲守。

蹲守点就在中缅界河拉咱河中国一侧。到达时，天还没有亮，周边漆黑一片，不远处有些光点晃荡，艾雅康仔细一看，原来是边界河上有座吊桥，吊桥上的几盏挂灯在那儿摇摇

下水候鸟

晃晃。

不远处有一片水泽地，当地人说那里飞鸟很多。在扎好隐蔽帐篷后，艾雅康便找了一棵树，来架设"大炮"（相机），准备"伏击"在这里出现的小鸟。等待开始了，几个小时不能走动，也不可大声说话。艾雅康已经开始习惯等待、静默，这对他来说不难熬。对他来说，最难熬的是不能抽烟，可他偏偏又烟瘾大得出奇。他记得毛银安的调侃，不过实践中他验证了毛银安的调侃所说基本正确。为了能拍到鸟，他抑制着自己的烟瘾，有时故意将整包烟直接丢弃。

天边开始擦亮，也开始能听到鸟儿啾啾的叫声。冷不丁地，从河对岸传来啪的一声，紧接着砰砰砰声响密集传出。艾雅康吓了一跳，不知道发生了什么。当地陪同人员也有点紧张，说对面在开枪打仗，有时子弹也会飞到中国这边。一听说是枪声，气氛开始紧张起来，艾雅康赶忙示意大家都趴下别动。不多一会儿，枪声渐渐平息。有人惊魂未定，嚷着要赶紧离开。艾雅康让其他人先行离开，他和当地陪同人员留下来继续拍鸟。正所谓大难之后必有大福，艾雅康那天居然拍到了国内罕见的鸟种白胸翡翠。

生活于喜马拉雅山地区的红胸角雉，在中国境内数量稀少，实属罕见（艾雅康　摄）

·红胸角雉（西藏）

红胸角雉也叫孔雀雉，是国家一级重点保护野生动物，被列为《世界自然保护联盟濒危物种红色名录》中的近危物种。它主要分布于青藏高原和喜马拉雅山脉，由于种群稀少，难得一见。

为了去追拍红胸角雉，艾雅康又一次进入西藏。

这次他做足了功课。一方面先了解红胸角雉的自然习性，同时他还特意请了一位熟悉红胸角雉行踪的藏族同胞做带队。这次，他下了决心，再难也要追拍到红胸角雉。

带着两名"艾之队"队员，艾雅康亲自驾驶着越野车奔赴西藏。到达日喀则市亚东县，他们与带队的会合。稍作休整后，一行人便前往春丕河谷蹲守。

这一守就是16天！

红胸角雉喜欢栖息于高海拔山地森林中，常出没在陡峭的

雪地守候

327

追拍

山地间及林缘地区。它喜好藏匿，行动也很谨慎，擅长奔跑且速度飞快，而这正是它不易为人所见的主要原因之一。

针对红胸角雉常在清晨与黄昏外出活动或觅食这一习性，艾雅康便在这两个时间段蹲守。

开始几天，艾雅康和助手每天凌晨三点便出发前往拍摄地。高原上爬山，即使没有负重都考验着体力和意志，何况每天还得背负着几十公斤的器材和给养穿行于丛林和崖壁间。那几日，为了少些负重，艾雅康和团队成员白天只能干啃方便面充饥。几日后，考虑这样来回跋涉耗费体力可能坚持不了多久，艾雅康索性就在蹲守点搭起了帐篷。

功夫不负有心人。艾雅康和助理每天轮流盯着树林，眼睛都不敢眨，生怕错过了红胸角雉。终于，在第16天，艾雅康拍到了罕见的红胸角雉。

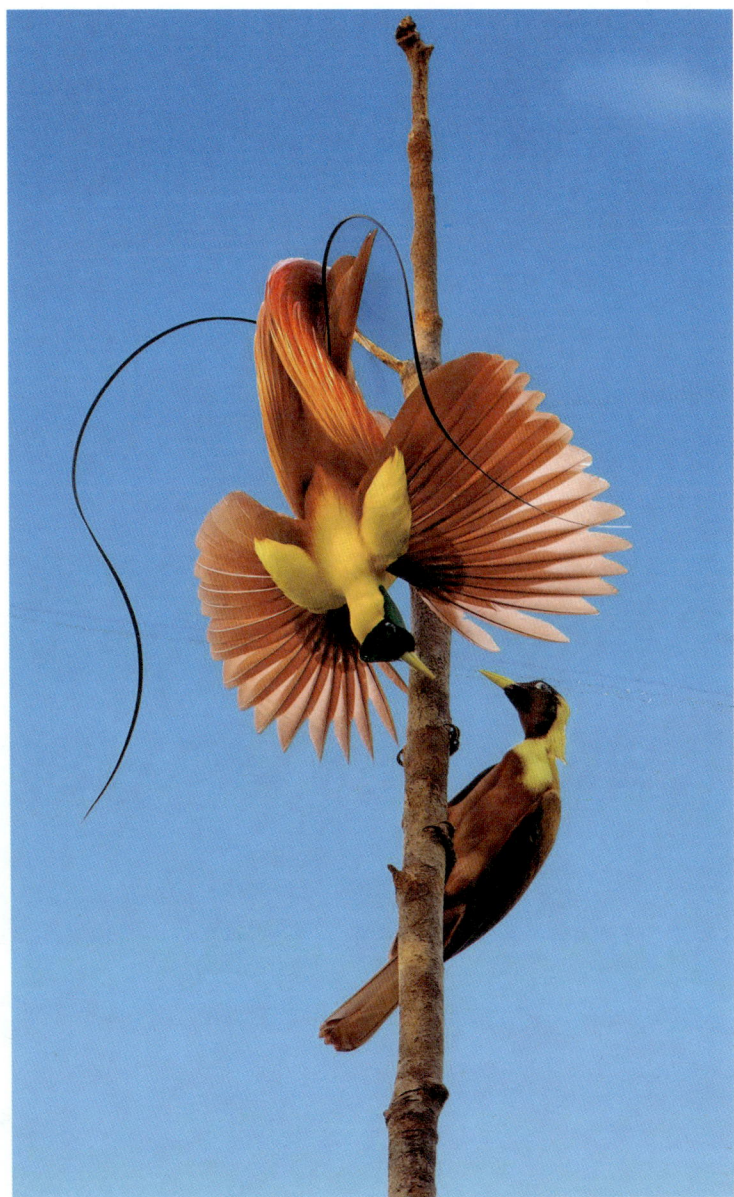

红极乐鸟主要分布于太平洋诸岛屿（艾雅康　摄）

·极乐鸟（新几内亚岛）

追随候鸟旅鸟在中国的三条迁徙路线（西线、中线和东线），艾雅康用了一年多时间基本走了一遍，收获颇丰。不少难得一见的珍稀鸟种，像朱鹮、白冠长尾雉、丹顶鹤等倩影定格在他的光影里。2017年8月，已不满足在国内追鸟拍鸟的艾雅康将目光放到了全球，第一站，他去了东南亚。

东南亚物种丰富，生物多样性丰富，全世界已知现存鸟类1万余种，东南亚就占了将近五分之一。更令拍鸟人垂涎的

印尼阿尔法克山区，右二为艾雅康

是，除了鸟种多样，相较于其他地区的鸟种，东南亚鸟类有着更丰富的羽色。加上东南亚岛屿众多，分布在岛屿上的当地特有鸟种也丰富多样，使得这一区域的鸟类更有其独特的特质和魅力。

阿尔法克山区是艾雅康东南亚拍鸟地其中一站。此前，他已去过缅甸、泰国、菲律宾、马来西亚等国家，拍到了不少当地特有鸟种，也结交了不少所在地朋友。来新几内亚岛，他冲着的是极乐鸟。

阿尔法克山脉位于印度尼西亚西巴布亚省多贝拉伊半岛（又称鸟头半岛），东临极乐鸟湾，南接宾图尼湾，最高山峰海拔3000米，是生物多样性保存重要地区。转了三趟机，艾雅康到达目的地。

跑了东南亚几个国家，打鸟的艰辛艾雅康是尝到了。好在小时候吃惯了苦，儿时练就在山里找"吃"的技能此时派上了用场。可"艾之队"中的年轻人开始受不了，他们何尝经历过这般野外的风餐露宿和风吹雨打？更何况不时地还要冒些风险。艾雅康便采用了"轮岗制"，定期轮换队中成员，唯独他自己却一直坚守。

来阿尔法克山之前，鸟导主张去卫古岛，那儿观鸟打鸟硬件条件好些。但就是因为阿尔法克山区环境恶劣、条件艰苦，少有拍鸟人前往，艾雅康便决定先去阿尔法克山。

抵达阿尔法克山区，艾雅康发觉自己的决定有点"草率"。

吃住条件差不说，电力短缺是最大的问题。这里的电力靠发电机解决，相机、电池、充电都无法得到保证。手机几乎没有用，网络信号覆盖不到这地区。有人居住的地方也没有像样的道路，当地村民都是赤脚走在碎石路上，更别想去山里拍鸟还有路走。孩提时，艾雅康在川西大山里钻过，知道逢山开路的道理，上山开路倒是难不了他。

山路全是陡坡，落差又大，加上地处热带雨林，气候温暖潮湿，一路湿滑难行。这里有着亚太地区面积最大也最为完整的雨林，生物多样性保存完整，光各种鸟类就有101个科共计769种。艾雅康这次拍鸟区域主要在海拔1500米~2200米之间。

当地土著虽不善言辞，但很友善，艾雅康很快和他们打成了一片。可能他彝族基因里的豪迈爽朗和能歌善舞让当地土著人自然亲近，当再次出发时，"艾之队"新增了两个当地土著队员。他们自告奋勇为艾雅康做向导，帮忙背炊具和粮食，准备以后几天的野外生计。

每个人手拿一把开山刀，轮流开辟着上山的道路。从热带低地森林到长满苔藓的山地云雾森林，艾雅康一行差不多用了三天时间。其间，艾雅康用过BBC大卫·爱登堡当年拍摄纪录片的营地，但自建简易帐篷和在野外靠睡袋过夜则更是常态，而这也是到阿尔法克山区拍鸟的必然经历。至于吃，艾雅康后来说那几天让他重温了儿时关于饿的记忆。不过，艾雅康更收获满满。他不仅拍到了华美极乐鸟、丽色极乐鸟、阿发六线风鸟，还将黑蓝长尾风鸟以及褐亭鸟和辉亭鸟收入囊中，而后三种鸟在资深"打鸟"人眼中也都是没有一点运气不会让人拍到的鸟种，即使拍鸟人再能吃苦蹲守。

到了海拔1800米的高度，云雾开始不时地笼罩在树林间，天气也变得无常。下午，一场瓢泼大雨不期而至，气温变得湿冷。艾雅康腰椎间盘突出的老毛病又犯了，痛得他直冒冷汗。

其实，早在上山前，艾雅康就感到腰椎疼痛。只是他以为这次还像以前一样，咬咬牙能挺过去，没想到这次比往常要严重得多。

也许在阿尔法克山区爬的多是陡坡，也许阿尔法克山区潮湿天气所致，艾雅康腰痛得让他无法走动。可海拔更高处的极乐鸟他还没拍，他又不想留下遗憾，为此他十分纠结，难下决心。最终，极乐鸟还是"诱惑"了他，他咬牙告诉他的团队，他要继续上山。艾雅康的这一决定遭到了异口同声地反对，尤其是鸟导，他表示如再向上走，艾雅康得给他出具免责证明。

不顾众人反对，艾雅康毅然决然说："走，我能行！"

一阵撕裂的痛感让他面部不禁有些抽搐，好在众人都跟在他身后，没能看到他的面部表情。

没走几步，艾雅康不得不停下来，用手撑着腰，这样，休息一下，才能继续往上走。

这时，随队的一位土著队友走了过来，他比画着让艾雅康继续向前走。艾雅康不明就里，但还是迈开腿向前走，随即他感到背后有只手撑着他的腰，推着他向前走。他觉得这样好受多了，走时腰椎也不那么疼了。他感激地回头看了一眼，向土著队友点了点头。走着走着，艾雅康突然意识到土著兄弟这样做太辛苦了，便想自己走。比画了半天，土著兄弟只是在憨厚地笑，却坚持一路撑着艾雅康的腰往山上走。就这样，走了

用着土著兄弟做的手杖，艾雅康感觉腰椎舒服多了。后立者为印尼土著

近8小时，爬了海拔600米高度。艾雅康注意到，越往海拔高处走，气温越湿冷，可那位土著兄弟一路都是大汗淋漓，身上没有一处是干的。下山时，土著兄弟选了一根粗壮的树干，为艾雅康做了一支手杖。他让艾雅康一手用手杖支撑着前倾的身体，一手搂着自己，而他则用手托住艾雅康腰椎，花了两天时间，总算平安下了山。

虽遭遇身体病痛和种种恶劣环境，艾雅康依然如愿拍到了阿尔法克山区所有11种极乐鸟。此外，他还收获了不少新几内亚岛特有鸟种和珍稀鸟种。艾雅康觉得，所有的付出都值得了。

与土著兄弟分别时，艾雅康将身上所有现金都拿了出来，他想感谢土著兄弟对自己的帮助。见到这么一笔"大钱"，土著兄弟不敢收，也不愿意。他告诉翻译：艾这个人了不起，很勇敢，身体痛得那样，还要拍鸟，让人很感动。看

与当地土著打成一片。图为艾雅康在做川菜

得出他很爱鸟，他拍的鸟很好看，没想到天天在我们面前飞来飞去的那些鸟这么美丽！我都爱看了。我希望有更多的人看到并喜欢艾拍的我们这里的鸟儿。我不能多拿他的钱，下次他再来时，我希望能再次陪他。

艾雅康第一次发现自己拍鸟的行为不仅是个人喜好那么简单，它也有社会价值。除了给人带来视觉感官上的享受，在美的价值背后，它还拥有人性光辉。他感谢这位土著兄弟，并会永远记住这位土著兄弟。

临走，艾雅康还是悄悄地将全部现金塞进了土著兄弟包中，并且说他明年还会再来。

随后，艾雅康去了卫古岛，拍到了岛上特有的威氏极乐鸟和红极乐鸟。紧接着，他又去了巴布亚新几内亚，同样收获满满。

海上拍鸟

这次追鸟，艾雅康遇到了一个人，碰见了一件事。

这个人是做鸟类研究的，艾雅康认为他是科学家。他来自新加坡，是华人，两人是在一座海岛上相遇的。

为了拍苏拉鹰雕，艾雅康要去苏拉威西沿海一个活火山小岛。当"艾之队"成员坐着租借的小艇，行驶在大海上时，一时狂风大作，天降骤雨。艾雅康正想抓拍几张海鸟，见暴雨来袭，急忙想找东西包裹相机，因为相机进水会损坏。就摄影者而言，相机就是战士手中的武器，保护不了武器就不能称为战士。小艇很小，又是敞开的，没有一处能遮风避雨。艾雅康急忙脱下了T恤和短裤，用来包裹相机和镜头。可两台相机和三个长焦镜头，艾雅康那点衣服根本不够包裹。其他人一看，也都脱下了自己的衣服，这才把相机和镜头包裹好。全船人，包括船老大，就穿了一条短内裤，漂荡在茫茫的大海上。

风雨持续着。看到不远处有一个孤岛，船老大便径直开了过去。

上了岛，暴风雨不久也就停了。船老大嘱咐将打湿的衣服晾干，之后再出发。

这个岛看上去不算大，船老大说是个无人岛。不过，岛上森林覆盖茂密，海拔落差明显，从热带雨林到山顶原始森林层次分明。

艾雅康正想着这林子里是否有自己没有拍到过的鸟种，这时林中突然出来几个人。

艾雅康吓了一跳，对方也满眼惊奇地望着他们。

因为只穿着裤衩，艾雅康不好意思地向对方笑了笑。这时，他才看清对方有三个人。

其中一人皮肤黝黑，一看就是土著。另外两人，虽胸前挂着相机和望远镜，但看装束和气质不似鸟友，不太像拍鸟的。

"Hi！"一个较年长的人打了个招呼。

"你们是来拍鸟的？"艾雅康好奇地问。

"大陆来的？"还是那位较年长的人问道。

"你会中文？"虽说东南亚有不少华裔，但在这大海孤岛上遇见一个会说中国话的人，艾雅康还是很兴奋。

那人说自己是新加坡华人，在大学工作，是从事鸟类研究的，上这个岛就是来寻找人类从未记录过的鸟类。

艾雅康就叫他专家了。得知艾雅康是来拍鸟的，他很吃惊。他问艾雅康，为什么近几年来东南亚观鸟拍鸟的中国人多了起来？艾雅康笑着说，也许中国人富了，又也许这几年中国的绿水青山让人见识到了自然生态的美好，中国人想看到更多的美好吧。

那人笑着点了点头。趁着等船来接他们的闲暇，两人又聊了起来。

"你怎么来这里？拍鸟人不会来这里的，他们多在索龙、卫古或苏拉威西条件较好的城镇周边拍鸟。"被艾雅康称为专家的那人不禁上下打量起艾雅康来。

只穿一件裤衩的艾雅康有种被人看透的感觉。他解释说自己是被暴风雨带到这个岛上的，他实际上是想去拍苏拉鹰雕。可内心深处，他知道自己爱去那人迹罕见的荒野丛林深处，因为那里有不为人知或少有人拍到的鸟种。至于那些人爱去的地方，绝非他的首选。

也许闲着无事，专家聊起他的专业来。他告诉艾雅康，他们现在地处华莱士区内。华莱士线是一条生物地理划分线，由英国人亚尔佛德·罗素·华莱士提出，位于加里曼丹岛与苏拉威西岛、巴厘岛和龙目岛之间。华莱士注意到，似乎有一条隐形的界线（华莱士线）将两边的生物分开：界线以西接近东南亚的生物相，界线以东则接近新几内亚的生物相。他问艾雅康，有没有发现这个区域鸟种特别多？而且有大量特种鸟存在？

听他这么一说，艾雅康发觉还真是这样，他点了点头。

专家继续说着华莱士，说正是华莱士在他们现在所处的华莱士区给达尔文写了那封著名的信，阐述了对生物进化的理解，才说服了达尔文发表进化论。

艾雅康见他如此专精，便问起困扰自己很久的问题：辨别鸟种，有什么好方法？

鸟类是分类学研究最详细的生物群体，但对鸟种的定义，尚有些不确定，因为60%的鸟类可以相互杂交。专家告诉艾雅康，每种鸟都有其独特性，普通辨别只需看其外观和听其发声。想快速识别鸟种，除多在野外观鸟及多听鸟鸣，具备一定鸟类学知识非常关键。说着，他站起身，招呼艾雅康跟上，艾雅康拿上相机，跟着他走进了树林。

在林中，他看了看周围环境，辨识着繁杂的鸟鸣。不一会儿，他手指一个方向，告诉艾雅康可以拍了。艾雅康端起相机，对着他手指的方向一阵猛拍。没等艾雅康看自己到底拍到什么，他告诉艾雅康，艾雅康拍的这个鸟是幡羽极乐鸟。

艾雅康不太相信，他知道幡羽极乐鸟不易拍到。

当看到相机里果真拍到了幡羽极乐鸟，艾雅康佩服不已。那专家找鸟认鸟的功夫确实了得。艾雅康缠着向他请教，他便现场教学，言简意赅地讲了一些找鸟认鸟的技能。告别时，谈到孤岛越来越会受到人类对自然资源无穷索取的影响，他不禁对岛屿上鸟类栖息地面临的生存威胁感到担忧。他知道中国在抓生态治理，他祝福中国一定要成功。

"同一个地球，同一个梦想。"不知怎么，艾雅康突然想到了这句话，这句2008年北京奥运会中国向世界发出的和而不同的主张。10年前，在北京看奥运会，听到这句话时，他感到是自豪。今天，在马来群岛的这个孤岛上，忽然脑间蹦出的这句话，他对此有了新的理解。地球是人类和所有地球生物共同的母亲，人类与自然存在着共同的命运，是命运共同体。保护地球母亲，维护生物多样性，实际上是在保护我们人类自己。

他为自己的想法"震"到。他知道这几年拍鸟与鸟有了"感情"，自然而然地开始关注鸟类的生存状况，但说自己现在是生态保护者，他觉得自己还差得远。

而艾雅康曾碰到的一些事，则恰好与此有关。

拍鸟期间，鸟导带他逛了印尼最大的鸟市普拉姆卡。据说普拉姆卡是东南亚乃至全球知名的鸟类交易市场，艾雅康看到市场待售鸟类数量超过万只。鸟导说这里的鸟类大多数为野生鸟类，多数是通过非法捕获的。还说鸟市不止这一家，光雅加达市内就有三个鸟市。看着困在鸟笼中的各色鸟儿，艾雅康很不舒服。

还有在四王岛，他经常看到有当地人手里拎着一杆枪，一问才知道这些人是要打鸟。在那里，打鸟和抓鸟的现象非常普遍。

不过，艾雅康也不枉此行。他不仅结识了一位鸟类科学家，而且拍到所有的极乐鸟。至于出海要拍的苏拉鹰雕，艾雅康同样也如愿以偿，拍得而归。

斯里兰卡蓝鹊是斯里兰卡的特有鸟种，属易危物种（艾雅康　摄）

·斯里兰卡蓝鹊（斯里兰卡）

去了中南半岛，艾雅康一鼓作气，又走到印度半岛和阿拉伯半岛。这一站，他的关注点在斯里兰卡。

马可波罗称斯里兰卡是世界上最完美的岛屿，它又有"印度洋上的明珠"之誉。因属热带海洋性气候，原始森林以及湖沼湿地等多元化生态链遍布全岛，加上斯里兰卡人多是佛教徒，有信奉佛教"不杀生"的民族特性，同时国家也注重环境保护和动物保护，出台了相关法律配套保障，斯里兰卡被公认是野生动物的天堂。同理，斯里兰卡鸟类也被保护得很好。

艾雅康去的是辛哈拉加山。辛哈拉加山位于斯里兰卡西南部，是斯里兰卡保存最完整且是唯一的原始森林。这里60%以上的树木都是当地特有树种，其中许多属于珍稀树种。辛哈拉加山还生活着很多当地特有的野生动物，尤以鸟类居多。它也是斯里兰卡种类繁多的各种昆虫、爬行动物和珍稀两栖动物繁衍生息的家园。世界自然保护联盟将其列入世界生物圈保护区，联合国教科文组织也将其列为世界自然文化遗产。

辛哈拉加山也有斯里兰卡仅存的热带雨林，常年密云笼罩，阴雨不断。因是保护区，当地居民不多，基础设施很是落后，外来游客更是稀少。

艾雅康是冲着紫头林鸽、红脸杜鹃、绿嘴鸦鹃，尤其是斯里兰卡蓝鹊去的。这些都是斯里兰卡的珍稀鸟种，多栖息于辛哈拉加山雨林之中。

那天，天刚擦亮，艾雅康就冲进雨林，将自己隐没于树丛杂枝之间，静候鸟儿的出现。

雨林树木参天，郁郁葱葱，分不清南北东西。雾气弥漫，所触之处都是湿漉漉的，时不时还飘过一阵酸腐气味，令人作呕。艾雅康全副武装，将自己裹得严严实实。当地向导告诉艾雅康，雨林里不怕花豹、亚洲象等大动物，而是怕蚊虫、蛇这类小东西。进雨林，防护一定要做好，否则有苦头吃。

即便做了周密防护，此次雨林拍鸟也真让艾雅康吃了难忘的苦头。

艾雅康屏息静气苦候着白脸八哥，匍匐着一个多小时了。这个姿势他已经习惯，纵使在他人看来很辛苦。他紧盯着远方，生怕错过鸟儿转瞬即逝的出现。白脸八哥久久没有出现，他也就顺手拍了不少其他鸟种和雨林动物。其间，他隐隐感觉有异物在裤腿间，他看了一眼裤脚，见绑绳系得很紧，就没在意。可等到他全神贯注拍到白脸八哥后，他突然感到裤腿里凉凉的、湿湿的，腿上有液体流动的感觉。他正纳闷，低头只见脚跟处有鲜血从裤脚浸出。他急忙脱下长裤，见双腿全是血。他有点蒙，忙弯腰细看，见有东西吸附在他双腿上，那东西呈长椭圆形状，后端粗大，至头端渐尖，形体已显膨胀。向导见怪不怪，说是当地的斑纹山蛭（蚂蟥），让大家自己都检查一下。说完，便开始帮艾雅康清理山蛭。

山蛭还在玩命地吸吮着艾雅康的鲜血。向导用手拨弄着，试图将它们剥离下来，可尝试了几次都没成功。

艾雅康也试着用手扯拉山蛭，可发现山蛭一部分已钻入皮内，皮肤上有呈"Y"形状伤口，便不敢再用手去扯那山蛭。他想起儿时老人说的蚂蟥（山蛭）可断身再生的事，担心强行扯断，山蛭有残体留在体内。向导开始有点手忙脚乱了。猛然间，艾雅康想到儿时老人对付蚂蟥（山蛭）的办法。"用火。"他叫道。

他点燃一支烟，猛吸了一口，烟头着火处火星四溅。他没用烟头直接灼烧山蛭，而是用炙热的烟头灼烤山蛭吸附的皮肤处。持续灼烤下，山蛭终于顶不住，纷纷脱落下来，一共有七条之多。

山蛭咬人时会分泌抗凝血物质，因此被它咬后，人体血小板凝血功能会下降，造成伤口流血难止。艾雅康费了很长时间才完全止住双腿被咬处的流血。

其他人身上或多或少都发现了山蛭，不过没有艾雅康那么多。这得益于他们不像艾雅康候着拍鸟，待在一处长时间不动。好在艾雅康拍到了白脸八哥，也不枉遭山蛭吸血之痛。

艾雅康继续在雨林中跋涉前行，寻找要拍摄的鸟儿。真可谓"祸不单行"，这天艾雅康又遇见了第二桩事、第三桩事，而这两桩事可称得上惊险。

第二桩事也是因为过度专注拍鸟，艾雅康没有注意脚下有条斯里兰卡环蛇，一脚踩在了蛇身上。正在休息的蛇本能地一口咬向艾雅康脚踝处，随即消失在草丛中。一旁的向导看到了这一幕，吓得脸色发白，迅即蹲下身抱起艾雅康脚查看。"咬到哪儿了？"他声音有点发颤。

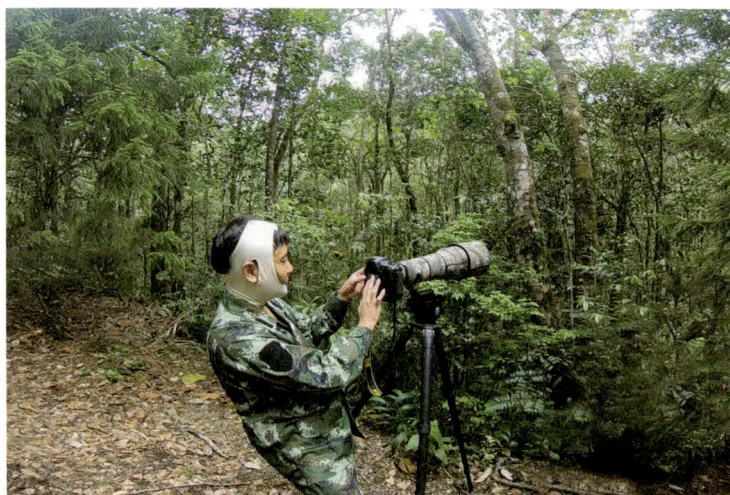

野外磕磕碰碰是常事，轻伤不下火线

事发的那一瞬间，艾雅康本来没当回事，可看到向导如此紧张，自己也不免担心起来。不过，他没觉得身体有什么异常。

他看向自己脚踝处，处理山蛭后，为了止血，助理周明特意给自己多缠了几层绷带。

"好险！"向导长舒了一口气。

虽然咬到了艾雅康的脚踝，但好在艾雅康穿的防护衣够厚，加上脚踝处又缠了绷带，蛇牙没有穿透体表，蛇毒没有对艾雅康造成伤害。向导说斯里兰卡环蛇属剧毒致命类蛇，一旦被咬，后果不堪设想。

事后，艾雅康想起此事还是感到有些后怕。

拍到紫头林鸽、红脸杜鹃等珍稀鸟种后，向导提出必须出雨林了。意外事件频发，计划日程完全被打乱。为了赶在天黑前出雨林，向导提出走一条新路，并嘱咐大家一定要跟着他走，千万不要落下。

艾雅康觉得有点遗憾，因为今天没有拍到斯里兰卡蓝鹊。

斯里兰卡蓝鹊是斯里兰卡特有鸟类，在IUCN红色名录中属易危物种。斯里兰卡蓝鹊有个独特的生物属性，就是雄鸟会排队按序交配，且一年只有一只鸟交配。雏鸟孵化后，其他鸟都会齐心协力共同抚育。在森林奉行优胜劣汰法则的进化世界，斯里兰卡蓝鹊的这种做法也许是物种延续的最佳选择。

艾雅康想拍这种鸟，很大原因是被它的天性感动。从这种小动物身上，他看到了牺牲和奉献，看到了为"大义"牺牲小我的精神，纵使它仅仅是一只小鸟。

"蓝鹊"，随着向导的惊呼，艾雅康顺着鸟导手指的方向，看到远处一只鸟儿站立在枝头。它身披亮丽的蓝色和栗色羽毛，警觉地四下张望着。"快，上机子！"随着艾雅康一声令下，助理嗖地一下跳到艾雅康面前，与他面对面站着，一只手撑住艾雅康肩膀，而艾雅康也用一只手撑住他的肩膀，两人互相用力支撑保持着最大程度的稳定。同时，另外一位同事也迅速做出判断，将800镜头的相机放在了助理肩膀上。随着一声"注意"，两人屏住呼吸。艾雅康手按快门，眼盯取景器，锁定焦点，对着蓝鹊方向瞄准发射，啪嗒、啪嗒、嗒嗒嗒……随着一连串的快门声，斯里兰卡蓝鹊最终被拍到。

这是艾雅康自己发明的拍鸟方法。拍鸟界有个共识，那就是想拍好鸟，三脚架少不了。因为"相机＋镜头"重量可观，且不说摄影师做不到长时间拿着如此重量的装备拍照，就是拿得动也保证不了拍摄质量，毕竟鸟多是处于运动姿态中，尤其还有不少处在高速运动中。开始拍鸟时，艾雅康也像其他人一样用三脚架，可随着野外拍鸟次数增多，尤其要到地势险峻处或需要长途跋涉时，负重多1克都是大负担，而三脚架这时就显得是个累赘。更主要的是，艾雅康发觉在野外拍鸟三脚架并不好用。在荒山野岭里，野生鸟类警觉性更高。无数次，纵使以最快速度打开了三脚架，放

自创的"双人脚架"拍鸟法

好相机，想要拍的那只鸟早已消失得无影无踪。后来在拍鸟实践中，艾雅康自创了一种方法，用人来代替三脚架，将人的肩膀当支架使用。他将它称为"双人脚架"。自从用了这个"双人脚架"，艾雅康野外拍鸟成功率达到95%，就是他看见100只鸟，只有5只他拍不上，这远高于拍鸟界同行水平。

艾雅康很开心。虽然今天遇到点危险，但自己想拍的都拍到了。他不由得用挂在自己身上的那台相机边走边拍。渐渐

347

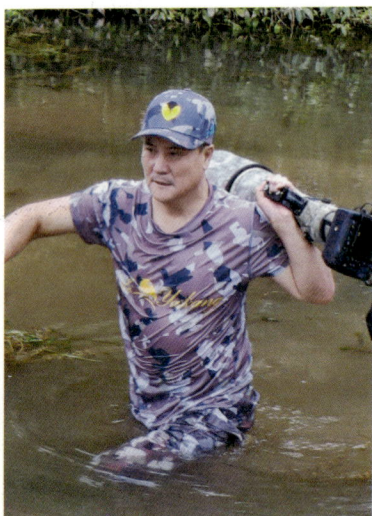
蹚过沼泽地

地，他落在了队伍的最后。可当他发现自己身陷泥沼时，身边竟没有一个人。

他想让自己从泥沼中挣脱，可一使劲他就往下陷。不一会儿，泥沼就到他大腿根处。他知道不能动了，越动下陷得就会越快越深。他大声呼喊，而这时同伴也正折回来找他。

向导见此状况，忙让艾雅康不要动。他找来一根树枝，让艾雅康抓住一头，他和其他人拉住另一头，准备拉出艾雅康。可艾雅康一手拿着相机，只用一只手拉着树枝。大家一用力，发现不仅没拉出艾雅康，反而因用力不均，致使艾雅康越陷越深，泥沼到了他胸口。大家有点慌，让艾雅康丢掉相机，双手拉着树枝，这样一定可以将他拉出。可艾雅康不肯，相机里储存着大量照片，特别是这次出行所拍的照片。他冷静了下来，想了想，让大家将几台相机的背带连成绳，而他把这背带绳套在双腋下，大家合力最终将他拉出了沼泽。

浑身是泥的艾雅康精疲力竭地瘫坐在辛哈拉加山地上，有种劫后余生的感觉。不过，他觉得自己是充实的，有种成就感。同伴都在抱怨，说命重要还是相机重要，可艾雅康只是听着，笑着，看着大家。

灰颊鹦哥分布于厄瓜多尔西部和西南部，以及秘鲁的西北部（艾雅康　摄）

·灰颊鹦哥（南美）

南美素来是"打鸟"人心驰神往之地，仅巴西、哥斯达黎加和厄瓜多尔三国所观察到的鸟种就占到地球鸟类种数近45%之多。哥斯达黎加，一个面积仅5万多平方公里的国家，其拥有的鸟种数量比整个北美洲鸟种数量加起来的总和还多。艾雅康有个厄瓜多尔友人，名叫鲍里斯，他是一位有大学鸟类专业学士学位的"鸟导"。在他的安排下，艾雅康数次前往南美洲拍鸟，收获大量鸟种美图和火热的友情。

虽到过南美不少地方，像巴西潘塔纳尔湿地、哥伦比亚山谷地区以及玻利维亚高地和哥斯达黎加的云林海边等，但艾雅康却对厄瓜多尔情有独钟。

在厄瓜多尔山区。右一鲍里斯，正在拍摄者为艾雅康

厄瓜多尔是一个地理位置得天独厚的国家，虽国土面积不大，但却坐享独有的地理优势。赤道横贯国境，有"南美洲脊梁"之称的安第斯山脉纵穿国土南北。它东有亚马孙河流域雨林，西拥太平洋海

岸和达尔文群岛，是个生态物种极为丰富的国家。鸟类就有1600多种分布，鸟种密度位列全球第一，厄瓜多尔因此成为全球观鸟拍鸟人心中的天堂。

艾雅康的厄瓜多尔拍鸟之旅涵括了三大地理区域，分别是安第斯山脉两侧的高海拔云林、亚马孙热带雨林以及加拉帕戈斯群岛。而著名的加拉帕戈斯群岛，则是"达尔文与上帝分手的地方"，是达尔文《物种起源》孕育地。

到厄瓜多尔之前，艾雅康前一站到了哥伦比亚。在哥伦比亚期间，为追拍美洲红鹮，艾雅康人生第一次进入了军事禁区，而且还是远离故土、政局动荡的哥伦比亚。因为这次的误入，艾雅康一行差点被即刻遣返回国。

那天，一队人在山里跋涉着。不知什么缘故，当天鸟缘极差，纵使一大早就上了山，可到了下午都没拍到几只珍稀鸟，更别说美洲红鹮。向导看上去有点着急，他不停地翻看着

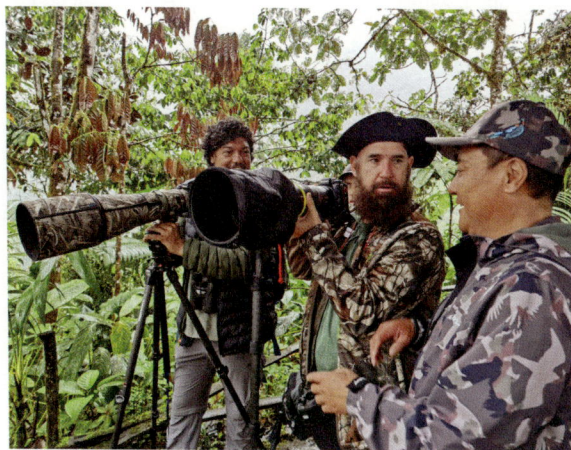

哥伦比亚，左一为鲍里斯

手中的笔记和地图，时不时还用指南针辨别着方向。眼看太阳向西边挪动，他提出要走另外一条道，而这条道他也是第一次走。看到鲍里斯跟向导争论着什么，艾雅康觉得还是要相信当地向导。

不知走了多久，周边树丛中突然传出沙沙声。没等大家反应过来，黑漆漆的枪口就对准他们，有七八条之多。艾雅康打了一个激灵，他怕遇见了贩毒集团武装人员。哥伦比亚贩毒集团，那可是举世闻名的毒辣凶残。待细看这些人，看到他们的军容还算整齐正规，便稍稍有些安心。

见向导和鲍里斯与军警在解释，艾雅康下意识地拿出了护照。看到护照上的国徽，他一下放松下来，原先还紧张的神经松弛了许多。

这时，有个像领头的人走到艾雅康身边，鲍里斯想走过来，被人制止。

艾雅康听不懂那人在说什么，但大致猜到他想知道什么。艾雅康拿出护照，递给了那人，没等对方再开口，他打开相机，将相机所拍摄的鸟儿图片展示给那人看。

"Chino？"那人边看，边问。

"Yes，Chino."Chino艾雅康听得懂，那是西班牙语"中国人"的说法。

那领头的脸色平缓了下来，叽里呱啦说了好一通。艾雅康不懂他在说什么，只能笑着望着他，不置可否。

最后，那领头的向他竖起了大拇指，将护照还给他，走了。

鲍里斯告诉他，那军人看他相机里全是鸟的图片，以为他是生态科学家，是做鸟类研究的。鲍里斯还说，那军人说了一通中国正义、进步发展快的话，称赞中国生态环境保护得好。

那一刻，艾雅康由衷地觉得骄傲。跑的国家越多，他越发感到作为中国人的自豪，切身体会到中国的发展和进步越来越得到更多国家人民的尊重和敬佩。

鲍里斯吓坏了，他坚持要尽快前往厄瓜多尔。不过，艾雅康运气不错，在要出森林时拍到了美洲红鹮。

厄瓜多尔无愧于全球观鸟拍鸟人心目中的天堂，不仅鸟种多，而且随时随地都可以拍到鸟。艾雅康走到哪儿，鸟就拍到哪儿。在安第斯山脉东西侧高海拔云林，在亚马孙雨林以及加拉帕戈斯群岛上，他如愿以偿地将蜂鸟、伞鸟、唐纳雀、巨嘴鸟、安第斯神鹫以及加拉帕戈斯火烈鸟等厄瓜多尔明星鸟悉数收入囊中。

艾雅康还是老习惯，他让鲍里斯带他去那些少有人涉入的区域，他想去看看那里的鸟儿。

去那些地方，跋山涉水是常态，辛苦自然免不了。可时时刻刻得提防来自小动物的惊扰，却成了艾雅康团队头痛的事。

热带雨林是鸟儿们的"加油站"。刚进入亚马孙原始雨林，艾雅康就发现了娇小玲珑的莺。他在加拿大和美国北部的夏天拍过的这些莺，现在竟然在厄瓜多尔又见到了。鲍里斯说，这些莺飞行了一万多公里来到这里，不辞辛劳就是为了到这里"加油站"进补，为了冬天回到北美生儿育女，繁衍种群。艾雅康突发奇想，问鲍里斯："你说这些鸟到底属于哪里？"鲍里斯哈哈一笑，说："鸟儿只有球籍（地球），没有国籍。"

没走多久，刚刚还阳光穿云的天气忽然下起倾盆大雨，一行人穿行在森林里的泥泞小道，外雨里汗，人是湿透了，既狼狈又辛苦。好在雨林天气似易变的小孩脸，雨说停就停。

雨停了，动物们也活跃起来，各种怪虫让艾雅康头皮发麻。不过，看到巨嘴鸟在跳求偶舞，还有世界上最小的啄木鸟（身长只有9厘米）在嬉戏，艾雅康眼中心里只有这些小精灵了。

"Don't move！（别动！）"身后传来鲍里斯的惊呼。

艾雅康下意识地没有动，这不是第一次遇见这样的情况了。

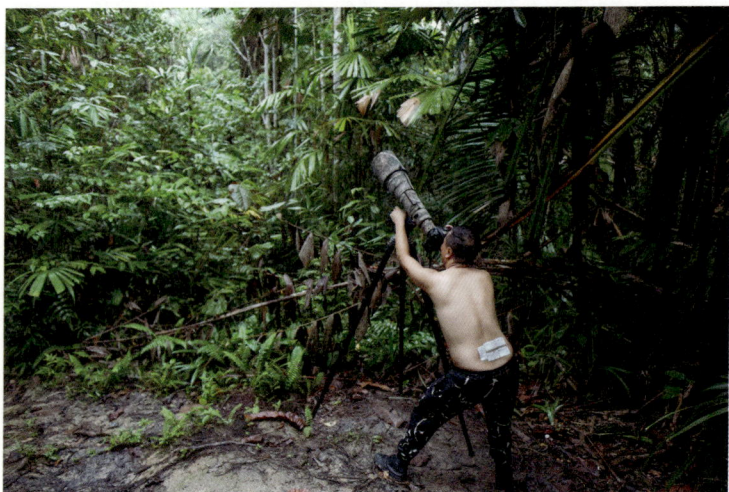

在亚马孙雨林

354

"Ai, Snake!"（艾，有蛇！）

艾雅康听见了他头顶处有蛇的惊呼。拍鸟时没少遇见蛇，但在厄瓜多尔雨林里，他发现蛇尤其多，特别是毒蛇居多。

艾雅康用余光扫了一下，隐约见到有蛇在头顶树梢上。树梢距自己头顶很近，艾雅康觉得自己腰板再挺直些，头就可以触碰到枝条。艾雅康没敢动。头顶上传来咝咝的声音，他知道那是蛇在吐芯子。

没人出声，空气中散发出紧张的气息。艾雅康慢慢地半蹲下去，斜侧了一点身，再慢慢地偏过头，定睛一看，这真吓了他一跳。一条近1米长，有小孩胳膊粗的蛇，盘旋在自己斜上方的枝头上，两者还来了个对眼。艾雅康努力保持着原姿势，没敢动。这种情况他知道不动是最好的选择。脑门上的汗水开始滑落到他双眼，他费力地眨起了眼，生怕错过那蛇的一举一动。这时，他看到蛇头开始转向了另一侧，他猛地立起身，迅即出手抓住蛇的七寸，没等其他人反应，他便将蛇远远地扔了出去。

次日，鲍里斯建议去安提萨纳（Antisana）火山。安提萨纳火山位于安第斯山脉西部，是厄瓜多尔国家生态保护区。他说在当地的印第安人眼里，每一座火山都带有灵性，那里的鸟也带有灵性。

凌晨3点半，鲍里斯就让大家起床，说天亮前得赶到第一个拍鸟点。

进到安提萨纳无人区，车是开不了，"艾之队"在鲍里斯手电筒引领下一头扎进了茫茫大山里。黎明前的天空群星璀璨，似光明的使者，在闪烁着它最耀眼的光芒，将群山的轮廓毫无保留地呈现出来。艾雅康有种黎明前并不黑暗的感觉，恍恍惚惚中，他似乎看到在甘孜州那个看日出的年少的自己。他突然有股冲动，期盼看到太阳早点升起在东方。

安提萨纳山区鸟儿多得让艾雅康第一次觉得可以随心所欲地去拍，最大的收获就是拍到了肉垂冠雉、黑脸鹮等濒危物种。鲍里斯不断为艾雅康指高空飞舞的安第斯神鹰，那是地球上目前观测到的体型最大的鸟，因其高大威严的外形自古就受到印第安人的膜拜。

艾雅康还有意外之喜，他与安第斯眼镜熊来了个不期而遇。一整天奔波，纵然一天下来就吃了两个鸡蛋和鲍里斯私藏的煮土豆，艾雅康还是因为拍到了自己最想拍的鸟而兴奋。当傍晚下山大家匆匆赶路之际，鲍里斯突然指着不远处，大叫道："Andean Bear（安第斯眼镜熊）。"

艾雅康看向所指处，见不到100多米地方有只熊，全身披着红棕毛，不算庞然大物，身长大概1.5米。不过，熊的相貌倒引起艾雅康的注意，它眼睛周围有一对像眼镜一样的圈，颇像大熊猫。后来，艾雅康得知，眼镜熊是与大熊猫亲缘关系最近的现存熊科动物。

鲍里斯直呼幸运。这几年，因为眼镜熊栖息地不断退缩，加上人类开发活动的侵扰，眼镜熊越来越少，遇见眼镜熊概率也变得越来越小。今天能遇到，鲍里斯说他完成了自己的心愿。他告诉艾雅康，他们刚认识那会儿，得知艾雅康来自大熊猫的故乡，他就想艾雅康能来看看眼镜熊。他觉得自己来自眼镜熊的故乡，艾雅康来自熊猫故乡，既然眼镜熊和大熊猫存在着最近的亲缘关系，那他和艾雅康天意中就应该是最好的兄弟。

艾雅康始终将鲍里斯视为朋友和兄弟。两人不仅"合作"在美洲拍鸟，而且艾雅康到非洲等其他大洲拍鸟，他也将鲍里斯带上。作为有着18年鸟导经历的专业人士，鲍里斯说自己在跟随艾雅康拍鸟期间也成长不少，笑称是艾雅康让自己认识了不少非洲等地的鸟种。但最让鲍里斯感动的是2019年新冠疫情暴发后，面临全世界的锁国封城，拍鸟已成不可为之事，可艾雅康仍然每个月按时发放给他工资。当鲍里斯愧疚这份工资，提出没有拍鸟就不应该领这份收入时，艾雅康只说了一句话：我们是兄弟，我有责任这样做。

艾雅康拍到了自己最想拍的鸟，那就是灰颊鹦哥。

灰颊鹦哥是濒危物种，栖息地相当小，分布于厄瓜多尔和秘鲁。看到灰颊鹦哥活跃于高大的树冠层上，敏捷地穿梭在林间，艾雅康连按快门，将其摄入镜头化为永恒影像。好似表示对来自遥远东方客人的欢迎，那天灰颊鹦哥独特的"stleeeet，stleeeet"鸣叫声异常响亮，给周围环境增添了一份生动热情的气息，也给艾雅康疲惫的身心带来了难忘的慰藉。

艾雅康喜欢灰颊鹦哥不仅是因为它是稀有种，更是因为这种鸟自带的天然品性。拍摄灰颊鹦哥时，艾雅康发现有一对灰颊鹦哥很奇怪，一只活泼跳跃，另一只好似很安静，隔段时间才挪动一下位置。当拉近镜头时，艾雅康看到那只上蹿下跳的鸟正在给另外一只鸟喂食。再仔细看，艾雅康发现那只被喂食的鸟两只眼睛竟是空洞的。艾雅康忙叫来鲍里斯，鲍里斯看后说那只眼盲的鸟是雌鸟，另外一只是雄鸟。正当他们在讨论何种缘故使雌鸟致残时，温馨的一幕出现了，雄鸟竟在那儿小心翼翼地帮雌鸟整理着羽毛，随后，两只鸟恩爱地依偎在一起。艾雅康眼睛瞬间湿润了，他迅即抓拍了这一感人场景，并给这幅照片起名为《不离不弃》。不久，这张照片便蹿红朋友圈，感动了无数人。

鲍里斯告诉艾雅康，灰颊鹦哥是一夫一妻制，是美好爱情的象征。

从2017下半年开始到国外拍鸟，艾雅康前前后后仅用三年多就走遍了五大洲近50个国家，拍摄野生鸟类种数达3000多种，成为世界上拍鸟种类最多的个人之一。用"壮举"来形容艾雅康的拍鸟过程一点都不为过，因为懂行的人都知道要在这么短的时间内拍摄到如此多的野生鸟种是何等不易！它意味着艾雅康每年野外拍鸟的时间要达到200天及以上。不仅如此，它还意味着艾雅康可能刚刚在非洲拍完一种鸟儿，就要跑到南美洲或者大洋洲去追赶另一拨鸟儿的踪影，否则他就要再等待一年的时间，才能赶上拍摄某种鸟儿的时间节点。巨大的资金投入不说，单论离别亲人、远涉深山雨林风险之地，为的就是记录鸟种的倩影，这也非常人所能做到的。因为爱、责任和担当，艾雅康做了，而且做到了。国际鸟盟理事会主席、《生物多样性公约》（CBD）前执行秘书长迪亚斯博士当面盛赞艾雅康，称他记录下的鸟类活灵活现，魅力无穷。

在斯里兰卡，艾雅康给孩子们展示远处的鸟儿

在尼泊尔，给当地少年讲解鸟类知识

在印度，给老百姓展示所拍摄的当地鸟儿，从而激发他们爱鸟护鸟热情

在非洲肯尼亚，与装扮成鸟儿的当地土著在一起

在印度尼西亚，与鸟导全家

途中偶遇的欧洲鸟友同行

在美国追鸟

与厄瓜多尔女孩

和合共生：与鸟嬉戏

和合共生：喂食

26　精进

2018年5月，挚爱的母亲离世，艾雅康当时身在南美。

那年年初，母亲在家摔了一跤，髋关节碎裂住进了医院。入院后，93岁高龄的母亲身体每况愈下。艾雅康打越洋电话给鲍里斯，告诉他要取消已准备多时的南美拍鸟行程。鲍里斯表示理解，但委婉地提醒艾雅康要面临的财务损失。病床上的母亲听到了他们的对话。几天后的一个下午，趁着在医院花园晒太阳间隙，那天特别精神的母亲突然问艾雅康："不是要出去拍鸟吗？"

"不去了，出国太远了。"

"答应别人呢？"

"取消了。"

做"打鸟"人后，母亲与艾雅康反反复复有过下面的对话。

"幺儿，不怪妈妈背后说你'坏话'，不想你再去做生意了吧？"

艾雅康笑着说不会的。这个问题母亲问了好多遍，艾雅康是知道母亲怕他在意、不开心。其实，艾雅康早已明白，不再从商是自己的决定，自己银行户头名下资产数目多多少少再也刺激不了他。他第一次有了听从内心召唤的冲动，是时候去唤醒心底深处沉睡已久的本我欲望。

"幺儿，听人说你做事（拍鸟）很辛苦，还危险，不要这样贪玩了。"

母亲的记忆跳回到几十年前，那时艾雅康还是个大孩子，正满世界找能填饱肚子的机会。这两年，母亲脑子时不时有点迷糊，艾雅康知道这是客观规律，毕竟是90多岁的老人。不过，每次母亲这样问，艾雅康都很认真地给母亲解释，自己现在拍鸟不是玩，是在做有意义的事情。怕母亲不懂，他解释说就是报恩。

听到报恩，母亲直点头。母亲最看重的就是知恩图报。她追问要报谁的恩，艾雅康回答说，要报母亲的恩，要报国家的恩。母亲给了自己生命，国家改革开放给了自己富足生活，所以自己得感恩、报恩。

病床上的母亲见到艾雅康，诧异地问："怎么你还在这里？"

艾雅康不解地望着母亲，随即明白了，笑着给母亲一个拥抱。

"你守着妈妈有什么用？我有你哥哥姐姐们守着呢。""去干你要干的事情，把要干的事情干好。"母亲说话已经很费力，但她还是完整地表达了自己的心愿。

艾雅康是被母亲"轰"走的，但让他没想到的是，这一别竟是与母亲的永别！

29日，在巴西的艾雅康接到电话，得知母亲病危，他急忙与航空公司朋友联系，请求用最短时间赶回四川。

与母亲和女儿艾如

转了三次机，一路上祈求母亲平安，可一路上艾雅康却异常心烦意乱，感觉尤其不好。他心存再见母亲的愿望，一刻都不许耽误，仅用26个小时就落地成都，但终究还是没有见到母亲最后一面。30日，即艾雅康接到通知的次日，母亲永远离他而去。

虽有心理准备，可真要面对母亲离世的现实，艾雅康却一时无法面对。办完母亲的后事，他把自己关在和母亲居住过的房子里。屋里到处散发着母亲生活过的印迹。那一段时间，他什么事都不想做，整天整天地呆坐在屋中或花园里，任由思绪游荡。每每想到母亲，他都极力回避，可每每脑子里都是母亲。

第一次，他真切感受到了死亡的冷漠以及自己的无力感。纵使年轻时离死亡曾那么近，他都没有如今这般感受。

那是20世纪90年代初开办橡塑厂期间，厂里组织员工去雅安芦山县飞仙关游玩。芦山飞仙关，是张大千先生笔下的绝壁仙踪，悬崖高耸，沟壑密集。江水穿插其间，峡谷中滚滚浪花奔涌，奇险峡谷之景令人赞叹。正当艾雅康陶醉于此景，忽然听到有人惊呼"不要下水"。艾雅康本能地一惊，疾步循声而去，他听出那惊呼声出自在厂里做会计的二姐之口。没走几步，他又听到一声声撕心裂肺的"救命"声响起，夹杂着有人被冲走的叫喊声。

艾雅康脑瓜轰的一声，他知道出事了。根本没想，他跳进了翻腾的江水中。他想仗着自己从小练就的水性去救人，可一下水，他发觉自己错了，他根本没办法控制自己，身体被江水裹挟着，上下左右翻滚着。他奋力地游着，突然感觉自己被摔在礁石上，此后便没了记忆。

等他再醒来，发觉自己躺在河滩上，周围聚集了一群人，叫喊声哭泣声交集一片。"这人命真大！"这是他醒来后听到的第一句话。

艾雅康事后得知，救他的人是当地村民。那天，平时都不怎么打鱼的村民鬼使神差想到打鱼。他随意来到江边一处，想当然认为江中心的鱼应该多点，便跳到离岸边最远处一块礁石上准备撒网捕鱼。不经意间，他看到离他不远处有一个毛茸茸的东西。不等他有所反应，这东西向他漂了过来。他下意识地趴下身子，手一伸，抓住了那毛茸茸的物体。他觉得有点沉，再用力往上拉，忽地现出一个人头，吓得他差点松开了手。

好在这位村民已人到中年，人生经历让他本能地想到无论如何都要先将人拉出来。费了九牛二虎之力，加上后续赶来的员工帮忙，他把艾雅康拉上岸。经过一番人工呼吸等施救，艾雅康终于从死神手中挣脱了回来。但不幸的是厂里那两名私自下水的员工被激流冲走，永远留在了那江水之中。诡异的是，那两人竟是同年同月同日生人。

后来，艾雅康不止一次说是"赶潮流"救了他。20世纪90年代初，香港娱乐界"四大天王"红遍了海峡两岸暨香港，很多男孩子都模仿天王的蓬松中分冬菇头发型，艾雅康也不例外。要不是头发多且蓬松，那村民也许就看不见、抓不着艾雅康了。后来与艾雅康相处得像家人似的那村民，年老时每每提起此事，最爱说的一句话就是："他头发长，一抓就抓住了，好在抓住了。他人好。"

失去母亲的撕心感受让他痛苦，但也让他思考生活的意义和生命的价值。他，早已衣食无忧，算是成功企业家，称得上是人生赢家。这几年，为了陪伴母亲，他放下了经营企业，喜欢上了打鸟。本意是让母亲开心，不承想追鸟拍鸟这一路让他很充实。他喜欢去追鸟，那里多是绿树成荫、花香沁人之地。他喜欢去拍鸟，那既能让自己观赏鸟儿们的美妙和神奇，又能将鸟儿那精彩的一瞬记录下来，同时给人以精灵之美的享受，更能让人认识、喜欢鸟儿。他乐此不疲。母亲的离世让他突然感觉没了精神支撑，连朋友相邀去"打鸟"也没了兴致，他似乎看不清未来人生的道路和方向。

这是以前没有过的。过去，人生的目标就是赚钱，就是通过自己的奋斗，让自己的日子过好点。后来办企业，也就带着一部分人先富了起来。这几年尽孝母亲，顺便也追鸟、拍鸟，看似休闲，实际上吃了不少苦，花费也不菲，苦乐自知。如今，母亲走了，阴阳两隔，可自己生活还得继续。但什么样的生活才是自己想要的呢？

也许经历过几起几落，他一直对物质的东西不太迷恋，现在更是满足于温饱不愁就可以。近几年，走过几十个国家，每每见到名人英雄塑像，他都会静静地注视一番，自小心中的英雄情结不禁涌动。每个国家都有自己的民族英雄，每个人也都有自己心目中的英雄，艾雅康也不例外。

艾雅康的英雄情结注定了他不会被打倒。要做一个对社会有价值的人一直萦绕在他脑海，让他在失去母亲那段日子里逐渐有了新的精神支柱。他为自己有这样的想法感到惊讶，但仔细想想自己好像一直都在准备着干这样一件事情，一件对社会有价值的事情。他为此准备了许多年，如今，他觉得是到了该付诸行动的时候了。不忘初心，方得始终。

那些日子，他一直在想这件事。想法很多，包括重回企

接受中央电视台专访

业，实业报国，但一一被他否定。一天，在家里花园，在整理这些年所拍摄的鸟图时，他发现这两年拍摄的照片中，天蓝了，水清了，鸟也精神多了。再翻看以前的拍图，天是灰蒙蒙的，水面也多有漂浮的垃圾。不知因何而死去的鸟图显得尤其扎眼——不是一只鸟，而是一批鸟的死亡。他陡然惊觉过去许多不以为意的环境破坏事件如今看来就是一场灾难。联想到近几年在亚马孙河流域，在中南半岛雨林以及非洲干旱地所见的环境恶劣场景，他真心觉得绿水青山真好，中国的生态环境也正变得越来越好。

他开始理解国家，理解政府为何宁愿让经济发展速度降下来，也要关闭高污染高耗能企业。这是为了老百姓的长远福祉，为了子孙后代永续发展考虑。"鱼逐水草而居，鸟择良木

艾雅康

而栖。"自己追鸟、拍鸟，太知道鸟多的地方，环境一定不差。彝族传统神话中有金鸡的传说，彝族人都知道有金鸡才会有金蛋，而金鸡只会生活在绿水青山之中。

他又想到在国外听人议论中国的不是时，自己的不爽。在某些外国人眼中，中国是个资源掠夺性国家，生态和环境都遭到了很大破坏。每次，他都想解释，但不知从哪里讲起。自己是改革开放亲历者，经历过为快速发展而顾不上环境保护那段粗放发展时期，也尝过因环境和生态出了问题后所面临的种种不适。但如今的中国做出了改变，上到中央，下到地方政府乃至普通百姓，保护环境和生态成了共识，化作了行动。几个月前，国家还将建设生态文明写入了宪法，环境和生态以肉眼可见的速度每天都在改善。

艾雅康望着眼前这几年他所拍的1万多张各种鸟类图片，突然有种顿悟：他突然明白自己要干什么、能干什么了。

说干就干，这还是艾雅康的做事风格。

艾雅康想到春节与北京朋友见面时相约的一件事。在看到艾雅康拍摄的众多鸟类作品时，朋友很是喜欢，当即邀请他参加2018首届"一带一路"数字经济高峰论坛特设的艺术品拍卖会。得知拍卖款用于邀请共建"一带一路"国家贫困学生到北京观看2022年北京冬奥会，艾雅康欣然应允。不知怎的，他想起了2008年自己那趟北京奥运会之旅。

他拨通了朋友的电话。得知艾雅康可以来北京，朋友很惊讶，因为他知道艾雅康是孝子，还处在丧母之痛中。

2018年6月30日，由联合国艺术基金会主办的"一带一路"数字经济高峰论坛如期在京举行。面对国内外众多政要和嘉宾对自己作品的喜爱和赞赏，他想到了母亲。会上发言时，他有感而发："我们每一个人来到世上，是要有感情交流，情感释放的。将这幅作品命名为《三生有幸》，既是灵感触发，也是今天我和大家的缘分。"艾雅康停顿了一下。他望了一眼大厅最上方，继续说道："地球是我们的母亲，追鸟、拍鸟，更明白了爱鸟护鸟的重要。把这幅作品奉献给大家，奉献给社会，唤醒大家对自然的保护，让人们知道鸟语花香是多么可爱、祥和。"台下掌声四起，拍卖取得了成功。没有人知道，在北京这个舞台上，艾雅康在用这样的方式向未来的自己发出号令，同时也默默地在向母亲做最后的致敬：今生能成为您的儿子，三生有幸！

这是他第一次将自己的鸟类摄影作品正式展现于公众，艾雅康没料到能得到那么多人的肯定和喜爱。"不仅你的作品漂亮，你致力于野生鸟类的全球拍摄也令人佩服。"与会的一位国际组织政要向艾雅康表示。

北京回来后，艾雅康脑中渐渐有了一个大胆想法：他要为鸟儿创建一个节日。

追鸟、拍鸟这些年，由单纯地拍鸟到不由自主地爱鸟护鸟，艾雅康对鸟儿的认识也是个渐进过程。他将鸟儿看作是大自然的医生，知道了鸟儿能控制虫害蔓延，丰富了生物多样性，维持了森林生态平衡。他惊讶于鸟儿竟是绿水青山的大功臣，因为鸟儿能传播花粉和种子，能直接促进了森林覆盖率提升和生态系统的恢复。在大洋洲拍鸟时，当地人告诉他，新西

372

艾雅康鸟类摄影荣获的国际赛奖（部分）

兰70%森林覆盖率，植物种子就是由鸟类传播的。之后，他对鸟儿更刮目相看了。

追鸟、拍鸟路上并不总是愉悦和满足，身体的疲劳，生活的艰苦，甚至有不时遇见的种种风险，但艾雅康多不以为意。不过，每当他看到有人打鸟、捕鸟以及鸟儿惊恐绝望的眼神，他就显得愤怒和烦躁。"鸟儿虽小，却和人一样富有灵性，能感受快乐和痛苦，也爱自由和歌唱。"遇到这种情况，他都要跟人说道一番。不知多少次，不论国内国外，讲到最后，他都要自掏腰包将活鸟买下，可以放飞的就放飞，伤残不能放飞的，他就送到当地动物保护部门。可面对那些已经死去的鸟，他只有叹息。

他为此花费了一大笔钱。他不吝啬这笔钱，可他知道这并非解决之道。他对朋友说这样做他只是图个心安。这些年下来，他自我安慰：尽力就好，将自己能力范围内的事做好。话虽这样说，但心结毕竟还在。如今，他好像找到了解结的办法。

为鸟儿创建一个节日，不仅让更多人认、识喜欢鸟儿，也能让更多人自觉去保护鸟儿，尤其是那些濒临灭绝的鸟类。有朋友提醒说已有国际爱鸟日，艾雅康笑着打趣说人类节日要更多，自己的目的就要唤起人们对鸟的关注和喜爱，从而不伤害鸟、保护鸟，与鸟共存共荣。"鸟儿是地球生命共同体的一部分，是人类有益的朋友。我们应该感恩它、尊重它。人有各种各样的节日，鸟儿现在还没有一个，我们得给它设立一个，就像邻居朋友一样的，节日时为它庆贺一下。现在虽有爱鸟日、爱鸟周，但不够，鸟应该有自己的节日。"

打从产生创建爱鸟节的想法，艾雅康便四处联系，动用一切关系去推进。由于从未涉足过相关领域，艾雅康不知道从何处入手。折腾了一阵，他突然想到上北京，常识告诉他，办成这类事去北京成功率一定是最高的。

2019年元旦钟声刚敲过，艾雅康就来到了北京。在北京，经朋友介绍，他结识了中国生物多样性保护与绿色发展基金会（中国绿发会）副秘书长肖青。

两人一见如故。得知艾雅康想创建"爱鸟节"，见多识广的肖青一个劲地摇头。

他抛出了问题。主办机构有吗？年年能办吗？资金哪里来？他特意提醒艾雅康，创建、举办"爱鸟节"得有强大的资金支持，"这是一笔大开支"。

艾雅康愣了一下，看了看手上端着的酒，平时不愿喝酒的他却一干而尽。

"不要操心钱，就说这事干得，干不得？"

中国绿发会以广泛动员全社会关心和支持生物多样性保护和绿色发展事业为己任，长期致力于促进生态文明建设和人与自然和谐，构建人类美好家园。肖青见这事跟自己本职工作有关系，加上与艾雅康很投缘，便答应会尽力成就。

热情不凡的肖青没几天就给艾雅康回话，说6月在武汉有个活动，可以考虑届时推出"爱鸟节"。

艾雅康一口允诺。经过近半年的筹办，2019年6月，在武汉，"爱鸟节"横空出世。

27 "爱鸟节"（2019—2024）

2019年6月17日，武汉万达瑞华酒店，"第二届世界领袖与企业领袖高峰会"进入一个特设环节，"艾雅康世界爱鸟节"发布启动仪式。

台下坐满了人，不乏国际政要，有保加利亚前总统彼得·斯托扬诺夫、波兰前总统科莫罗夫斯基、斯洛文尼亚前

艾雅康（前中）讲解他拍摄的鸟儿。右一为马耳他前总理劳伦斯·贡奇，后高个戴眼镜者为斯洛文尼亚前总统达尼洛·图尔克

总统达尼洛·图尔克、乌克兰前总统维克多·尤先科、乌拉圭前总统路易斯·阿尔韦托·拉卡列、玻利维亚前总统豪尔赫·基罗加、圣马力诺前总统诺吉安·佛朗哥·泰伦齐、爱尔兰前总理伯蒂·艾亨、匈牙利前总理迈杰希·彼得和马耳他前总理劳伦斯·贡奇等。此外，100多位国内外企业家也参加了发布会。肖青也来了，他是代表中国绿发会参会的。

为了推出"爱鸟节"，肖青没少忙。多年绿发会工作经历，肖青对绿色生态和生物多样性有着全面深刻的认识，因而对艾雅康很是敬佩，两人成了好朋友。其间，肖青不仅积极配合艾雅康筹办"爱鸟节"，而且将此纳入绿发会工作，用他自己的话来说，就是让艾雅康找到组织。

肖青在发言，语调还是那样充满激情，"艾雅康先生践行了一个成功企业家以个人身份对生物多样性保护的义务和责任，他的义举将使更多的人了解生物多样性保护的必要性和保护工作所面临的严峻形势。通过这一公益活动，希望全社会以及更多的爱心人士加入生物多样性保护的行列中来。鉴于鸟类生存状况是衡量全球生态环境健康的重要指标，中国绿发会将联合艾雅康共同推出'国际爱鸟工程'"。

轮到艾雅康发言。他走上台，拿出稿子念了起来。没多久，他发现台下变得嘈杂起来，很显然，他的发言没有引起共鸣。他索性撇开讲稿，讲起自己想讲的。他清了清嗓子，看了一眼台下，由着自己的思绪讲了起来。

今天这个世界领袖与企业领袖高峰会，来了很多企业

在首届"爱鸟节"上发言

家。我过去也是做企业的，是你们当中的一员。不过，我现在没做了，主动放弃了，主要原因是为了我母亲。因为我觉得我的生命是母亲给的，我的一切都应是她的，我不能只拿物资满足她，我得花时间去陪伴她。在我50岁那年，我决定离开企业，专心陪伴母亲。

陪伴母亲期间，我爱上了"打鸟"。在母亲的"激励"下，我满世界追鸟、拍鸟，到今天拍到野生鸟类三千余种。追鸟拍鸟很辛苦，充满了风险，很多人问我：你好歹是个老板，怎么要去荒山野岭睡睡袋？去饱一餐饿一顿？你图什么？

50岁后，与母亲待在一起，时间越久，越真正懂得她常挂在嘴边的知恩报恩的真正含义。母亲这种朴素报恩思想对我

378

来说是潜移默化的，我受了她很多影响。在我的人生经历当中，不时地就有这种东西在我的脑海里呈现。我的转变并不是突发奇想，也不是那种完全没有准备，我一直都在准备着干一件事情，一件我认为有意义的事情。以前由于能力、智慧以及创造性没到那一步，加上忙于企业发展，根本无暇听从内心的呼唤，直到我50岁以后，我才渐渐知道自己最看重什么，才知道应该知什么恩，报什么恩。就像习近平总书记所说的"不忘初心、牢记使命"，这句话用到我身上，不忘初心就是孝顺母亲、报效国家。

那我的使命呢？我有使命吗？我觉得自己有。我在追鸟、拍鸟中找到了自己的使命。

我们的领导人提出了习近平生态文明的思想，绿水青山给中国带来了巨大变化，也让中国在国际上的形象得到了极大改观。在海外拍鸟这几年，我亲身感受到这种改观，也深受其益。那时我就在想，思想有了，口号也提出了，那就得有人去践行。要去做，全世界都在看我们呢。作为一个中国人，我为什么不跟上去，不去做？哪怕我就做一个小螺丝钉。

更重要的是，全人类都应该醒悟，都应该清醒，我们同处一个地球，是命运共同体，我们有责任保护我们的地球，保护生态和环境。我们的环境到处都是垃圾，被人为破坏了，我们生活会好吗？延伸到家庭，延伸到地球，地球也是个大家庭，如果我们放任污染破坏，我们的水遭到污染，我们的空气遭到污染，我们的环境遭到污染，我们的森林遭到破坏，那么这些污染和破坏后的结果，那就是人类的灭绝。没有国家和个

379

人能独善其身。所以，我得在有生之年在这方面干一件有意义的事情，这就是我发自内心对我母亲的承诺，也是对内心的我的承诺。

我是一个非常平凡的人。改革开放让我富了起来，让我衣食无忧，但我并没有沉溺于财富之中，一味去追逐金钱或享乐。我一直认为人活在这个世上，有精神追求更重要。有了精神，无论你拥有什么，有多少财富，你都会知足、满足，因为你有一个引领你前行的思想，让你视奉献为人生价值。我今天所做的事情，我认为很平凡，但很多人像台下不少领导人都给予我鼓励和称赞，觉得不平凡。我理解他们眼中的不平凡不仅是我在做实事，全世界去拍鸟去爱鸟护鸟，他们认为我的不平凡可能是我有使命担当，尤其当他们知道我是个企业家后。我没有利用我的财富去贪图享受，我放弃安逸生活去涉险野外拍鸟，那是我认为我现在所有的一切，包括财富，都是国家给的，是这个社会给的，是母亲给的，我现在得回报回去。所以，今天我要用我能做到的方式，用影像的力量，用3000多种野生鸟类影像图片，来呼吁人们从爱鸟开始，从保护鸟开始，爱护大自然，爱护环境，保护生物多样性。

我一直认为我有三个母亲：生我养我的母亲、祖国母亲和地球母亲。虽然生我养我的母亲已离我而去，但我相信她会在天上看到她儿子所做的一切，并保佑她的孩子。今后，我也会像孝敬生身母亲那样，去报效祖国母亲和地球母亲。这是我内心的声音，也是我今后存在于这个世界的价值所在。

希望大家支持"爱鸟节"。这不仅是为鸟儿设立的一个节日，提醒世人爱鸟护鸟进而保护大自然，它本质上是宣传一种思想，一种理念，从而让全世界去知晓研究这种思想，让生态文明思想变成人的自觉行为。

我知道我选择了一条充满荆棘之路，也许是一种理想化并不一定完全能走到尽头的道路。我知道其中充满了风险，尤其对我个人财富是个极大的考验，但我做好了承担这种风险的准备。我愿倾我所有去为鸟儿代言，倡导爱鸟护鸟，因为这不仅是我个人的喜好追求，它也关系到在座的每一个人，关系到我们共同的地球母亲的命运与未来。"道阻且长，行则将至。行而不辍，未来可期。"大家一起努力！

"天空没有鸟，世界会变小。"

艾雅康说完了，台下一片寂静。突然，一阵掌声响起，随即掌声爆发了，领导人们纷纷起立鼓掌。

工作人员递上专门为"爱鸟节"设计定做的旗帜，艾雅康拿着正准备挥舞，见九国前领导人已纷纷走上讲台。他忽发奇想，摸出会议前给领导人赠送作品时所用的油性签字笔，请领导人在旗帜上签名。九国前领导人欣然应允，每一个人都庄重地在旗帜上签上了自己的名字。他们表示，这是对艾雅康"伟大事业"的支持，而且他们会一直给予支持。

随后，九国前领导人、中国绿发会肖青副秘书长和艾雅康共同按下启动按钮，在百余名嘉宾的见证下，"艾雅康世界爱鸟节"正式起航。

在与中国生物多样性保护与绿色发展基金会共建鸟类多样性保护研究院签约仪式上。右为基金会秘书长周晋峰，左为副秘书长肖青

艾雅康又转换到他以前经营企业时的工作状态：日夜不分、充满激情以及效率第一。不久，新的工作团队组建完成。

同年7月，中国绿发会设立了鸟类生物多样性保护工作委员会，艾雅康获聘出任主任。

同月12日，艾雅康与中国绿发会共建鸟类多样性保护研究院签约仪式在北京举行，中国生物多样性保护与绿色发展基金会秘书长周晋峰博士和艾雅康在合作文件上签字。周晋峰在签约后表示，中国绿发会鸟类多样性保护研究院的成立意义非凡，这是绿发会在生物多样性保护方面又一个深入且专业化的项目，标志着绿发会在鸟类保护方面又迈上了一个新的台阶，而这一项目又得到了专业爱鸟人士艾雅康及其团队的支持，必将如虎添翼。相信在不久的将来，中国的爱鸟、护鸟、生物多样性保护事业必将蓬勃发展，"中国鸟王"亦会成为"世界鸟王"。

同日下午，中国生物多样性保护与绿色发展基金会理事长胡德平接见了艾雅康。他关切地询问了艾雅康以及爱鸟节举办情况，鼓励艾雅康把对鸟观察的特殊经验总结出来。他同时指出，鸟是一个城市的"审判官"，一个城市鸟越多，它的自然环境就越好；环境不好，鸟是不会去那里的。

与时任中国生物多样性保护与绿色发展基金会党委书记胡德平（左）

新华社、中国网等主流媒体第一时间报道了鸟类多样性保护研究院成立的消息。面对记者的采访，艾雅康直抒胸臆，他说：作为一个从大凉山走出来的彝族人，从小就对大自然及自然界中的一切生灵有一种天生的热爱，对鸟类则更偏爱。他希望通

在有了创建"爱鸟节"想法后的一次拍鸟中，艾雅康偶然拍到这张十二线极乐鸟背影图。其形好似心状，加上这样姿态完全是天授地设，难以重现再见，艾雅康为之惊喜，更从中看到大爱无疆，天赋使命。爱鸟节的会徽由此萌生

383

过自己身体力行地、实实在在地做一些有意义的事，保护鸟类，保护环境，促进世界生物多样性保护与绿色发展，实现人与自然和谐共生。

"热闹"过后，艾雅康又投入拍鸟中。他和鲍里斯策划了一个拍鸟行程计划，准备用三个月时间在南美洲的巴西、秘鲁、玻利维亚、阿根廷、圭亚那等国家拍摄野生鸟类。这次，他特意叮嘱鲍里斯要加上爱鸟护鸟、保护生态工作内容，"这是与绿发会共同开展的'国际爱鸟工程'要求，作为发起人，自己有义不容辞的责任"。

·第二届"爱鸟节"（2020年，雅安）

2020年来了，满怀激情、干劲十足的艾雅康规划着下一阶段的工作安排：第二届"世界爱鸟节"的筹办、雅康鸟类博物馆兴建、为"鸟类百科大全"的编写准备素材等。可春节前后全国范围的新冠疫情管控让艾雅康不得不放慢了步伐，尤其对是否举办第二届"世界爱鸟节"，艾雅康面临着巨大的压力。

怎么办？大城市、中心城市举办"爱鸟节"显然不现实，艾雅康想到回雅安举办。一方面，雅安是中等城市，人口密度不大，疫情防控做得也比较好；另一方面，他也想趁这个机会回馈家乡，于是他把自己的想法汇报给了雅安市委、市政府。

雅安素有"生态天堂"的美誉，政府也将打造"观鸟天堂"列为中心工作之一。对艾雅康回雅安来办"爱鸟节"，市委、市政府原则上是认可支持的。但疫情防控容不得半点差错，距"爱鸟节"开幕仅有一个月时间，雅安市委、市政府仍无法给出是否举办的肯定答复。不过，坐落于雅安市雨城区张家山公园的雅康野生鸟类博物馆各项工作进展顺利，这给焦虑中的艾雅康带去了一丝安慰。

虽然没有政府的明确答复，但"爱鸟节"准备工作还是在艾雅康坚持下紧锣密鼓地推进，因为艾雅康确信自己在做有益于社会的事情，在确保疫情可控的情况下，政府和社会一定会给予他支持。

6月17日的"爱鸟节"进入倒计时，不料，6月14日雅安新增新冠疑似病例1例。

这个新增疑似病例人员是从北京回来的，到雅安石棉县即被发现并纳入管理。这疑似病例一出现，将"爱鸟节"能否举办推上了风口浪尖。

经过密集协商、科学研判，艾雅康盼来了好消息，"爱鸟节"将会如期举行。

2020年6月17日，第二届"艾雅康世界爱鸟节"在众多嘉宾祝贺声中开幕。

第十二届全国政协副主席、农工党第十五届中央常务副主席刘晓峰亲临雅安出席开幕式。他在致辞中强调，全球正在经历着严重的突发公共卫生事件，此次疫情让人们进一步认识到生物多样性在维系自然环境、生态平衡等方面发挥的重要作用，这同时也是人们赖以生存的条件。

因疫情不能亲临现场，国内外众多嘉宾还是通过自己的

第二届"爱鸟节"开幕式。左起：老同志曹志斌、艾雅康、第十二届全国政协副主席刘晓峰、中国绿发会副秘书长肖青

方式表达了对"爱鸟节"的支持和热爱。爱尔兰前总理伯蒂·埃亨、斯洛文尼亚前总统达尼洛·图尔克、匈牙利前总理迈杰希·彼得等发来视频祝贺。

胡德平也发来贺信。在祝贺第二届"艾雅康世界爱鸟节"胜利召开的同时，他也希望通过社会各界的努力，让鸟儿也过上小康生活，这也是人与自然和谐共处的应有之义。

艾雅康也在开幕式上发言，表示会通过爱鸟护鸟践行习近平生态文明思想，自觉这是自己应尽的义务；至于把名字写入"爱鸟节"，不是为了突显个人荣誉，更多的是一种责任和担当，提醒自己不忘初衷，不断前行。

雅康野生鸟类博物馆也在当天举办了开馆仪式，馆内展出了近200幅艾雅康在世界各地拍摄的野生鸟类摄影作品，免费向公众开放。为进一步增强民众爱鸟护鸟意识，科普鸟文化知

雅康野生鸟类博物馆开馆

识，作为补充，鸟类主题灯光展同日也在雅安市雨城区张家山公园亮灯，免费向公众开放。

中国绿发会鸟类生物多样性保护研究院挂牌仪式也在随后举行，肖青代表中国绿发会给艾雅康颁发了研究院院长任命书。这个旨在推动全球鸟类多样性保护，包括鸟类栖息地保护等自然环境的保护、治理、研究以及相关科普宣传等工作的研究院正式步入社会舞台。

作为2020年"爱鸟节"活动一部分，由艾雅康个人出资50万元人民币发起的"2020国际野生鸟类摄影大赛"也取得圆满成功。活动共收到60多个国家和地区800多名野生鸟类摄影家作品6000多幅，对扩大"爱鸟节"影响，宣传中国生态文明理念起到了积极作用。

本届"爱鸟节"得到不少主流媒体关注。中央电视台

鸟类生物多样性保护研究院揭牌

《朝闻天下》《中国改革报》《环球网》《川观新闻》等媒体第一时间给予了详尽报道。

第二届"爱鸟节"的成功举办引发了公众对鸟儿的探究和喜爱，同时对传播和宣介生态文明思想以及促进生态文明建设也起到了一定的促进作用。"爱鸟节"刚办完没多久，正安排外出拍鸟的艾雅康接到了凉山彝族自治州邀请，邀请他来凉山州举办"爱鸟节"。

给孩子们当向导做讲解

·第三届"爱鸟节"（2021年，西昌）

对凉山，艾雅康不会陌生，甚至还有自带的亲近感。凉山彝族自治州是中国最大的彝族聚居区，艾雅康父母就来自八百里凉山。从记事起，艾雅康就被母亲教导，不要忘了自己是来自大凉山的彝族人。收到祖居地政府的邀请，艾雅康欣然应允，他同样想为故乡做点事情。

西昌是凉山彝族自治州州府首府，有"春天栖息的城市"之称。新时期，西昌坚持生态优先、绿色发展的战略导向，致力于建设国际生态田园历史文化名城。西昌自然生态环境得天独厚，辖内的高原淡水湖泊邛海及其中国最大的城市湿地是南方候鸟重要栖息地之一。邛海之上，湿地之间，可见紫水鸡、白琵鹭、彩鹬、青头潜鸭等珍稀野生鸟类。据不完全统

第三届"爱鸟节"开幕式，刘晓峰（前立者）宣布"爱鸟节"开幕。后排左起：周晋峰、杜尚·贝拉、马辉、艾雅康、陈耀先等

艾雅康捐赠作品及善款100万元，用于西昌高原湿地自然生态保护

计，西昌近年监测到鸟类有195种，其中包括10余种国家重点保护物种。爱鸟护鸟活动与西昌"生态立市"发展理念不谋而合。

在西昌市委、市政府的大力支持下，第三届"爱鸟节"于2021年6月17日在西昌邛海湖畔如期举行。这年的活动主题为"西昌飞神鸟、世界多精彩"。

出席第三届"爱鸟节"的活动嘉宾有第十二届全国政协副主席刘晓峰，中国人民银行原副行长陈耀先，斯洛伐克大使杜尚·贝拉，中国绿发会副理事长兼秘书长周晋峰等。中共凉山州委常委，西昌市委书记马辉出席活动并致欢迎辞。

周晋峰代表主办单位致开幕词。他感谢艾雅康持续对于鸟的关注，通过对鸟的热爱、关注和摄影，来唤起、来动员大家共同参加到伟大的生态文明建设中，共同参加到人类命运共同体和地球生命共同体的建设中。

斯洛伐克驻华大使杜尚·贝拉在致辞中指出：生物多样性反映了地球上生命的多样性和可变性。鸟类资源是大自然和地球的宝贵自然财富，它们的存在，丰富着地球的生物多样性。然而人类活动改变了地球表面近75%的面积，把野生动物和大自然挤到了地球上越来越小的角落，使它们面临越来越大的压力。地球上的物种正在以比预期更快的速度消失。因此，爱鸟、护鸟非常重要。

活动期间，他们还为"2021国际野生鸟类摄影大赛"获奖者举行了颁奖，同时也为"6·17艾雅康爱鸟活动·2021鸟类生态科普公益校园巡回展"评选出的"爱鸟小天使""爱鸟优秀园丁"颁奖。艾雅康还捐赠了100幅鸟类摄影作品，并将义拍所得善款捐赠给西昌市政府，用于生态环境保护工作。

2021年1月以来，艾雅康任职主任的中国绿发会鸟类生物

艾雅康（后排居中者）给爱鸟小天使、爱鸟优秀园丁颁奖

艾雅康亲临校园参加鸟类生态科普公益校园巡回展活动

多样性保护委员会，组织人员走入校园，开展以鸟类保护为主题的一系列科普宣传活动，科普鸟类知识，宣讲保护生态环境，地区遍及成都、西昌、雅安、康定等城市大中院校，宣传人数达15000人次，发放爱鸟宣传物件20000余枚（套）。

·第四届"爱鸟节"（2022年，西昌）

"爱鸟节"及其相关活动的开展，加深了西昌市和艾雅康双方之间的了解，艾雅康决定在西昌再建一座野生鸟类博物馆。

2022年6月17日，第四届"爱鸟节"在西昌邛海湖畔举行。同日，艾雅康野生鸟类生态博物馆也建成开馆。

全国工商联原副主席、中国生物多样性保护与绿色发展基金会理事长谢伯阳，中国关心下一代工作委员会常务副主任、中共中央宣传部原副部长、中国文联党组书记胡振民，十二届全国政协常委兼副秘书长何丕洁、四川省林业和草原局二级巡

第四届爱鸟节开幕式，中国绿发会理事长谢伯阳致辞

视员王玉琳等来自国内外的300余名嘉宾出席"爱鸟节"开幕式。

新西兰前总理珍妮·玛丽·希普利、意大利前总理马泰奥·伦齐、毛里求斯前总统阿米娜·古里布·法基姆等国家政要发来视频，对"爱鸟节"开幕表示祝贺。

毛里求斯驻华大使王纯万（Marie Roland Alain Wong Yen Cheong）、伊朗时任驻华大使穆罕默德·克沙瓦尔兹扎

艾雅康鸟类生态博物馆开馆仪式

德（Mohammad Keshavarzzadeh）、纳米比亚驻华大使伊莱亚·乔治·凯亚莫（Elia George Kaiyamo）、斯里兰卡时任驻华大使帕利塔·科霍纳（Palitha Kohona）以及葡萄牙驻华总领事白宥亨（Ricardo J.N.Baião）、缅甸驻华公使衔参赞辛玛推女士（Zin mar Htwe）、萨尔瓦多驻华大使馆商务参赞佩德罗·哈耶姆（Pedro Hayem）和索菲亚·卡尔隆德（Sofia Caldron）等七国驻华使团官员亲临西昌出席参加"爱鸟节"活动。

牙买加时任驻华大使邱伟基（Antonia Hugh）、摩尔多瓦驻华大使杜米特鲁·贝拉基什（Dumitru Braghis）、尼泊尔驻华公使查宾德拉·帕拉朱利（Chhabindra Parajuli）也发来祝贺视频。

在开幕礼上，谢伯阳在致辞中说：鸟是大自然的精灵，森林、草原等生态系统和农业发展，都离不开鸟类的维系，保护鸟类是生物多样性保护工作的必然要求和重要内容。艾雅康先生不仅积极投身改革开放和经济建设并取得了事业上的成功，而且热爱自然、敬畏自然、回归自然，从拍鸟、爱鸟到护鸟、美鸟，推动鸟类保护，将绚丽多彩、千姿百态、情趣盎然的鸟类艺术呈现给世界，促使我们由美学享受进而加深为情感上的喜爱。艾雅康先生是有世界影响力的鸟类摄影家和鸟类保护人，我们希望他的爱鸟护鸟梦想早日实现。

毛里求斯驻华大使王纯万（Marie Roland Alain Wong Yen Cheong）是毛里求斯华裔，祖籍广东梅州。他在致辞时表示，作为来自如今已被当作保护和拯救其他濒临灭绝的动物物种标志的渡渡鸟栖息地毛里求斯的前环境部长，他无法想象一个没有鸟类的世界是什么样子。鸟类在地球生态系统运作中起着至关重要的作用，与数以百万计的其他物种一起，鸟儿直接影响人类的健康、经济和粮食生产。他感谢主办方举办了第四届艾雅康世界爱鸟节，认为这对我们星球的健康至关重要。

同日，位于邛海国家级旅游度假区小渔村的艾雅康鸟类生态博物馆（西昌）开馆。

开馆仪式上，宣读了《西昌市人民政府关于绿尾虹雉为西昌市市鸟的公告》，宣布将国家一级重点保护物种绿尾虹雉列为西昌市市鸟的决定，同时也举行了"中国青少年鸟类科普实践教育基地"挂牌仪式。

博物馆融展览、科普、文化展示于一体，建筑面积5000余平方米，分为序厅和探索鸟类、鸟与人类等十个主题展厅。展馆运用多媒体互动、VR体验等科技方式，不仅让游客了解鸟类与自然环境、人类的关系，而且实境感受人与鸟类和谐共生的生态场景，唤醒人们保护环境、保护野生动物的意识，同时突出宣传了保护湿地、保护鸟类的重要性，体现出鸟类博物馆对外宣传的窗口作用。博物馆的建成开馆是西昌市树立"绿水青山就是金山银山"理念、坚持走生态优先、绿色发展之路的成果，必将推

授予艾雅康"西昌市荣誉市民"，表彰他为西昌生态文明建设所做的贡献

参加第四届"爱鸟节"部分中外嘉宾合影。左起：萨尔瓦多佩德罗·哈耶姆参赞和索菲亚·卡尔隆德，毛里求斯王纯万大使夫妇、艾雅康、中宣部原副部长胡振民、斯里兰卡帕利塔·科霍纳大使、民革中央原专职副主席何丕洁、纳米比亚伊莱亚·乔治·凯亚莫大使等

动鸟类多样性保护再上新台阶，推进凉山生态文明建设再上新台阶。

　　该馆已成为市民、游客参观邛海湿地公园、了解鸟类科普知识的好去处。艾雅康欣慰地说：博物馆落户西昌，既得益于西昌得天独厚的自然生态环境，更是我对家乡乡愁的一份慰藉。

·第五届"爱鸟节"（2023年，成都）

　　2023年初，中国绿发会发起成立了国际生物多样性人民基金（International Biodiversity Fund of People，IBFOP），旨在帮助世界人民特别是发展中国家人民参与、实施保护生物多样性，推动社会可持续发展。

获悉人民基金（IBFOP）成立，艾雅康第一时间表示祝贺和支持。他率先向人民基金捐来首笔25万元善款，用于支持生物多样性国内保护行动和国际交流推广。这已不是艾雅康第一次捐款。早在2019年，艾雅康就向绿发会"爱鸟工程"捐助50万元人民币，用于全球性鸟类多样性保护研究以及鸟类保护工作。近五年，艾雅康向国内外相关机构捐献用于鸟类保护款项达百万元。

将爱鸟护鸟推向更广阔的社会领域，是艾雅康一直的心愿。第五届"爱鸟节"筹划期间，艾雅康提出这一届"爱鸟节"要在成都举办。

2023年6月17日，中国绿发会主办，四川通达企业集团等承办的"爱鸟节"如期举行。全国工商联原副主席，国务院参事，中国绿发会理事长谢伯阳致开幕词。他说，从2019年举办首届"艾雅康世界爱鸟节"开始，到今年已是第五届了。五年

第五届"爱鸟节"开幕式。左起：绿发会理事长谢伯阳、全国政协原常委兼副秘书长何丕洁、艾雅康

来，我们最高兴的是，越来越多的人参与到了爱鸟、护鸟、保护生物多样性队伍中来，亲近自然，默默奉献，不求回报，泽被世人。我们举办爱鸟节，目的是要唤起公众对鸟类及各种野生动植物保护的意识，因为生物多样性是大自然生命延续和繁衍的基础，是维持生态平衡的重要保障。习近平总书记曾明确指出："我们要通过生物多样性保护推动绿色发展，加快推动发展方式和生活方式绿色转型，以全球发展倡议为引领，给各国人民带来更多实惠。"没有了鸟类，就不会有绿水青山，丧失了生物多样性，也必然毁灭人类文明，人类不是地球的主宰，而是地球选择了人类。爱鸟、护鸟应该成为人类现代文明新的开始。

摩尔多瓦等国家政要通过视频向第五届"世界爱鸟节"举行表示祝贺。摩尔多瓦共和国的第二任总统彼得·鲁钦斯基说：回顾过去几届"世界爱鸟节"，发现每一次活动都举办得非常成功。作为"世界鸟王"，艾雅康先生承担起了社会责任并为鸟类保护和生态环境保护做出了杰出贡献。艾雅康先生正在践行他九年来的承诺。他所做的事情就是对世界最好的证明，发自内心也出于责任，他用自己的生活和工作谱写了无限

Sunt al doilea preşedinte al Moldovei (Petro Lusinsky)
我是摩尔多瓦共和国的第二任总统（彼得鲁·卢辛斯基）

摩尔多瓦共和国的第二任总统彼得·鲁钦斯基给第五届"爱鸟节"发来视频贺词

罗马尼亚驻华大使康斯坦丁内斯库致辞

爱的篇章。我相信全世界的人们都将为艾雅康先生的行为感到高兴也将支持这种善举。

罗马尼亚时任驻华大使康斯坦丁内斯库（H. E. Basil Constantinescu）、阿拉伯国家联盟驻华代表处副主任艾哈迈德·舒阿卜（Ahmed Chouaib）、毛里塔尼亚驻华大使馆时任特命全权公使齐丹·侯赛因（Elhousseinne Zeidane）、伊朗驻华使馆参赞瑞扎·皮尔皮兰（Reza Pirpiran）等国驻华使节亲临成都出席这一国际性生态公益盛会。

康斯坦丁内斯库致辞说："我是第一次参加到这样一个活动，他是以中国人的名字来命名的。'天空没有鸟，世界会变小'，这句话今天是触动我的。我非常感谢艾雅康先生为全世界的团结来做的这个对于鸟对于世界有贡献的事情。欢迎艾雅康先生亲自来到罗马尼亚来探索我们的生物的多样性。"

阿盟艾哈迈德·舒阿卜致辞，他说：让我们利用这个节日

399

艾雅康（左四）与参加第五届"爱鸟节"嘉宾合影。左三为罗马尼亚时任驻华大使康斯坦丁内斯库，右四为阿盟驻华代表处艾哈迈德·舒阿卜，右三为毛里塔尼亚时任驻华公使齐丹·侯赛因，右二为伊朗驻华使馆参赞瑞扎·皮尔皮兰

作为一个机会，聚在一起，庆祝并激励彼此，保护和珍惜这些给我们的生活带来如此多欢乐和奇迹的神奇生物。让我们宣传鸟类及其保护的重要性，共同努力确保它们和我们的星球有一个更美好的未来。特别感谢艾雅康，他多年来一直是鸟类及其保护的忠实和热情的支持者。艾雅康在鸟类保护领域的努力有助于提高人们对保护鸟类种群及其栖息地重要性的认识，他对这项事业的承诺激励了其他人追随他的脚步，为我们的羽毛朋友们创造更光明的未来。

中央广电总台国际在线、央视网、中国网、澎湃新闻等主流媒体对相关活动给予了报道。

· 第六届"爱鸟节"（2024年，成都）

艾雅康被告知有更多的外国友人要报名参加第六届"爱鸟节"，于是便早早将会址定在了成都。

2024年6月17日，来自巴拿马环境部 、联合国非洲经济委员会以及泰国、老挝、尼泊尔、斯里兰卡、巴基斯坦、巴林、约旦、乌兹别克斯坦、亚美尼亚、圭亚那、刚果、贝

第六届"爱鸟节"启动仪式

四川省政协原副主席罗布江村祝贺第六届"爱鸟节"举办

泰国王室善猜亲王亲临第六届"爱鸟节"并致辞

宁、乌干达、布隆迪、津巴布韦等共建"一带一路"国家或南方国家近80位国际友好人士参加第六届"爱鸟节"开幕式及相关活动，创"爱鸟节"举办以来历年之最。

泰国王室善猜亲王亲临成都参加了2024年第六届"世界爱鸟节"。早在2023年"'一带一路'东盟工商领袖峰会"上，因在全球鸟类多样性保护公益事业方面做出的贡献，艾雅康获颁泰国第十世国王勋章。在那次峰会上，因在生态保护理念方面有诸多共识，也看到艾雅康在爱鸟护鸟多年的行动，善猜亲王欣然应允来中国参加2024年"艾雅康世界爱鸟节"。

为了表示对艾雅康的支持，善猜亲王在开幕式上宣布将艾雅康鸟类摄影作品及其鸟类文创产品列为泰国皇室成员御用产品。

中国绿发会理事长谢伯阳致开幕词。他说很高兴看到很

来自10多个国家近80位友好人士参加了第六届"爱鸟节"。图为艾雅康（中）与他们的合影

多国际友人莅临爱鸟节活动，恰逢由中国提出的联合国文明对话国际日通过，加强文明对话，可以从共同爱鸟做起，以鸟为媒，构建全球文明。他强调"爱鸟节"设立的初衷是为了感恩鸟类为我们人类带来的诸多福祉，从而让更多的人参与到爱鸟护鸟的行动中来，保护生物多样性，保护这青山绿水，建设好生态文明。他呼吁大家应当凝聚共识，躬身力行，把爱护鸟类、保护生物多样性上升到对人类文明赓续负责的高度。

中外知名媒体对这届爱鸟节给予了充分报道。有媒体评论，艾雅康先生从10年前就致力于野生鸟类的拍摄和保护，用影像的力量促进社会各界对鸟类的喜爱和保护以及对自然环境生态的关注，其足迹遍布世界五大洲。他对野生鸟类保护所做的努力和取得的成就有目共睹，已成为具有国际影响力的中国

在鸟类生态博物馆，艾雅康与孩子们

符号。而自2019年连续举办了六届的"爱鸟节"已成为向世界讲述中国生态故事，宣传中国生态文明理念和中国生态成就的重要平台。

其实，这几年艾雅康会利用一切场合去宣讲爱鸟护鸟的重要性和必要性，去讲述绿水青山和鸟儿共生共荣的故事，去践行"共同构建地球生命共同体"习近平生态文明思想。他赞叹，中国已由国际环境治理参与者向全球环境治理引领者转变，自己有幸见证了这一伟大转变，会继续为之鼓之舞之，为鸟儿代言，把绿色发展理念传播至全世界，向世界讲述中国的生态故事，继续用行动去保护地球家园。

阿尔弗雷德·拉塞尔·华莱士（Alfred Russel Wallace），

是发现自然选择并促使达尔文发表了《物种起源》的著名博物学家，在一篇文章中写道："未来的时代一定会重新审视我们，因为我们沉迷于追求财富而对物种保护问题视而不见。他们将指控我们明明有能力加以保护，却放任地将一些记录的物种毁于一旦。虽然我们宣称所有的生物都是造物主的艺术品和存在的最佳证据，但却自相矛盾地眼看着许多物种从地球表面不可逆转地走向灭亡，无人理会甚至无人知晓。"如今，人类已有所警觉，情况似乎也有所改变，但还远远不够！"鸟王"是人们给艾雅康的美誉，被叫多了，艾雅康也认为自己就是"鸟王"，要保护鸟，要为鸟代言。斯蒂芬·乔布斯说过："你必须相信一些东西——勇气、命运、生命、缘分，随便什么。这种相信从不会使我倒下，反而使我的生命变得与众不同。"艾雅康说他还在路上。"道阻且长，行则将至；行而不辍，未来可期。"他期待有更多的同道者一道前行，期盼更多人来争当"鸟王"。

后记

　　《行则将至——艾雅康传》的创作，冥冥之中似乎有股力量在拉扯着我。

　　起初，知道艾雅康，知道他拍鸟，是鸟类摄影家，让我第一反应是，这多为改革开放先富起来那批人的风雅之趣。后来，又听人介绍，说他是世界上拍鸟最多的个人之一，为了拍鸟，走遍了五大洲，引发了我的兴致。常识告诉我，拍鸟不仅需要财力、体力的支撑，更得有犯险吃苦的勇气和自愿，毕竟地球上九成多的鸟儿远离人类，欲一睹其容貌绝非易事。等我有缘与他相见，他告诉我，他倡建了"爱鸟节"，正在筹办第二届，那时那刻，直觉告诉我，这个人身上有故事，其人生值得记录、书写。

　　看到这里的读者，想必已读完了全书，看完了艾雅康的故事。艾雅康总爱说他在路上，还有许多想法和事情要去做。我赞同他的说法。本书也仅力求为读者展现艾雅康是谁，他从哪里来，他的成长经历能为读者朋友们提供什么样的阅读体验。猎奇？有趣？还是启迪？如《你当像鸟飞往你的山》

般奋斗和励志？还是如《蒙塔尤》以普通人的日常生活入史而感受到生命的倔强与颤动？艾雅康曾告诉我，做企业时，他视亨利·福特（美国福特汽车公司的创建者，被公认为"20世纪最伟大的企业家"）为偶像。我很好奇，那时艾雅康知不知道，亨利·福特曾说过这样一句话："在这个世界上，没有所谓的小人物，只有未被发现的潜力。"艾雅康的成长，无不在发现其潜力，而人生能尽其潜力，何尝不是一件快意洒脱之事？由此，我们可以观得，艾雅康人生的动力来源，来自于他视奋斗为人生幸福之事。

世界是同样的世界，但同样的世界对每个人的意义不一样。生逢改革开放大时代，给了艾雅康这样的人一展抱负才华的舞台。艾雅康爱说他有"三个母亲"，那是他真心流露，是他感恩时代、感恩国家的真实心声。我常在想，艾雅康这样人物的出现，是个人修为，是时代造就，更何尝不是我们这个民族伟大复兴的历史必然！

感谢艾雅康的信任，安排我跟访他六年。他邀请我参加了五届"爱鸟节"活动，聆听了他十多次演讲，接受我数十次访谈，并时不时地与我来场通宵深谈。他不厌其烦为我翻阅他以前的微信、抖音等电子信息，还为我安排他的家人、同学、老师、朋友、邻居、发小以及老同事们与我交谈，接受我的采访，并想方设法找寻旧资料、老照片。写作期间，他从不干预我的写作，更没有要求审阅书稿，没有对书稿内容施加任何影响和控制。

非常感谢为本书提供帮助的所有人，特别要感谢以下接受我的采访并提供过特别帮助的人：蒋理平、毛银安、张泽康、刘康、李春光、肖青、伍兵、刘豪、时玉珍、艾雅江、杨志华、杨子兰、艾雅西、艾雅东、陆峰、汤奇、张越、刘德军、居传军、肖融炼、陈颜、姚伟全、吴洪斌、谢阿龙、宿仁斌、周明、鲍里斯（哥伦比亚）、谢佳丽、邓强等。

尤其要提一下艾如。身为中国内地影视演员，她对父亲艾雅康的记忆和描述有着翔实的细节，也充满了浓浓的敬爱，丰富了本书的情节。艾雅康的夫人居红女士也为我提供了不同的视角和丰富的素材，在此一并表示深深的谢意。

花城出版社的揭莉琳女士是资深编辑、副编审，她非常有才华、专业且责任心强。我以前的几本书，都是由她来做编辑的。《行则将至——艾雅康传》的面世，作为责编，她贡献良多。当然，还得感谢出版社有关领导和相关同志，没有他们的大力支持和辛勤付出，书稿不会如此顺利付梓出版。

一如既往，感谢家人为我的付出。李嘉业以一个理工男的视角和数学大脑思维为本书提供了不少新思路，令我倍感欣喜。

李民牛

2025年5月5日

乙巳年立夏于羊城